Pokrytan · Produktionsverhältnisse und ökonomische Gesetze

A. K. Pokrytan

Produktionsverhältnisse und ökonomische Gesetze des Sozialismus

Eine methodische Studie zur Analyse und zur Theorie

Wissenschaftlich bearbeitet von
Prof. Dr. Harry Milke, Berlin

AKADEMIE-VERLAG · BERLIN
1973

Titel des russischen Originals:
А. К. Покрытан, Производственные отношения и экономические законы социализма
изд. Мысль, Москва 1971 г.

Ins Deutsche übertragen
von Dr. Dieter Graf und Dr. habil. Gerhard Krupp,
beide Berlin

Erschienen im Akademie-Verlag GmbH, 108 Berlin, Leipziger Straße 3—4

Lizenznummer: 202 · 100/49/73
Umschlaggestaltung: Rolf Kunze
Herstellung: IV/2/14 VEB Druckerei »Gottfried Wilhelm Leibniz«,
445 Gräfenhainichen/DDR · 3897
Bestellnummer: 6049 ES 5 B 2
EDV: 752 236 7
7,50 M

Inhalt

Einführung

Die erfolgreiche Verwirklichung des umfangreichen Programms ökonomischer, sozialer und kultureller Maßnahmen, die in den Beschlüssen des XXIV. Parteitages der Kommunistischen Partei der Sowjetunion festgelegt wurden, erfordert eine allseitige Entwicklung der Gesellschaftswissenschaften und besonders der ökonomischen Wissenschaft. Im Rechenschaftsbericht des ZK der KPdSU an den XXIV. Parteitag wird festgestellt, daß ungeachtet dessen, daß die ökonomische Wissenschaft in den letzten Jahren bedeutende Erfolge erzielt hat, die schnelle Entwicklung der Volkswirtschaft neue Aufgaben stellt, die von unserer Ökonomik gelöst werden müssen. Diese Aufgaben werfen zugleich viele komplizierte theoretische und praktische Probleme auf, die die ständige Aufmerksamkeit sowohl der Wirtschaftsorgane als auch der Wissenschaftler erfordern.

In Verbindung mit der Ausarbeitung konkreter ökonomischer Fragen hat die Lösung grundlegender Probleme der politischen Ökonomie des Sozialismus große Bedeutung. Es geht vor allem um die Notwendigkeit einer weiteren tiefen theoretischen Erforschung der Besonderheiten der ökonomischen Struktur des Sozialismus.

In den letzten Jahren hat die Lösung dieser Aufgaben bedeutende Fortschritte gemacht. Die Ergebnisse entsprechen jedoch noch nicht den Anforderungen, die von der Praxis des wirtschaftlichen Aufbaus an die ökonomische Theorie des Sozialismus gestellt werden. Ein gewisses Zurückbleiben der ökonomischen Wissenschaft ergibt sich vor allem aus der unzureichenden Ausarbeitung der allgemeinen methodologischen Probleme. Deshalb besteht eine wichtige Aufgabe der theoretischen Forschungen zu den ökonomischen Gesetzmäßigkeiten des Sozialismus in der schöpferischen Anwendung der wissenschaftlichen Methode, die von den Klassikern des Marxismus-Leninismus beim Studium der Erscheinungen des gesellschaftlichen Lebens ausgearbeitet wurde.

Die Aufdeckung konkreter theoretischer Probleme der politischen Ökonomie des Sozialismus bleibt aktuell. Dazu gehören die Bestimmung von Ausgangsformen der Produktionsverhältnisse der kommunistischen Formation, der Inhalt ihrer grundlegenden Produktionsverhältnisse und des Grundgesetzes, die Erforschung des Systems der ökonomischen Gesetze und ihres Wirkungsmechanismus. Auch solche Fragen wie die über die Stellung und die Rolle von Elementen der Ware-Geld-Beziehungen in der ökonomischen Struktur des Sozialismus warten auf ihre endgültige Lösung.

Die Produktionsverhältnisse jeder Gesellschaft umfassen nicht nur jene Beziehungen, die die Spezifik der sozialökonomischen Ordnung der gegebenen Gesellschaft bestimmen, sondern auch Verhältnisse, die allgemeine ökonomische Zusammenhänge charakterisieren, die der gesellschaftlichen Produktion eigen sind und in bestimmtem Umfang unabhängig von den konkreten historischen Besonderheiten der ökonomischen Struktur sind. Zu diesen gehören vor allem die Gesetzmäßigkeiten der Reproduktion des gesellschaftlichen Gesamtprodukts. Die Untersuchungen des Systems der sozialistischen Produktionsverhältnisse erfordern auch das Studium dieser Seite der ökonomischen Beziehungen. Gerade in der konkreten volkswirtschaftlichen Praxis realisiert sich die Gesamtheit der ökonomischen Gesetze des Sozialismus.

Das vorliegende Buch stellt sich durchaus nicht die Aufgabe, das Thema erschöpfend zu behandeln; man kann dieses Thema überhaupt nicht in einer Arbeit ausschöpfen. Das Ziel der Arbeit besteht darin, nach Möglichkeit genauere Vorstellungen über den Charakter und die Natur derjenigen Probleme zu erarbeiten, deren Klärung nach Ansicht des Autors die Bedingung für die Entwicklung der Theorie der politischen Ökonomie des Sozialismus darstellt. Natürlich muß man sich dazu auf die Fragen konzentrieren, die Gegenstand der Erörterung zwischen den Ökonomen sind. Der Autor erhebt durchaus keinen Anspruch auf eine endgültige Lösung der Fragen, die in dieser Arbeit behandelt werden. Er wird für kritische Hinweise dankbar sein, die zu einem tieferen Verständnis dieser Probleme beitragen.

Erster Teil

KAPITEL 1

Allgemeine Fragen der Methodologie zur Analyse der ökonomischen Beziehungen des Sozialismus

Die Produktionsverhältnisse der sozialistischen Gesellschaft sind ein höher entwickeltes System im Vergleich zu den vorausgegangenen Strukturen der ökonomischen Organisation. Das bedingt die Kompliziertheit im Erkennen der Gesetze und ihres Funktionierens. Ungeachtet dessen ist dies gegenwärtig äußerst dringlich.

In den ersten Stadien des sozialistischen Aufbaus wurden Charakter und Richtung der ökonomischen Veränderungen durch diejenigen Widersprüche bestimmt, die die Unausweichlichkeit der sozialistischen Revolution begründeten. In dem Maße jedoch, wie diese Widersprüche gelöst werden und ein neues System ökonomischer Beziehungen geschaffen wird, erfordert deren bewußte Leitung dringend das Erkennen ihres inneren Aufbaus. Je weiter sich die neue Gesellschaft von ihrer Wiege entfernt, um so dringender bedarf sie der theoretischen Widerspiegelung der Gesetze ihres eigenen Funktionierens, der Erkenntnis ihres Wirkungsmechanismus.

Die Notwendigkeit zur weiteren tiefgründigen Ausarbeitung der marxistisch-leninistischen Theorie wurde auf dem XXIV. Parteitag der KPdSU nachdrücklich unterstrichen. Im Rechenschaftsbericht des ZK der KPdSU an den XXIV. Parteitag heißt es: „Die Partei muß der Entwicklung der Theorie noch mehr Aufmerksamkeit schenken, das Niveau der Arbeit der wissenschaftlichen Institutionen heben und eine enge Verbindung der Gesellschaftswissenschaften mit der Praxis der Arbeit von Partei und Staat, mit der Lösung der konkreten Aufgaben des kommunistischen Aufbaus anstreben."[1]

[1] Rechenschaftsbericht des Zentralkomitees der Kommunistischen Partei

Einen besonderen Platz nimmt die Forschungsmethode beim Studium der ökonomischen Gesetze des Sozialismus ein. Die Ausarbeitung der marxistischen Dialektik und deren Anwendung zur Erklärung historischer Prozesse durch Karl Marx stellten einen revolutionären Umschwung in den Ansichten über die Gesetzmäßigkeiten der gesellschaftlichen Entwicklung dar.

Natürlich wurde die einzig wissenschaftliche Methodologie zur Analyse ökonomischer Erscheinungen als einer bestimmten Sphäre gesellschaftlicher Beziehungen durch Marx geschaffen, indem er sie auf die ökonomische Struktur der kapitalistischen Gesellschaft anwandte. Sie behält jedoch ihre allgemeine Bedeutung auch für das System der sozialistischen Produktionsverhältnisse.

Die Spezifik der Produktionsverhältnisse ermöglicht die Anwendbarkeit der allgemeinen Kategorien der Dialektik und im besonderen der allgemeinen Gesetzmäßigkeiten der dialektischen Logik im Prozeß des Erkennens der ökonomischen Gesetze des Sozialismus. Damit jedoch das konkrete politisch-ökonomische Material nicht zu einer einfachen Illustration der entsprechenden Gesetze der dialektischen Logik wird, muß man es der tatsächlichen Erkenntnis ökonomischer Gesetzmäßigkeiten in der Entwicklung der sozialistischen Gesellschaft unterordnen.

Die Methodologie zur Analyse der Produktionsverhältnisse des Sozialismus kann nicht als Selbstzweck angesehen werden. Ihre Wirksamkeit zeigt sich in umfassenderen Möglichkeiten zum Aufdecken von Unzulänglichkeiten der vorhandenen Untersuchungsmethoden, im genaueren Erfassen der Probleme der ökonomischen Entwicklung und in den Möglichkeiten für deren theoretische Lösung. Nur eine organische Einheit von Gegenstand und Methode kann uns der Lösung der Hauptaufgaben der ökonomischen Theorie des Sozialismus – der logischen Reproduktion des Konkreten, d. h. des Systems der Produktionsverhältnisse der sozialistischen Gesellschaft, näherbringen. Das wird auch letztlich die Schaffung einer ökonomischen Theorie bedeuten, die die objektiv

der Sowjetunion an den XXIV. Parteitag, Referat von L. I. Brežnev, Moskau-Berlin 1971, S. 139, 140.

existierende ökonomische Struktur des Sozialismus adäquat widerspiegelt. Eine gute Theorie ist bekanntlich eine äußerst praktische Sache.

Methodologie zur Analyse des ökonomischen Inhalts des Eigentums

Die Grundidee, die die allgemeine materialistische Erkenntnistheorie mit der Soziologie verband und dank der sich letztere in eine wirkliche Wissenschaft verwandelte, war die Idee vom naturhistorischen Entwicklungsprozeß der gesellschaftlich-ökonomischen Formation. Sie wurde, wie bekannt, zuerst von Karl Marx begründet und im „Kapital" glänzend verwirklicht. Gerade deshalb betrachtete V. I. Lenin das „Kapital" als das Hauptwerk der wissenschaftlichen Soziologie.

Die grundlegende Idee der materialistischen Auffassung über die gesellschaftliche Entwicklung war die Aussonderung der materiellen Beziehungen aus der Gesamtheit gesellschaftlicher Beziehungen, „d. h. auf Verhältnisse, die vor ihrer Ausgestaltung durch das Bewußtsein* der Menschen hindurchgegangen sind"[2] und die sich deshalb unter dem Einfluß objektiver Bedingungen verändern, die ihrerseits nicht vom Willen und Wollen einzelner Persönlichkeiten oder sogar ganzer gesellschaftlicher Klassen abhängen. Die Veränderungen in den Produktionsverhältnissen sind immer das Ergebnis der Entwicklung der Produktivkräfte, jedoch ein Ergebnis, das seinerseits wieder als Faktor auftritt, der eine aktive Rückwirkung zeitigt. Wenn jedoch die Veränderung der Produktionsverhältnisse nicht unmittelbar durch die bewußte Tätigkeit der Menschen bedingt ist, umgekehrt aber den Inhalt letzterer bestimmt, so kann die Erforschung der gesellschaftlichen Erscheinungen nur in dem Maße Anspruch auf Wissenschaftlichkeit und Zuverlässigkeit erheben, wie die Verwirklichung dieses grundlegenden Prinzips der materialistischen Auffassung der gesellschaftlichen Entwicklung gewährleistet ist.

[2] V. I. Lenin, Werke, Bd. 1, Berlin 1963, S. 130.

* Es handelt sich selbstverständlich immer um das Bewußtsein von den *gesellschaftlichen* Verhältnissen und keinen anderen.

Im allgemeinen wird dieses Prinzip von allen gebilligt. Anders sieht die Sache aus, wenn es sich um seine praktische Verwirklichung im Prozeß der Erforschung von Gesetzmäßigkeiten im Funktionieren ökonomischer Beziehungen des Sozialismus handelt. Dann stößt man bedauerlicherweise auf eine unzureichende Folgerichtigkeit bei der Verwirklichung der Grundidee des Materialismus in der Soziologie.

In dieser Beziehung ist die Polemik über die strukturellen Elemente der Produktionsverhältnisse im Zusammenhang mit dem Verständnis des ökonomischen Inhalts des Eigentums charakteristisch. Der Kern der Frage liegt darin, ob man den ökonomischen Inhalt des Eigentums als selbständiges Element im System der Produktionsverhältnisse neben solchen Elementen wie den Beziehungen der Produktion, der Verteilung, dem Austausch und dem Konsum ansehen kann oder aber ob das Eigentum seinem ökonomischen Inhalt nach nichts anderes darstellt als die Gesamtheit der ökonomischen Beziehungen und deshalb keinen eigenständigen, von dieser Gesamtheit unterschiedlichen ökonomischen Inhalt hat.

In der ökonomischen Literatur herrschte lange die Meinung, daß das Eigentum an Produktionsmitteln ein selbständiges konstituierendes Element im System der Produktionsverhältnisse darstellt, das die Grundlage der gesamten ökonomischen Ordnung der sozialistischen Gesellschaft bildet. Diese These ist auch heute noch verbreitet, wenngleich sie ihre dominierende Stellung verloren hat.

Natürlich ist unter dem Gesichtspunkt der konkreten Geschichte der Entstehung und Entwicklung des sozialistischen Produktionssystems die Bestätigung dieser These nicht verwunderlich. Sie widerspiegelt den Prozeß des Aufbaus der sozialistischen Wirtschaft, der Nationalisierung der Produktionsbedingungen, der Expropriation der kapitalistischen Elemente in der Landwirtschaft, der Kooperation der Kleinproduktion usw. Gerade das wird in der Formel von der bestimmenden Rolle des gesellschaftlichen Eigentums an den Produktionsmitteln dargestellt. Jede beliebige Gesellschaft braucht besonders in der Periode ihrer Errichtung unbedingt eine aktive Unterstützung durch politische, rechtliche und ideologische Faktoren. Während jedoch im Prozeß der Formierung vorsozialistischer Formationen diese Faktoren nur eine Hilfsrolle spielten, kommt ihnen im Prozeß der Errichtung der sozialistischen Gesellschaft eine entscheidende Bedeutung zu, weil außer den materiellen Voraussetzungen keinerlei reale ökonomische Beziehungen des Sozialismus in der Gesellschaft vorgefunden werden. Deshalb sind gerade die Aktionen der revolutionären Klasse, die in Form der Diktatur des Proletariats organisiert ist, die einzig reale Kraft, die den Bruch der ökonomischen, politischen und rechtlichen Formen der alten Gesellschaft vollziehen kann und neue Formen schafft, die das Entstehen neuer ökonomischer Beziehungen ermöglichen. Diese Aktionen als Willensakte stellen jedoch nicht unmittelbar diese Beziehungen selbst dar.

Die aktive Rolle der politisch rechtlichen Akte beschränkt sich nicht auf die Periode des Aufbaus der neuen Gesellschaft. Sie spielen auch weiterhin eine äußerst aktive Rolle unter den Bedingungen des Sozialismus. Das ist die reale Grundlage, auf der die These von der bestimmenden Rolle des gesellschaftlichen Eigentums an den Produktionsmitteln im System der gesellschaftlichen Beziehungen des Sozialismus entsteht und sich erhält. Damit hat diese These eine durchaus reale historische und faktische Grundlage. Die Kenntnis der tatsächlichen Geschichte einer bestimmten Erscheinung oder eines Prozesses ist jedoch keine Garantie gegenüber Fehlern beim Verstehen des gegebenen Prozesses im System anderer Prozesse und Beziehungen.

Den bürgerlichen Ökonomen, Historikern und Soziologen kann man z. B. nicht vorwerfen, daß sie nicht genügend beschlagen seien, soweit es um die Fakten der Geschichte geht. Das ändert jedoch nichts daran, daß die Vertreter der bürgerlichen Gesellschaftslehre auf den Positionen des historischen Idealismus stehen. Die Geschichte der gesellschaftlichen Ideen zeigt darüber hinaus an Fakten, wie nah man an ein materialistisches Verständnis einzelner historischer Ereignisse und Erscheinungen herankommen und gleichzeitig in der Gefangenschaft einer subjektiv idealistischen Weltanschauung im Verständnis des allgemeinen historischen Prozesses insgesamt bleiben kann. Die französischen Historiker der Restauration, Giseau, Ciri, Mignet, erkannten richtig, daß man den Zustand der Gesellschaft nicht durch die politischen Einrichtungen erklären kann, sondern daß umgekehrt diese Einrichtungen aus der Klassenstruktur der Gesellschaft, aus dem „bürgerlichen Sein" der Menschen hervorgehen. Darunter verstanden sie die Eigentumsverhältnisse. Sie waren der Ansicht, daß politische Revolutionen die Folge von Klassenkämpfen sind, die von ökonomischen Interessen hervorgerufen werden, die ihrerseits aus den Eigentumsverhältnissen erwachsen. Gleichzeitig unterstrichen sie in Beantwortung der Frage, warum die Eigentumsverhältnisse in einer gegebenen Zeit so und nicht anders sind, daß dies alles die Sache von Eroberungen sei, die die Eroberer in die Klasse der Bodenbesitzer erhebe und die Besiegten zum unterdrückten Volk mache. Der Eroberer ist jedoch, wie G. V. Plechanov unterstreicht, auch „Gesetzgeber"[3]. Auf diese Weise blieben die französischen Historiker im Hinblick auf den historischen Prozeß als Ganzes auf dem Boden des Idealismus, obwohl sie sich dem materialistischen Verständnis vieler historischer Erscheinungen näherten.

Charakterisiert man die besondere Bedeutung des sozialistischen Eigentums an den Produktionsmitteln sowohl vom Standpunkt der historischen Genesis der sozialistischen Produktionsverhältnisse als auch vom Standpunkt des gegenwärtigen Zustandes, dann sind uns damit die Grundlagen entzogen, um den Platz des sozialistischen Eigentums im System der gesellschaftlichen Beziehungen zu bestimmen, und zwar besonders im System der ökonomischen Struktur der sozialistischen Gesellschaft. Anders ausgedrückt, die historischen Fakten über die Entstehung der sozialistischen Produktionsverhältnisse bieten keine Grundlage dafür, in bestimmter Weise die Frage nach dem ökonomischen Inhalt des Eigentums zu lösen. Deshalb ist der Hinweis auf die Fakten, mit denen gewöhnlich versucht wird, über die Stellung des gesellschaftlichen Eigentums an Produktionsmitteln als selbständigem und bestimmendem Verhältnis im System der Produktionsverhältnisse des Sozialismus zu argumentieren, nicht überzeugend, insbesondere nicht in bezug auf die allgemeine Methodologie.

Die Erklärung des ökonomischen Inhalts des Eigentums aus der Materialität der Produktionsverhältnisse bedeutet deren

[3] Siehe G. V. Plechanov, Ausgewählte philosophische Werke, Teil II, Moskau 1956, S. 148 (russ.).

Betrachtung nicht als besondere selbständige Beziehungen im System der Produktionsverhältnisse, sondern als das System selbst, d. h. als die ökonomische Struktur der Gesellschaft, die die Beziehungen der Produktion, der Verteilung, des Austausches und der Konsumtion umfaßt.

Warum entspricht gerade diese Darstellung der Eigentumsbeziehungen ihrem materialistischen Verständnis? Weil die Eigentumsverhältnisse, als Ganzes betrachtet, verschiedene Seiten der gesellschaftlichen Beziehungen umfassen, und zwar sowohl ökonomische als auch ideologische. Wenn wir versuchen würden, die Eigentumsbeziehungen als besonderes Element im System der gesellschaftlichen Beziehungen zu untersuchen, wären wir nicht imstande, in diesen Beziehungen das Ökonomische vom Ideologischen zu trennen. Anders gesagt, die Betrachtung des Eigentums als besonderes, selbständiges Element würde letzten Endes zur Untersuchung des Eigentums als juristische Beziehung führen. Sie würde dazu führen, zu untersuchen, was wem gehört, wer worüber verfügt, wer was nutzt usw., d. h. zur Konstatierung bestimmter Beziehungen zwischen Subjekt und Objekt. Diese sind, wie bekannt, keine ökonomischen, sondern rechtliche Beziehungen. Nicht zufällig wird deshalb in den Arbeiten vieler Ökonomen, die der Untersuchung der Probleme des sozialistischen Eigentums gewidmet sind, die Hauptaufmerksamkeit gerade diesen Problemen geschenkt. Aber wie wichtig es auch sei zu wissen, was wem gehört und wer sich was aneignet, so ist das doch nicht die Hauptaufgabe der ökonomischen Theorie, die die Gesetzmäßigkeiten des Entstehens und der Entwicklung verschiedener Typen von Produktionsverhältnissen zu untersuchen hat.

Das politökonomische Herangehen an das Eigentum besteht darin, daß dieses nicht an sich analysiert wird, sondern mit Hilfe der objektiven ökonomischen Formen seiner Realisierung, d. h. mit Hilfe der Untersuchung der Beziehungen der Produktion, der Verteilung, des Austausches und der Konsumtion. Nur auf diese Weise erreicht man ein materialistisches Verständnis der Eigentumsbeziehungen eben als materiellen Beziehungen, die objektiv existieren. Damit gelingt das Abstrahieren vom Eigentumsrecht, von willkürlichen Beziehungen, d. h. von alldem, was die ideologischen gesellschaftlichen

Beziehungen betrifft. Das meinte Karl Marx, als er schrieb, daß „die Arbeitsteilung und alle übrigen Kategorien des Herrn Proudhon gesellschaftliche Beziehungen sind, deren Gesamtheit das bildet, was man heute das *Eigentum* nennt; außerhalb dieser Beziehungen ist das bürgerliche Eigentum nichts als eine metaphysische oder juristische Illusion"[4]. Der ökonomische Inhalt des bürgerlichen Eigentums ist durch Karl Marx im „Kapital" dargestellt worden. Wenn man davon spricht, daß das Eigentum nicht in Gestalt besonderer eigenständiger Beziehungen auftreten kann, die neben den Produktionsverhältnissen, den Verhältnissen der Verteilung, des Austausches und des Verbrauchs existieren, dann meint man damit, daß es unmöglich ist, den ökonomischen Inhalt des Eigentums außerhalb und unabhängig von einer Analyse der Gesamtheit der Produktionsverhältnisse zu erkennen.

Es ist charakteristisch, daß die Ökonomen, die das Eigentum als selbständiges Verhältnis im System der Produktionsverhältnisse ansehen, gleichzeitig von der Unmöglichkeit seiner Analyse als einer selbständigen Beziehung sprechen.

So schreibt z. B. N. Kolesov zu dem oben zitierten Satz von K. Marx, der gegen Proudhon gerichtet ist: „Wovon ist hier die Rede? Davon, daß die Eigentumsverhältnisse alle anderen Beziehungen durchdringen, von deren unlösbarem Zusammenhang untereinander, von der Unmöglichkeit, das Eigentum außerhalb der übrigen gesellschaftlichen Beziehungen zu betrachten."[5]

Charakteristisch ist auch die Ansicht von S. Sdobnov, eines anderen Anhängers der betrachteten Position. Er schreibt: „Natürlich zeigt sich der ökonomische Inhalt des Eigentums (die Aneignung der materiellen Güter und vor allem der Produktionsmittel durch die Menschen) in verschiedenen gesellschaftlichen Formen. Seine Erklärung erfordert die Aufdeckung des ganzen Systems der Produktionsverhältnisse der

[4] K. Marx an P. V. Annenkov, v. 28. 12. 1846, in: Marx/Engels, Werke, Bd. 27, Berlin 1963, S. 456.

[5] Ekonomičeskije nauki, Nr. 4, 1969, S. 27. An anderer Stelle erklärt N. Kolesov: „Das sozialistische Eigentum an den Produktionsmitteln ist nicht tiefgründig zu erfassen, wenn man es isoliert von den übrigen Elementen und Seiten der Produktionsverhältnisse betrachtet." (Ebenda, S. 26).

betreffenden Gesellschaftsordnung ... Nur bei einem solchen Herangehen kann man eine vollständige Vorstellung von jeder historisch konkreten Eigentumsform gewinnen."[6]

Im gleichen Sinne äußert sich Kronrod, der feststellt, daß Karl Marx „darauf hinwies, daß das Wesen des Eigentums nur im gesamten System der Produktionsverhältnisse, mit dem es verbunden ist, vollständig erkannt werden kann. Er stellte das fest und isolierte dabei gleichzeitig aus allen Eigentumsverhältnissen gerade die Eigentumsverhältnisse an Produktionsmitteln als herrschende Produktionsverhältnisse in jedem beliebigen historisch bestimmten System."[7]

Wenn es unmöglich ist, das Eigentum außerhalb der ökonomischen Beziehungen zu betrachten, wenn dessen Wesen nur im System der Produktionsverhältnisse erkannt werden kann, oder anders gesagt, wenn der ökonomische Inhalt des Eigentums nur mit Hilfe einer Analyse des Gesamtsystems der Produktionsverhältnisse erkannt werden kann, so fragt sich, was jenseits des ökonomischen Inhalts des Eigentums verbleibt? Offensichtlich nur das Eigentumsrecht, nur die juristischen Beziehungen.

In diesem Zusammenhang betrachten wir einige wesentliche Momente der Position von V. I. Lenin bezüglich der Stellung des Eigentums an den Produktionsmitteln im System der gesellschaftlichen Beziehungen.

Wie bekannt, gab Lenin eine allseitige Analyse der ökonomischen Beziehungen Rußlands nach der Reform, in der die Haltlosigkeit der theoretischen Konzeptionen der Volkstümler über den Charakter und die Perspektiven für die Entwicklung der Produktionsverhältnisse in Rußland nach der Ablösung der Leibeigenschaft aufgedeckt wurde.

Einer der Hauptgründe der Volkstümler gegen die Möglichkeit einer kapitalistischen Entwicklung des Landes war der Hinweis auf die Erhaltung des Gemeineigentums an Grund und Boden. Die Volkstümler gingen, anders gesagt, vom Eigentum an den Produktionsmitteln aus, d. h. vom Eigentum an den hauptsächlichen Produktionsbedingungen in der Land-

6 Voprosy ekonomiki, Nr. 2, 1969, S. 5.

7 J. A. Kronrod, Zakony političeskoj ekonomii socializma, Moskau 1968, S. 276.

wirtschaft. Es mag scheinen, als hätte die Hauptaufgabe Lenins darin bestehen müssen, die Ablösung der Gemeineigentumsform des Grundbesitzes durch Privateigentum an Grund und Boden zu beweisen. So aber verstand Lenin die Aufgabe nicht, sondern Plechanov, der all seine Kräfte gerade auf den Nachweis des Entstehens von Privateigentum an Grund und Boden auf dem Lande nach der Reform richtete. V. I. Lenin zeigte, daß die Form des Bodeneigentums die Frage nicht löst, weil die kapitalistische Ordnung der Agrarverhältnisse bei jeder Form des Bodeneigentums entstehen kann.

Für Lenin waren die Hauptmerkmale der kapitalistischen Evolution der Landwirtschaft nach der Reform erstens die Anwendung von Lohnarbeit und zweitens der technische Fortschritt. Was die Eigentumsformen an Boden anbelangt, so ging Lenin davon aus, daß deren Evolution das Ergebnis und nicht die Ausgangsbedingung für die kapitalistische Entwicklung der Landwirtschaft ist. Das bedeutet jedoch nicht, daß er mit der Bedeutung der Eigentumsformen des Bodenbesitzes nicht gerechnet hat. Dazu sei bemerkt, daß in den ökonomischen Arbeiten von V. I. Lenin eine wirklich allseitige Untersuchung des Prozesses der Entstehung des bürgerlichen Privateigentums in Rußland eben als Gesamtheit der kapitalistischen Produktionsverhältnisse gegeben wurde.

Große Bedeutung haben die von V. I. Lenin ausgearbeiteten Entwicklungsstadien des Kapitalismus. In der Genesis der kapitalistischen Verhältnisse unterschied Lenin erstens die Naturalwirtschaft, zweitens deren Verwandlung in die Warenwirtschaft und drittens die Verwandlung letzterer in eine kapitalistische Wirtschaft. Bei der Untersuchung der Genesis des Kapitalismus analysierte V. I. Lenin die realen Veränderungen in den Produktionsverhältnissen. Er ging jedoch dabei nicht von den Formen des Eigentums an Produktionsmitteln aus. Die Verwandlung der Naturalwirtschaft in die Warenwirtschaft erfolgte, wie Lenin gezeigt hat, nicht deshalb, weil sich das Privateigentum an Produktionsmitteln entwickelte. Er schrieb: „Die erste Verwandlung vollzieht sich im Gefolge der gesellschaftlichen Arbeitsteilung, der Spezialisierung (N. B.: dies ist unbedingte Voraussetzung der Warenwirtschaft), vereinzelter Produzenten auf nur einen Gewerbezweig."[8]

Folglich dient die gesellschaftliche Arbeitsteilung als ökonomische Grundlage für die Warenproduktion, die den realen ökonomischen Inhalt des Privateigentums bildet. Letztere ist das historische Resultat und nicht der Ausgangspunkt der gesellschaftlichen Arbeitsteilung und der Warenproduktion. „Als dann aber die Arbeitsteilung in die Gemeinschaft eindrang und sich ihre Mitglieder jedes für sich mit der Herstellung eines bestimmten Produkts zu beschäftigen und es auf dem Markt zu verkaufen begannen, fand diese materielle Vereinzelung der Warenproduzenten ihren Ausdruck in der Institution des Privateigentums."[9]

Damit ist das erste Stadium der Genesis der kapitalistischen Beziehungen, die Verwandlung der Naturalwirtschaft in die Warenwirtschaft, eine Folge der Entwicklung der gesellschaftlichen Arbeitsteilung. In der Warenproduktion findet das Privateigentum geradezu seinen ökonomischen Ausdruck.

Für das Verständnis des Prozesses der Konstituierung der materiellen Beziehungen des kapitalistischen Eigentums ist der Hinweis V. I. Lenins über die Notwendigkeit, verschiedene Etappen in dessen Entwicklung zu unterscheiden, besonders wichtig.

Die Trennung der Produzenten von den Produktionsmitteln ist, wie Lenin zeigte, durchaus nicht die Ausgangsform für die Entwicklung der kapitalistischen Beziehungen und daher auch nicht deren Grundlage. Als ursprüngliche Form tritt die Unterordnung des Produzenten, der über die Produktionsmittel verfügt, unter das Handelskapital auf. Lenin stellte fest, daß die ursprüngliche Form des Kapitals immer und überall das Handelskapital, das Geldkapital war, das in der ersten Zeit den überwiegenden Teil der Produkte der Produzenten erwarb.[10]

Wenn man über die Leninsche Etappe der Ausarbeitung der ökonomischen Theorie im Hinblick auf das Eigentum spricht, so muß man noch einen wichtigen Umstand berücksichtigen. Wie bekannt, bereicherte V. I. Lenin die ökonomische Theorie

[8] V. I. Lenin, Werke, Bd. 1, S. 84.

[9] V. I. Lenin, Werke, Bd. 1, S. 145.

[10] Ebenda, S. 503.

von Marx durch die Untersuchungen der Gesetzmäßigkeiten des Imperialismus als des besonderen, des höchsten Stadiums des Kapitalismus. Der Übergang zum Imperialismus bezeichnet wesentliche Veränderungen im System der Produktionsverhältnisse des Kapitalismus. Als Kern dieser Veränderungen bestimmte Lenin den Übergang von der freien Konkurrenz zu den Monopolen. Gerade in der Herrschaft der Monopole erblickte er die ökonomische Grundlage des Imperialismus.

Zu welchem Ergebnis wäre man gekommen, wenn man anstelle der Untersuchung ökonomischer Kennzeichen des höchsten Stadiums des Kapitalismus Veränderungen des kapitalistischen Eigentums untersucht hätte, das man als selbständiges Produktionsverhältnis angesehen hätte? Man hätte damit keinerlei wesentliche Ergebnisse erzielen können, weil man über die Evolution des bürgerlichen Privateigentums außerhalb einer Analyse der Konzentration des Kapitals und der Produktion, außerhalb des Studiums der Formen der Herrschaft der Monopole, außerhalb der Prozesse zur Bildung des Finanzkapitals und der Analyse seiner Formen, außerhalb der Untersuchungen zum Kapitalexport usw., außerhalb von Untersuchungen über die Veränderungen in den realen ökonomischen Beziehungen nichts Wesentliches sagen kann.

Das heißt nicht, daß in der Epoche des Imperialismus keine Veränderungen in den rechtlichen Formen der ökonomischen Beziehungen vor sich gehen. Jedoch liegen erstens diese Veränderungen eben in den Fortschritten, die in den materiellen Produktionsverhältnissen vor sich gehen, begründet, und zweitens kann man den Charakter dieser Veränderungen nur bei Berücksichtigung dessen verstehen, was in der ökonomischen Struktur der bürgerlichen Gesellschaft vor sich geht. Gerade die wissenschaftliche Analyse der Veränderungen, die in den ökonomischen Beziehungen des Kapitalismus am Ende des 19. und zu Anfang des 20. Jahrhunderts vor sich gingen, gestattete die Schlußfolgerung, daß die Herrschaft der Monopole einen solchen Grad der Vergesellschaftung der Produktion durch den Kapitalismus ermöglicht, der auf der Grundlage des Privateigentums überhaupt erreichbar ist. Die materialistische Untersuchung der ökonomischen Merkmale des neuen Stadiums des Kapitalismus gab V. I. Lenin die Möglichkeit, den wirklichen historischen Platz des Imperialismus zu begründen und ihn als vollständigste Vorbereitung der materiellen Voraussetzungen für den Übergang zum Sozialismus zu bestimmen. All diese Ergebnisse wurden dabei nicht deshalb erreicht, weil V. I. Lenin vom Begriff des Eigentums als einem besonderen Element im System der Produktionsverhältnisse ausging, sondern gerade umgekehrt. Die Leninsche Analyse des Imperialismus ist, wie die Untersuchung der Gesetzmäßigkeiten des vormonopolistischen Kapitalismus durch Marx, eine überzeugende Widerlegung der Vorstellung vom Eigentum als selbständiger Beziehung im System der Produktionsverhältnisse.

Bemerkenswert ist auch die Position V. I. Lenins zur Frage der Gesetzmäßigkeiten bei der Schaffung der sozialistischen Produktionsverhältnisse. Wie bekannt, besteht der historische Ausgangsakt für die Beseitigung des kapitalistischen Eigentums und die Schaffung gesellschaftlichen, sozialistischen Eigentums in der Expropriation der Kapitalisten, die praktisch in verschiedenen Formen verwirklicht werden kann.

In unserem Lande wurde dieses Problem in Form der Konfiskation und Nationalisierung der Produktionsmittel gelöst. Wenn man von der These vom Eigentum an Produktionsmitteln als der Grundlage der Produktionsverhältnisse ausgeht, dann ist die einzige praktisch richtige Schlußfolgerung die Forderung nach möglichst entschiedener Konfiskation der Produktionsmittel. V. I. Lenin zeigte jedoch, daß in der Konfiskation selbst „kein Element der Organisation, der Rechnungsführung über die richtige Verteilung“ [11] enthalten ist. Er unterstrich: „... die Expropriation allein, als juristischer oder politischer Akt, entscheidet bei weitem nicht die Sache, denn es ist notwendig, die Gutsbesitzer und Kapitalisten tatsächlich *abzusetzen* und sie tatsächlich durch eine andere, von Arbeitern ausgeübte Verwaltung der Fabriken und Güter *zu ersetzen*“[12].

Indem er die „linken Kommunisten“, die eine „totale Vergesellschaftung“ und einen „entschiedenen Kampf“ gegen das Kapital forderten, kritisierte, deckte Lenin die Haltlosigkeit auf, den Prozeß der sozialistischen Vergesellschaftung auf eine Konfiskation und Nationalisierung einzuengen. Er schrieb:

[11] V. I. Lenin, Werke, Bd. 26, Berlin 1961, S. 91.
[12] V. I. Lenin, Werke, Bd. 28, Berlin 1959, S. 251.

„Man kann in der Frage der Nationalisierung, der Konfiskation entschlossen oder unentschlossen sein. Aber das ist es ja gerade, daß selbst die allergrößte ‚Entschlossenheit' nicht hinreicht, um den Übergang *von* der Nationalisierung und der Konfiskation *zur* Vergesellschaftung zu vollziehen. ... Die Vergesellschaftung aber unterscheidet sich gerade dadurch von einfacher Konfiskation, daß zum Konfiszieren bloße ‚Entschlossenheit', ohne die Fähigkeit, richtig zu registrieren und richtig zu verteilen, genügt, während man *ohne eine solche Fähigkeit nicht vergesellschaften kann.*"[13]

Auf diese Weise bedeutet die Erklärung des ökonomischen Inhalts des Eigentums unter dem Gesichtspunkt der Materialität der Produktionsverhältnisse, es nicht als besonders selbständiges Verhältnis im System der Produktionsverhältnisse aufzufassen, sondern eben als dieses System selbst, d. h. als die ökonomische Struktur der Gesellschaft, die die Beziehungen der Produktion, der Verteilung, des Austauschs und des Verbrauchs umfaßt. Warum entspricht gerade eine solche Behandlung der Eigentumsverhältnisse ihrem materialistischen Verständnis? Weil die Eigentumsverhältnisse als Ganzes betrachtet verschiedene Seiten der gesellschaftlichen Beziehungen umfassen, wie die ökonomischen und materiellen Verhältnisse selbst sowie die ideologischen und gesellschaftlichen Beziehungen. Wenn wir versuchen würden, die Eigentumsverhältnisse als besonderes Element im System der Produktionsverhältnisse zu untersuchen, wären wir unmöglich in der Lage zu abstrahieren, was in diesen Beziehungen materiell ist und was ideologisch.

Das politökonomische Herangehen an das Eigentum besteht darin, daß es nicht an sich analysiert wird, sondern vermittels objektiver ökonomischer Formen seiner Realisierung, d. h. durch Untersuchung der objektiv existierenden Beziehungen der Produktion, der Verteilung, des Austauschs und der Konsumtion. Nur auf diese Weise kann man eine materialistische Auffassung von den Eigentumsverhältnissen als materiellen, objektiv existierenden Verhältnissen gewinnen.

Diese Fragestellung wird zu einem realen Erfordernis im Erkenntnisprozeß der ökonomischen Gesetzmäßigkeiten des

[13] V. I. Lenin, Werke, Bd. 27, Berlin 1960, S. 325/326.

Sozialismus, wenn dieser ein bestimmtes Stadium seiner Reife erreicht hat. Dann ist eine Widerspiegelung nicht mehr nur in Form allgemeinster Vorstellungen erforderlich, die offensichtliche historische und wirtschaftliche Prozesse wiedergeben, sondern eine Widerspiegelung in Form von Begriffen, d. h. als logische Reproduktion.

Produktionsverhältnisse im engeren und weiteren Sinne. Das System der Beziehungen

Die materialistische Auffassung des historischen Prozesses unterstellt nicht nur eine genaue Abgrenzung der materiellen und ideologischen gesellschaftlichen Verhältnisse, sondern auch die Anerkennung der untergeordneten Rolle des Bewußtseins bei der Entwicklung der Gesellschaft. Diese These behält ihre Bedeutung auch unter den Bedingungen der sozialistischen Gesellschaft, ungeachtet des riesigen Anwachsens der Rolle des gesellschaftlichen Bewußtseins im Sozialismus.

Innerhalb der vorhandenen philosophischen und ökonomischen Literatur verbreiten sich seit einiger Zeit Ansichten, die die Rolle des Bewußtseinsprinzips in der Entwicklung der sozialistischen gesellschaftlichen Beziehungen überbewerten.

Einige Philosophen stellten die These auf, daß das Leninsche Kriterium der Materialität der Produktionsverhältnisse, nach dem alle diejenigen gesellschaftlichen Beziehungen zu den materiellen Beziehungen gerechnet werden, die sich ergeben, ohne vorher durch das Bewußtsein der Menschen gegangen zu sein, sozusagen den vorkommunistischen Formationen zugerechnet werden muß, unter denen die ökonomischen Verhältnisse sich spontan entwickeln, und daß es nicht anwendbar sei auf die sozialistische Gesellschaft, wo diese Beziehungen entstehen und sich entwickeln, nachdem sie durch das Bewußtsein der Menschen hindurchgegangen sind.[14]

Wie man sieht, identifizieren diese Autoren die materiellen gesellschaftlichen Beziehungen mit den nichtmateriellen ideologischen Beziehungen der sozialistischen Gesellschaft. Wenn je-

[14] Siehe I. I. Kamynin, M. J. Koval'zon, O specifikje material'nich obščestvenych otnošenij kommunističeskich formacii, in: Voprosy filosofii, Nr. 1, 1962, S. 90.

doch sich alle gesellschaftlichen Beziehungen in unserer Gesellschaft erst ergeben, nachdem sie durch das Bewußtsein der Menschen gegangen sind, dann entfällt das Kriterium, auf dessen Grundlage V. I. Lenin die ökonomischen und ideologischen Beziehungen unterschieden hat.

Nach Ansicht anderer Autoren ist der ökonomische Prozeß im Sozialismus nicht nur materiell, sondern auch ideell. Ohne die Objektivität des ökonomischen Prozesses im Sozialismus zu negieren, unterstellen sie damit, daß die Objektivität eine Vereinigung des Materiellen und des Ideellen darstellt.[15] Natürlich kann in bekanntem Sinne der Terminus „objektiv" auch in der Bedeutung verwandt werden, daß er nicht nur materielle Beziehungen der Produktion, sondern auch ideologische Beziehungen erfaßt.

In Wirklichkeit ist z. B. ein solches Element des gesellschaftlichen Überbaues wie der Staat in Beziehung zum Bewußtsein des Individuums eine objektive Realität. In gleicher Weise ist die Tätigkeit des sozialistischen Staates bei der Leitung des ökonomischen Prozesses der Planung der Volkswirtschaft usw. objektive Realität. In diesem Sinne ist der Terminus „objektiv" nicht synonym mit dem Begriff der Materialität gesellschaftlicher Beziehungen. In der marxistisch-leninistischen Literatur, besonders in den Werken V. I. Lenins, wird er jedoch auch in anderer Bedeutung, und zwar in synonymer Bedeutung zum Materiellen, verwendet. Das ist jedoch nicht der Kern der Sache. Spricht man über materielle Beziehungen und stellt sie den ideologischen gegenüber, dann ist die Rede davon, was primär und was sekundär ist. Die Trennung des Materiellen und des Ideellen ist jedoch durchaus nicht absolut. Im entgegengesetzten Falle müßte man die ideologischen Beziehungen selbst als etwas Unabhängiges und sich selbst Genügendes, das als selbständige Substanz neben dem Materiellen existiert, betrachten. Dessenungeachtet hat bei der logischen Methode zur Reproduktion des Systems der Produktionsverhältnisse im Sozialismus die folgerichtige Trennung des Materiellen und des Ideellen unserer Ansicht nach entscheidende Bedeutung. Anders liegen die Dinge, wenn von der Notwendigkeit zur Erklärung einzelner Erscheinungen

[15] Siehe Voprosy filosofii, Nr. 7, 1967, S. 5.

und Fakten des Wirtschaftslebens die Rede ist. Hier kann sich ergeben, daß die entscheidende Bedeutung nicht den rein materiellen, sondern gerade den ideologischen Faktoren zukommt.

Einige unterstellen, daß z. B. die Veränderung der Leitungsformen der gesellschaftlichen Produktion, die Vervollkommnung der Planungspraxis und der ökonomischen Stimulierung, die Verbesserung des Arbeitslohns in der Industrie und die Einführung einer garantierten Bezahlung der Arbeit in den Kolchosen und viele andere wirtschaftspolitische Maßnahmen nichts anderes seien als eine Vervollkommnung der sozialistischen Produktionsverhältnisse.

Die gnoseologische Grundlage solcher Darstellungen ist die These über die Wechselwirkung des gesellschaftlichen Seins und des gesellschaftlichen Bewußtseins.

V. I. Lenin kritisierte die These, daß das soziale Leben in all seinen Erscheinungsformen bewußt psychisch ist, und zeigte erstens, daß, wenngleich die Menschen als bewußte Wesen in Beziehung treten, sie sich doch „nicht bewußt (sind), was für gesellschaftliche Verhältnisse sich daraus bilden, nach welchen Gesetzen sie sich entwickeln usw. ..."[16], und zweitens, daß die Produzenten nicht erkennen, daß sie mit ihren Handlungen das gesellschaftliche Leben verändern. Drittens: Die sich im Ergebnis der Tätigkeit der Menschen bildende objektiv notwendige Kette von Ereignissen hängt nicht vom gesellschaftlichen Bewußtsein ab, wird von ihm nie vollständig erfaßt. Viertens: „Die höchste Aufgabe der Menschheit ist es, diese objektive Logik der wirtschaftlichen Evolution (der Evolution des gesellschaftlichen Seins) in den allgemeinen Grundzügen zu erfassen, um *derselben* ihr gesellschaftliches Bewußtsein ... so deutlich, so klar und so kritisch als möglich anzupassen ..."[17]

Behalten die gegebenen Kennzeichen der Materialität der Produktionsverhältnisse auch unter den Bedingungen der sozialistischen Produktion ihre Bedeutung? Wir denken, daß man auf diese Frage positiv antworten muß, ungeachtet dessen, daß V. I. Lenin, als er sie formulierte, die Spezifik der sozialistischen Gesellschaft natürlich noch nicht vollständig berück-

16 V. I. Lenin, Werke, Bd. 14, Berlin 1962, S. 326.
17 Ebenda, S. 328/329.

sichtigen konnte. Aber diese Spezifik bezieht sich nicht auf die prinzipielle Seite der Sache, sondern auf die Formen der Realisierung von Wechselwirkungen des Materiellen und des Ideellen im Prozeß der gesellschaftlichen Entwicklung.[18]

Die sozialistische Gesellschaft existiert und entwickelt sich nicht als anarchischer, sondern im wesentlichen als planmäßiger Prozeß, der in immer höherem Maße der Kontrolle der Gesellschaft und ihrer Leitungsorgane unterliegt. Dessenungeachtet löst das nicht die These vom objektiven Charakter der Produktionsverhältnisse ab. Die sozialistische Gesellschaft und deren Organe verfügen wirklich über andere objek-

[18] Wenn wir über Produktionsverhältnisse sprechen, so muß man unbedingt im Auge behalten, daß sie nur Beziehungen materieller Güter, d. h. von Sachen darstellen. „Die Ökonomie handelt nicht von Dingen, sondern von Verhältnissen zwischen Personen und in letzter Instanz zwischen Klassen; diese Verhältnisse sind aber stets *an Dinge gebunden* und *erscheinen als Dinge*", schrieb Engels (F. Engels, Karl Marx. Zur Kritik der politischen Ökonomie [Rezension], in: Marx/Engels, Werke, Bd. 13, Berlin 1961, S. 476). Der äußerliche Charakter der Produktionsverhältnisse stellt keine spezifische Besonderheit des Kapitalismus dar. Die Spezifik des Kapitalismus besteht nicht darin, daß hier die Beziehungen zwischen den Menschen in Verbindung zur Produktion und der Verteilung von Dingen entstehen, sondern darin, daß für ihn der Fetischcharakter der Beziehungen charakteristisch ist, der für das Wirken spontaner, nicht der Gesellschaft unterworfener ökonomischer Kräfte typisch ist. Der Übergang zum Sozialismus bedeutet die Überwindung des Fetischcharakters der Beziehungen zwischen den Menschen, aber auch im Sozialismus sind die Beziehungen an Dinge gebunden. Das ist von großer methodologischer Bedeutung. Sie besteht darin, daß bei der Erforschung der ökonomischen Struktur des Sozialismus unbedingt die Bewegung des gesellschaftlichen Produkts in seinen einzelnen strukturellen Elementen analysiert wird, wobei sich eben in dieser Bewegung die Produktionsverhältnisse realisieren. Darum kann man sich nicht mit der Behauptung von V. N. Čerkovec einverstanden erklären, der schreibt: „Um die sozialistische Poduktion zu erforschen, besteht nicht die Notwendigkeit, mit der materiellen Erscheinungsform der Produktionsverhältnisse zu beginnen. Nicht durch das Produkt zur Produktion, sondern von der Produktion zum Produkt – das ist der Weg zur Analyse der unmittelbar und planmäßig organisierten gesellschaftlichen sozialistischen Produktion im Gegensatz zur kapitalistischen Produktion." (V. N. Čerkovec, Metodologičeskie principy političeskoj ekonomii, Moskau 1964, S. 230).

tive Möglichkeiten zur Einwirkung auf die Entwicklung der Produktionsverhältnisse. Doch das bedeutet keineswegs deren Vervollkommnung. Man kann nicht etwas vervollkommnen, was entsteht und was zuvor durch das gesellschaftliche Bewußtsein nicht hindurchgeht. Natürlich unterliegen die materiellen Beziehungen der Einwirkung nicht nur der Produktivkräfte, sondern auch der Gesamtheit von faktischen Umständen und nicht zuletzt der Einwirkung von politisch-juristischen Formen, die unter den Bedingungen des Sozialismus eine in höchstem Maße aktive Rolle spielen. Im Bewußtsein der Gesellschaft entsteht jedoch der Gedanke von der Notwendigkeit gesellschaftlicher Veränderungen bereits dann, wenn die objektiven Bedingungen soweit entwickelt sind, daß die Veränderungen zum unbedingten Erfordernis geworden sind. Marx schrieb: „Daher stellt sich die Menschheit immer nur Aufgaben, die sie lösen kann, denn genauer betrachtet wird sich stets finden, daß die Aufgabe selbst nur entspringt, wo die materiellen Bedingungen ihrer Lösung schon vorhanden oder wenigstens im Prozeß ihres Werdens begriffen sind."[19]

Die Tätigkeit des sozialistischen Staates ist eine bewußte, planmäßig organisierte Tätigkeit. Richtung, Charakter und Inhalt werden durch völlig objektive, vom Willen und von den Wünschen der Menschen unabhängige Umstände bestimmt. Die Menschen sind auch in der Epoche des Entstehens der kommunistischen Gesellschaft nicht frei in der Wahl ihrer Produktivkräfte, die stets erworbene Produktivkräfte, das Produkt der vorausgegangenen Entwicklung sind. Die Menschen sind auch nicht frei bei der Wahl der Produktionsverhältnisse, die in Übereinstimmung mit dem Niveau und dem Charakter der vorhandenen Produktivkräfte entstehen.

Natürlich können die Menschen unter den Bedingungen der planmäßigen Organisation der gesellschaftlichen Produktion in einem gewissen Maße diejenigen Veränderungen in den Produktionsverhältnissen voraussehen, die objektiv durch Fortschritte in der Entwicklung der Produktivkräfte hervor-

19 K. Marx, Zur Kritik der Politischen Ökonomie (Vorwort), in: Marx/Engels, Werke, Bd. 13, Berlin 1961, S. 9.

gerufen werden. Doch ist erstens die Voraussicht nicht vollständig, sondern nur relativ. Und zweitens vollzieht sich das, was objektive Notwendigkeit ist, unabhängig davon, ob es erkannt wurde und in welchem Maße es erkannt worden ist.

Damit die Gesellschaft mehr oder weniger genau unerwünschte Veränderungen voraussehen und die notwendigen vorbeugenden Maßnahmen treffen kann, muß sie mindestens das „Geheimnis" ihrer eigenen Beziehungen vollständig kennen. Das betrifft die Gesetze, die deren Veränderungen steuern, die Mechanismen, nach denen die Gesetze wirken, die Formen des Auftretens innerer Zusammenhänge einzelner Elemente der ökonomischen Struktur, das System der gesellschaftlichen Bedürfnisse, der ökonomischen Interessen und vieles andere, ganz zu schweigen von dem Vorhandensein einer ideal organisierten Information, der geeigneten technischen Mittel zu ihrer Verarbeitung u. dgl. Über all das kann man in vollem Umfange erst als Plan für die ferne Zukunft sprechen. Sogar dann, wenn dies erreicht wird, kann kann man kaum ein Zusammenfallen des Materiellen und des Ideellen in der gesellschaftlichen Entwicklung, deren Identität erwarten, weil der Prozeß der Erkenntnis unerschöpflich ist und die absolute Wahrheit das Produkt der Erkenntnis einer unendlichen Zahl menschlicher Generationen darstellt.

Das alles schließt jedoch die Möglichkeit einer bewußten Einwirkung des sozialistischen Staates auf die Produktionsverhältnisse nicht aus. Diese Einwirkung vollzieht sich jedoch vornehmlich nicht unmittelbar, sondern durch die Veränderung politisch-juristischer Formen, in denen sich die Beziehungen ausdrücken, die die ökonomische Struktur des Sozialismus ausmachen.

Die Produktionsverhältnisse jeder Gesellschaft drücken sich in bestimmten politisch-juristischen Formen aus und werden durch diese gefestigt. In bestimmten Grenzen sind diese Formen elastisch, weil deren Veränderung nicht über die Grenzen hinausgeht, die den grundlegenden Lebensinteressen der herrschenden Klasse entsprechen. Im Ergebnis der Entwicklung der Produktivkräfte entstehen jedoch solche Produktionsverhältnisse, die nicht bei Beibehaltung der bestehenden politisch-juristischen Normen der wirtschaftlichen Tätigkeit gefestigt werden können. Deshalb ist die Nichtübereinstimmung zwischen den neuentstehenden Produktionsverhältnissen und den beibehaltenen alten politisch-juristischen Formen, die die überlebten ökonomischen Verhältnisse sichern, die wichtigste Form, in der sich die inneren Widersprüche in der Entwicklung der gesellschaftlichen Produktion manifestieren. Diese These wurde mehrfach durch die Klassiker des Marxismus-Leninismus unterstrichen.

V. I. Lenin schrieb bei der Erklärung des wirklichen Inhalts der Forderung nach „Freiheit der Industrie" gegen Ende der 90er Jahre des vergangenen Jahrhunderts: „Die Forderung nach ‚Gewerbefreiheit' bedeutet stets, daß zwischen den juristischen Normen (die bereits überlebte Produktionsverhältnisse widerspiegeln) und den *neuen Produktionsverhältnissen*, die sich im Gegensatz zu den alten Normen herausgebildet haben, ihnen entwachsen sind und ihre Abschaffung erheischen."[20] In dieser These konkretisiert V. I. Lenin die bekannte Aussage von Karl Marx, daß „auf einer bestimmten Stufe ihrer Entwicklung ... die materiellen Produktivkräfte der Gesellschaft in Widerspruch mit den vorhandenen Produktionsverhältnissen (geraten) oder, was nur ein juristischer Ausdruck dafür ist, mit den Eigentumsverhältnissen, innerhalb derer sie sich bisher bewegt hatten".[21]

Eine der notwendigen Formen, in der die Widersprüche zwischen den Produktivkräften und den Produktionsverhältnissen zum Ausdruck kommen, ist die Nichtübereinstimmung zwischen den neuentstehenden Produktionsverhältnissen und den politisch-juristischen Formen, die die alten überlebten Produktionsverhältnisse sichern. Damit jedoch der vorliegende Widerspruch überhaupt in Erscheinung trat und darüber hinaus im gesellschaftlichen Bewußtsein fixiert wurde, mußte

[20] V. I. Lenin, Werke, Bd. 2, S. 460/461.

[21] K. Marx, Zur Kritik der Politischen Ökonomie (Vorwort), in: Marx/Engels, Werke, Bd. 13, S. 9. Charakteristisch ist in dieser Beziehung der folgende Ausspruch der Begründer des wissenschaftlichen Sozialismus: „Aber selbst wenn diese Theorie, Theologie, Philosophie, Moral etc. in Widerspruch mit den bestehenden Verhältnissen treten, so kann dies nur dadurch geschehen, daß die bestehenden gesellschaftlichen Verhältnisse mit der bestehenden Produktionskraft in Widerspruch getreten sind ..." (K. Marx, F. Engels, Die deutsche Ideologie, in: Marx/Engels, Werke, Bd. 3, S. 31f.).

irgendeine Seite der Produktionsverhältnisse bereits faktisch verändert sein oder sich jedenfalls im Zustand der faktischen Veränderung befinden.

Ein Vorteil der sozialistischen Gesellschaft besteht darin, daß sie über unvergleichlich größere Möglichkeiten zur Veränderung der politisch-juristischen Formen verfügt, in denen und durch die die Produktionsverhältnisse funktionieren. Folglich kann nicht die Rede sein von der Vervollkommnung der Produktionsverhältnisse unmittelbar, sondern nur von der Veränderung der politisch-juristischen Formen, in denen sie sich ausdrücken, sowie von der Schaffung solcher Bedingungen für die Existenz und das Funktionieren der Produktionsverhältnisse, die dem Charakter der Produktivkräfte besser entsprechen. Das Nichtübereinstimmen der politisch-juristischen Formen, die die überlebten Produktionsverhältnisse ausdrücken und festigen, mit neuen Produktionsverhältnissen ist die notwendige Art und Weise, wie der Widerspruch zwischen den Produktivkräften und den Produktionsverhältnissen zutage tritt.

Die Produktionsverhältnisse drücken sich nicht nur in politisch-rechtlichen, sondern auch in bestimmten wirtschaftlich-organisatorischen Formen aus. Die Widersprüche zwischen den Produktivkräften und den Produktionsverhältnissen zeigen sich auch in der mangelnden Übereinstimmung von wirtschaftlich-organisatorischen Formen mit den Erfordernissen der Entwicklung der gesellschaftlichen Produktion. In seiner wirtschaftlichen Tätigkeit nutzt der sozialistische Staat sowohl die Veränderung der rechtlichen als auch die Vervollkommnung der wirtschaftlich-organisatorischen Formen und ermöglicht damit die Schaffung günstigerer Bedingungen für die Entwicklung der Produktivkräfte. Diese Prozesse sind jedoch kaum mit einer unmittelbaren Vervollkommnung der Produktionsverhältnisse selbst gleichzusetzen.

Von welcher Seite der Produktionsverhältnisse ist die Rede, wenn man vom Entstehen neuer Produktionsverhältnisse spricht, die sich entgegen den rechtlichen Normen entwickelt haben, die die bereits überlebten ökonomischen Beziehungen widerspiegeln?

Eine wichtige methodologische Bedeutung für das Verständnis des Mechanismus der Wechselwirkung von Produktivkräften und Produktionsverhältnissen hat die Abgrenzung verschiedener Seiten innerhalb der Produktionsverhältnisse selbst. Es handelt sich um Beziehungen, die unmittelbar im Produktionsprozeß entstehen und deshalb unmittelbar das Niveau und den Charakter der Produktivkräfte ausdrücken (Spezialisierung, Kooperation, Konzentration, Kombination der Produktion). Ferner geht es dabei um Beziehungen, die unmittelbar das System der Eigentumsverhältnisse charakterisieren: Methoden zur Formierung und Verteilung der materiellen Bedingungen der Produktion, Charakter und Formen zur Bildung des notwendigen Produktes, Formen der Bewegung des Mehrproduktes und andere.

Auf die Notwendigkeit zur Abgrenzung der gegebenen Seiten im System der Produktionsverhältnisse hat Plechanov zuerst hingewiesen.[22] V. I. Lenin unterschied zwei Seiten in der Zusammensetzung der Produktionsverhältnisse und unterstrich, daß sich in der imperialistischen Epoche der Antagonismus zwischen den sich verändernden Produktionsverhältnissen, ihrer noch nie dagewesenen Vergesellschaftung und den privatwirtschaftlichen Verhältnissen und Privateigentumsverhältnissen ungeheuer verstärkt. Er schrieb: „‚Zufällig ‚verflechten sich' Aktienbesitz und Privateigentümerverhältnisse. Aber das, was dieser Verflechtung zugrunde liegt, was ihre Grundlage bildet, sind die sich verändernden gesellschaftlichen Produktionsverhältnisse. Wenn aus einem Großbetrieb ein Mammutbetrieb wird, der planmäßig, auf Grund genau errechneter Massendaten, die Lieferung des ursprünglichen Rohmaterials im Umfang von zwei Dritteln oder drei Vierteln des gesamten Bedarfs für Dutzende von Millionen der Bevölkerung organisiert; wenn die Beförderung dieses Rohstoffs nach den geeignetsten Produktionsstätten, die mitunter Hunderte und Tausende Meilen voneinander entfernt sind, systematisch organisiert wird; wenn von einer Zentralstelle aus alle aufeinanderfolgenden Stadien der Verarbeitung des Materials bis zur Herstellung der verschiedenartigsten Fertigprodukte geregelt werden; wenn die Verteilung dieser Produkte auf Dutzende und Hunderte von Millionen Konsumenten nach einem einzi-

22 Siehe G. V. Plechanov, Ausgewählte philosophische Werke, Bd. II, S. 523 und 534 (russ.).

gen Plan geschieht ... dann wird es offensichtlich, daß wir es mit einer Vergesellschaftung der Produktion zu tun haben und durchaus nicht mit einer bloßen Verflechtung; daß privatwirtschaftliche und Privateigentumsverhältnisse eine Hülle darstellen, die dem Inhalt bereits nicht mehr entspricht und daher unvermeidlich in Fäulnis übergehen muß, wenn ihre Beseitigung künstlich verzögert wird ..."[23]

Wie wir sehen, trennt Lenin völlig eindeutig die Privateigentums- und die Privatwirtschaftsbeziehungen und die „sich verändernden gesellschaftlichen Produktionsverhältnisse", welche die Grundlage, den Inhalt der ersteren bilden. Dessenungeachtet halten einige sowjetische Ökonomen diese Trennung für nicht stichhaltig. So schrieb J. Kronrod: „Sie bedeutet nicht nur eine Zerstückelung, eine Sprengung der einheitlichen Gesamtheit gesellschaftlicher Beziehungen ..., sondern schließt auch den aktivsten, den bestimmenden Teil, die Beziehungen im Prozeß der Produktion selbst, in denen sich das Eigentum an Produktionsmitteln realisiert, aus ..."[24]

Erstens ist die Trennung der beiden Seiten nicht gleichbedeutend mit dem Ausschluß irgendeiner von ihnen aus der Gesamtheit der Produktionsverhältnisse, und zweitens erhält gerade das Eigentum an Produktionsmitteln seinen ökonomischen Ausdruck in einer der Seiten der Produktionsverhältnisse; drittens hätte der Autor an Stelle einer abstrakten Kritik seine eigene Auffassung vom Mechanismus der Grundwidersprüche des Kapitalismus darlegen sollen. Dazu hätte er aber zunächst den Beweis dafür erbringen müssen, daß der Prozeß der kapitalistischen Vergesellschaftung nicht nur die unmittelbaren Produktionsverhältnisse, sondern auch die Verhältnisse der kapitalistischen Aneignung erfaßt.

Die Produktionsverhältnisse, die die Beziehungen der Produzenten im Prozeß der Produktion charakterisieren und unmittelbar durch den Zustand ihrer materiellen Faktoren begründet sind, enthüllen nicht die sozialökonomische Form der Produktion. Es wäre jedoch unrichtig, sie aus dem Gegenstand der politischen Ökonomie auszuschließen und sie zu den Produktivkräften zu zählen. Außer der politischen Ökonomie

23 V. I. Lenin, Werke, Bd. 22, Berlin 1960, S. 308.

24 J. A. Kronrod, Zakony političeskoj ekonomii socializma, S. 76f.

im engeren Sinne existiert die politische Ökonomie im weiteren Sinne, die „die Wissenschaft von den Bedingungen und Formen (darstellt), unter denen die verschiedenen menschlichen Gesellschaften produziert und ausgetauscht und unter denen sich demgemäß jedesmal die Produkte verteilt haben ...“[25] Die materiellen Elemente der Produktivkräfte können nicht unmittelbar mit den sozialen Verhältnissen in Beziehung treten. Bevor sie in solche Beziehungen eintreten, müssen die materiellen Elemente der Produktivkräfte bestimmte gesellschaftliche Formen annehmen. Diese Form selbst ist jedoch durchaus nicht willkürlich. Sie ist bedingt durch den Zustand der Elemente der Produktivkräfte, durch das Niveau der Technik, der Technologie, der Vollkommenheit der Methoden zur Kontrolle der Produktion und dgl. In Abhängigkeit davon bilden sich bestimmte gesellschaftliche Formen der Organisation der Produktivkräfte, zu denen die Spezialisierung, die Kooperation, die Konzentration und andere gehören. Die letzteren werden durch die Technik und die Technologie der Produktion bestimmt. Selbst sind sie jedoch nicht zu den technischen Beziehungen zu zählen, sondern sie sind Formen des gesellschaftlichen Ausdrucks der Produktivkräfte, d. h. der gesellschaftlichen Produktionsverhältnisse. Ihrerseits kennzeichnen diese Formen, wenn man sie im Zusammenhang mit den sozialökonomischen Produktionsverhältnissen, d. h. mit den Eigentumsverhältnissen, betrachtet, den Inhalt der letzteren. Veränderungen in der Zusammensetzung der materiellen Elemente der Produktivkräfte, d. h. in der Technik und der Technologie, finden ihren Ausdruck in den Formen ihrer gesellschaftlichen Organisation, die unmittelbar auf diese Veränderungen reagieren. Infolgedessen verändert sich der Inhalt der gesellschaftlichen Produktionsverhältnisse, die ihrerseits bestimmte Anforderungen an die sozialökonomische Form der Produktion stellen. Zum Beispiel verwandelten die Veränderungen in den Arbeitsmitteln, der Übergang zu maschinellen Werkzeugen, die kooperative Form des Arbeitsprozesses in die einzig mögliche Form; und die Steigerung der Produktivität der gesellschaftlichen Arbeit, die auf dieser Grundlage sich

[25] F. Engels, Anti-Dühring, in: Marx/Engels, Werke, Bd. 20, Berlin 1962, S. 139.

vollzog, ermöglichte die Erweiterung von Methoden zur Produktion des relativen Mehrwertes.

Auf diese Weise verändert sich der eine Teil im System der Produktionsverhältnisse mit der Veränderung der materiellen Elemente der Produktivkräfte, während der andere sich erst hinterher verändert oder verändern muß. Nur auf diese Weise kann man die Einwirkung der Produktivkräfte auf die Produktionsverhältnisse verstehen.

Die Abgrenzung verschiedener Seiten im System der Produktionsverhältnisse wird nicht nur durch rein theoretische Überlegungen diktiert. Sie hat große praktische Bedeutung.

Jede neue Gesellschaft übernimmt, bevor sie sich eine ihrer sozialen Natur adäquate materielle Basis schafft, letztere von ihrem historischen Vorgänger. Das bedeutet aber, daß die dieser materiellen Basis entsprechenden Formen der gesellschaftlichen Organisation der Produktion, d. h. die Seite der Produktionsverhältnisse, die die unmittelbaren Beziehungen zwischen den Produzenten charakterisiert, in der ersten Zeit ihrem Wesen nach der Natur der neuen Eigentumsverhältnisse nicht entspricht.

Das gilt im besonderen für den Prozeß des Entstehens und der Entwicklung der sozialistischen Gesellschaft. Das aber bedeutet, daß die reale sozialistische Vergesellschaftung der Produktion, die Schaffung der dem Sozialismus adäquaten materiellen Basis und des ihr entsprechenden Systems der allgemeinökonomischen Produktionsbeziehungen, d. h. der Prozeß der Vergesellschaftung der Produktion, sich in Wirklichkeit nicht sofort vollzieht, sondern sich über Jahre erstreckt, die mindestens eine Übergangsperiode umfassen. Im Verlauf dieser ganzen Periode ergibt sich ein bestimmter Widerspruch zwischen dem Inhalt der Produktionsverhältnisse, charakterisiert durch den Zustand der Spezialisierung, Kooperation, Konzentration und Kombination der Produktion, und der Seite der Produktionsverhältnisse, die unmittelbar die sozialökonomische Ordnung der Produktion bildet, d. h. den Eigentumsverhältnissen.

Aus dem Gesagten folgt natürlich nicht, daß die beiden Seiten der Produktionsverhältnisse irgendwelche abgeschlossenen, voneinander isolierten Dinge wären. Im realen Prozeß der gesellschaftlichen Produktion sind sie eine einheitliche

Gesamtheit von Beziehungen, deren Elemente miteinander in Beziehung treten. Jede der Seiten dieser Gesamtheit wirkt auf die andere und unterliegt ihrerseits wieder Einflüssen von der anderen. Gleichzeitig hat sowohl die eine als auch die andere Seite ihre Spezifik. Man kann davon sprechen, daß sie als besondere, wechselwirkende Systeme auftreten. Jedes dieser Elemente ist in den Grenzen des gegebenen Systems durch andere Elemente bestimmt und setzt sie gleichzeitig voraus. In diesem Sinne sind die Produktionsverhältnisse ein lebendiger, sich entwickelnder Organismus.

Eine Analyse jedes der Elemente des Systems der Produktionsverhältnisse kann nur dann Anspruch auf objektive Richtigkeit erheben, wenn dieses Element als Teil des Ganzen untersucht wird. Keine einzige ökonomische Erscheinung kann richtig verstanden werden, wenn sie, ausgehend von irgendwelchen allgemeinen Abstraktionen, untersucht wird, unabhängig von jenen realen ökonomischen Beziehungen, in deren System sie sich befindet und die sie ausdrückt. Daraus folgt jedoch durchaus nicht die Möglichkeit zur Bestimmung des Charakters des Ganzen ohne seine vorhergehende Zerlegung in einzelne Bestandteile, deren organischer Zusammenhang das vorliegende Ganze bildet. Daneben hat sich in der ökonomischen Literatur die Meinung gebildet, daß es möglich und sogar notwendig sei, eine Charakteristik des Systems der Produktionsverhältnisse des Sozialismus als Ganzes zu geben, d. h. bis hin zur Betrachtung einzelner Seiten und Zusammenhänge. Ähnliche Vorstellungen sind nicht nur in den Lehrbüchern verbreitet. Sie erheben Anspruch darauf, ein bestimmtes methodologisches Prinzip zur wissenschaftlichen Erklärung der Beziehungen der sozialistischen Gesellschaft zu sein. In vielen Fällen bemüht man sich, außer der Charakteristik einzelner Elemente der ökonomischen Struktur des Sozialismus auf der anderen Seite die Natur dieser Elemente, ausgehend von allgemeinen Vorstellungen über den Sozialismus, zu bestimmen.

Die Analyse dieser oder jener Seite der ökonomischen Verhältnisse des Sozialismus, die eine bestimmte Charakteristik des Ganzen geben müßte, wird oft darauf beschränkt, daß man auf die Besonderheit des Ganzen hinweist, das, wie sich von selbst versteht, nicht außerhalb der Spezifik existieren kann, die seine Elemente bilden. Anders gesagt versucht man, mit apriorischen Vorstellungen über den Sozialismus die realen Besonderheiten seiner verschiedenen strukturellen Elemente zu erklären.

Nur die Untersuchung realer ökonomischer Prozesse kann die wesentlichen Beziehungen der Gesetze der ökonomischen Entwicklung aufdecken. Ökonomische Gesetze sind u. a. die Widerspiegelung der objektiv existierenden ökonomischen Beziehungen im Bewußtsein der Menschen. Deshalb ist ein Studium der Gesetze außerhalb der Erforschung der Produktionsverhältnisse selbst undenkbar. Gerade die letzteren bilden mit den ihnen eigenen inneren Beziehungen und Abhängigkeiten den Gegenstand der ökonomischen Theorie. Außerhalb der real vor sich gehenden ökonomischen Prozesse gibt es keinerlei Gesetze.

Anders versteht J. Kronrod die Frage nach dem Gegenstand der politischen Ökonomie. Er unterstellt, daß „neben den gesellschaftlichen Produktionsverhältnissen als dem allgemeinen Gegenstand der politischen Ökonomie diese in ihrem Rahmen als engeres spezielles Element ihres Gegenstandes die Gesetze untersucht, die die Produktionsverhältnisse ausdrücken, nämlich die ökonomischen, oder genauer, die politökonomischen Gesetze“[26]. Wenn jedoch die Gesetze der politischen Ökonomie einen speziellen Gegenstand der politischen Ökonomie gleichzeitig mit dem allgemeinen Gegenstand – den Produktionsverhältnissen – bilden, dann fragt sich, welchen Sinn die Untersuchung der Produktionsverhältnisse hat? Und wie ist es überhaupt möglich, die Produktionsverhältnisse zu untersuchen, ohne die wesentlichen Beziehungen jener Elemente aufzudecken, die ihren Inhalt bilden? Die Behauptung, daß „die Erforschung der Gesetze der politischen Ökonomie ... ein besonderes und ... ihr wichtigstes bestimmendes Objekt“[27] darstellt, daß sie (die Gesetze – A. P.) auch ein relativ selbständiges Element der Untersuchung bilden, ist unserer Meinung nach der Versuch, die Gesetze der Produktionsverhältnisse von den Verhältnissen selbst zu trennen und sie als besonderes und dabei noch bestimmendes Objekt der politi-

26 J. A. Kronrod, Zakony političeskoj ekonomii socializma, S. 18.
27 Ebenda, S. 19.

schen Ökonomie zu untersuchen. Bei einem solchen Herangehen an die Untersuchung der Ökonomie werden die Ergebnisse der theoretischen Analyse nur abstrakten Charakter tragen, und die Gesetze der politischen Ökonomie des Sozialismus treten uns dann als Produkte des „reinen Verstandes" entgegen und nicht als Ausdruck der real existierenden Beziehungen.

Das Problem von Wesen und Erscheinung der sozialistischen Produktionsverhältnisse

Bei der Erforschung der ökonomischen Struktur des Sozialismus ist die komplizierteste Aufgabe die Aufdeckung des Wesens der Beziehungen ihrer Elemente und die Bestimmung derjenigen Formen, in denen sie in Erscheinung treten. Es versteht sich, daß die Erklärung der inneren Abhängigkeiten der Erscheinungen und Prozesse die Hauptaufgabe der wissenschaftlichen Arbeit auf jedem Wissensgebiet ist. In der politischen Ökonomie des Sozialismus hat das jedoch besondere Bedeutung. Der Sozialismus ist eine spezifische sozial-ökonomische Erscheinung, die einen besonderen historischen Platz einnimmt.

Die ökonomische Struktur des Sozialismus charakterisiert einen spezifischen Übergangszustand der Gesellschaft vom Kapitalismus zum vollentwickelten Kommunismus. In ihm sind Elemente vergangener Epochen und die sich entwickelnden Keime des kommenden reifen Kommunismus enthalten. Der Kern der Sache besteht jedoch darin, daß weder die einen noch die anderen in Wirklichkeit in reiner Form angetroffen werden, sondern im Gegenteil, in höchst komplizierten Kombinationen. So sind z. B. die Elemente der sozialökonomischen Gleichheit mit Elementen faktischer Ungleichheit, die unmittelbare gesellschaftliche Form der Arbeit mit ihrer dinglichen Form verbunden usw. Derartige ökonomische Formen bilden nicht die Ausnahme, sondern die Regel, die den normalen Zustand der ökonomischen Prozesse der sozialistischen Gesellschaft kennzeichnen. Deshalb existieren neben den erhalten gebliebenen Elementen veränderte Formen, die in dem Maße unvermeidlich sind, wie die dingliche Form der Beziehungen in der sozialistischen Gesellschaft erhalten bleibt, auch Formen der Art, die den Sozialismus als Übergangszustand charakterisieren. Dabei werden diese und jene in der Regel in einer Verbindung angetroffen. Das alles kompliziert in höchstem Maße den Prozeß der Erkenntnis ökonomischer Beziehungen des Sozialismus.

Bis in die jüngste Zeit hinein gingen bestimmte Wissenschaftler, die die ökonomische Struktur des Sozialismus erforschen, stillschweigend davon aus, daß Wesen und Erscheinung, sobald von sozialistischen Produktionsverhältnissen die Rede ist, keine Kategorien der realen Wirklichkeit seien. Die Ursache dafür war nicht nur die Vorstellung über den Charakter der ökonomischen Beziehungen im Sozialismus, denen zufolge die sozialistischen Produktionsverhältnisse so klar und durchsichtig sind, daß sie auf einmal und bis zu Ende erkannt werden können, sondern auch die unzureichende Ausarbeitung des Problems von Wesen und Erscheinung in allgemeinmethodologischer Hinsicht. Wenn auch in letzter Zeit als Ergebnis sich verstärkender Aufmerksamkeit gegenüber Fragen der Methodologie der ökonomischen Wissenschaft ein bedeutender Fortschritt zum Besseren beobachtet werden konnte, so sind die erreichten Ergebnisse jedoch durchaus noch bescheiden.

Die unter dem Gesichtspunkt der objektiven Dialektik betrachteten Fragen von Wesen und Erscheinung sind einzelne Seiten der Wirklichkeit selbst, die voneinander nicht zu trennen sind und einander bedingen. Wenn auch zwischen ihnen kein prinzipieller Unterschied besteht, so offenbaren sie doch verschiedene Charakteristika der Erscheinungen und Prozesse der Wirklichkeit.

Wenn es um jene Sphäre der Wirklichkeit geht, die den Gegenstand des Studiums der ökonomischen Theorie bildet, d. h. um die objektiv existierenden Produktionsverhältnisse, so treten die Kategorien Wesen und Erscheinung als verschiedene Seiten dieser Beziehungen auf. Es geht dabei nicht nur um das Wesen und die Formen des Auftretens eines bestimmten Typs von Produktionsverhältnissen als Ganzes, sondern um Wesen und Erscheinung ihrer einzelnen Seiten (Beziehungen der Produktion, der Verteilung, des Austausches).

Wenn die Produktionsverhältnisse auch in verschiedenen politischen, rechtlichen, philosophischen und sogar religiösen Formen ihren Ausdruck finden können, so schließt das nicht aus, daß sie auch ihre eigenen Erscheinungsformen haben.[28] Die politischen Beziehungen, die letzten Endes Ausdruck der ökonomischen Ordnung der Gesellschaft sind, haben damit ihrerseits ihr eigenes Wesen, das sich von den Produktionsverhältnissen unterscheidet. Im anderen Falle müßten wir nämlich zugeben, daß die ökonomischen, politischen und anderen Formen gesellschaftlicher Beziehungen nicht über eine Einheit ihrer objektiven Charakteristika verfügen, durch die Wesen und Erscheinung zutage treten.

Unter dem Wesen der Erscheinungen und Prozesse der objektiven Welt versteht man gewöhnlich deren innere Seite, die man der äußeren gegenüberstellt, die die Erscheinung dieses Wesens ist. Die Bestimmung des Wesens als innerer und die Erscheinung als äußerer Zusammenhang heißt jedoch die Frage nicht lösen, sondern im günstigsten Falle erst stellen. Erstens ist die Unterscheidung des Inneren und des Äußeren relativ, auch dann, wenn man einen Prozeß oder eine Erscheinung im fixierten Zustand betrachtet. Zweitens ist ein fixierter Zustand der Gegenstände erst eines der Momente ihrer objektiven Charakteristik. Nicht weniger wichtig und in einer Reihe von Fällen von entscheidender Bedeutung für die Aufdeckung ihrer Natur ist eben die Betrachtung im Zustand der Bewegung und der gegenseitigen Übergänge. Und schließlich ist drittens das, was in einem Zusammenhang als Inneres auftritt, in einem anderen Zusammenhang Äußeres. All das muß die Bestimmung der Grenzen des Inneren und des Äußeren beeinflussen.

Wesen und Erscheinung der Dinge und der Prozesse der objektiven Realität muß man als Charakteristika bestimmen, die verschiedenen Inhalt in Abhängigkeit davon haben, ob sie in relativ unverändertem Zustand oder im Zustand der Veränderung betrachtet werden. Insoweit jedoch der eine und der

[28] In dieser Beziehung kann man G. Džavadov nicht voll zustimmen, der das Eigentumsrecht als Erscheinungsform des ökonomischen Inhalts des Eigentums behandelt. (Siehe G. A. Džavadov, Struktura socialističeskich proizvodstvenych otnošenij, Moskau 1969, S. 29).

andere Zustand eine abstrakte Charakterisierung der Wirklichkeit darstellen, charakterisieren Wesen und Erscheinung in ihrem konkreten Ausdruck die Einheit von Veränderlichkeit und Beständigkeit.[29]

Diese Seiten des Wechselverhältnisses von Wesen und Erscheinung haben große Bedeutung für die politische Ökonomie. Die Betrachtung ökonomischer Beziehungen oder ihrer einzelnen Seiten im fixierten Zustand gibt die Möglichkeit, das Wesen als gegebene qualitative Charakteristik im Vergleich zu anderen qualitativen Charakteristika zu bestimmen. Zum Beispiel unterscheidet sich die Warenproduktion qualitativ von dem Warenumlauf. Im ersten Falle erfolgt eine reale Metamorphose, es vollzieht sich eine Wertbildung und im zweiten Falle nur eine formale Metamorphose, d. h. eine Veränderung der Wertform.

Als Erscheinungsform des Wesens tritt bei der Betrachtung der Prozesse in unverändertem Zustand jene Methode zutage, mit deren Hilfe diese qualitativ unterschiedlichen Charakteristika aufgedeckt werden können. Die Erscheinung ist die Form, die die wechselseitigen Beziehungen des gegebenen Gegenstandes oder Prozesses mit anderen Prozessen, mit äußeren Dingen, bestimmt. In Abhängigkeit von diesen äußeren Wechselbeziehungen verändert sich auch die Methode zur Aufdeckung ein und desselben Wesens. So bildet der Wert das Wesen der Ware und wird erkannt in den Tauschbeziehungen einer Ware gegen eine andere, d. h. im Tauschwert. Mit der Entwicklung der Geldform entsteht der Preis als bestimmte Form des Tauschwertes.

Im Prozeß des Erkennens von Wesen und Erscheinung der Produktionsverhältnisse hat die Wechselwirkung zwischen ihnen große Bedeutung, die die ökonomische Struktur vornehmlich von seiten der Bewegung und der gegenseitigen Übergänge ihrer verschiedenen Zustände charakterisiert. In diesem Falle tritt jene Abhängigkeit als Wesen auf, die die verschiedenen, ineinander verwandelbaren Zustände des Pro-

[29] Wir teilen in dieser Frage die Position von Ju. A. Bogdanov. (Siehe Suščnost' i javlenie, Kiev 1962, S. 115, 119, 135.) Diese Position ist jedoch nicht allgemein anerkannt. (Siehe A. P. Septulin, Systema kategorii dialektiki, Moskau 1967, S. 292f.).

zesses oder des Systems von Beziehungen als Ganzes erfaßt und die dieses System charakterisiert, ungeachtet seiner verschiedenen Zustände als etwas Einheitlichem. Was die Erscheinung angeht, so tritt sie als bestimmte Form des Ausdrucks für den gegebenen Zustand in den Grenzen der Einheit auf.

Betrachten wir den Kapitalismus als bestimmten fixierten Zustand der antagonistischen Gesellschaftsstruktur, so kann man feststellen, daß das Wesen dieser Produktionsweise in der Ausbeutung von Lohnarbeit durch das Kapital besteht, die in verschiedenen Erscheinungsformen auftritt. Jedoch bei einer Betrachtung des Kapitalismus als nur einer der historischen Zustände der antagonistischen Gesellschaftsorganisation, die andere Zustände ablöst, tritt das Wesen der kapitalistischen Produktionsweise nicht mehr hervor als eine der Erscheinungsformen der Ausbeutung der Werktätigen.

Als innere Einheit, die die Gemeinsamkeit der verschiedenen historischen Zustände antagonistischer Strukturen bestimmt, tritt die Ausbeutung von seiten der Klasse in Erscheinung, die die Bedingungen der Produktionstätigkeit monopolisiert hat und sich deshalb auch deren Resultate aneignet. In diesem Falle besteht das Wesen der kapitalistischen Form der Ausbeutung einfach nur darin, eine der historischen Erscheinungsformen des allgemeinen Wesens aller antagonistischen Gesellschaften zu sein.

Oder ein anderes Beispiel. Die Marktform der Verbindung verschiedener Glieder der gesellschaftlichen Produktion stellt ihrem Wesen nach den Ausdruck der Widersprüche zwischen der gesellschaftlichen Bestimmung verschiedener Gebrauchswerte der Produkte dar, die in der Spezialisierung der Arbeitstätigkeit und der ökonomischen Isolierung einzelner spezialisierter Glieder der gesellschaftlichen Produktion begründet liegt. Die Erscheinungsformen der Marktbeziehungen sind Tauschwert, Konkurrenz, Preisschwankungen usw. Wenn man jedoch die Marktbeziehungen als eine der möglichen Formen der Beziehungen verschiedener Wirtschaftsglieder betrachtet, z. B. neben den unmittelbaren gesellschaftlichen, planmäßigen Beziehungen, dann ist jede von ihnen nur eine von möglichen Zuständen ökonomischer Beziehungen. In diesem Falle wird sowohl die Marktbeziehung als auch die planmäßige Beziehung nicht mehr die Form der Verwirklichung eines gemeinsamen Inhalts sein, der durch die objektive Notwendigkeit der Verteilung gesellschaftlicher Arbeit und bestimmter Wechselbeziehungen, die den Wechselwirkungen verschiedener gesellschaftlicher Bedürfnisse entsprechen, bestimmt wird.

Bestimmte Wesensformen ökonomischer Beziehungen, die einen breiteren Kreis im Vergleich zu ihren einzelnen historischen Stadien erfassen, die eine gegebene Produktionsweise charakterisieren, haben in der politischen Ökonomie im engeren Sinne untergeordnete Bedeutung, weil deren Gegenstand historisch fixierte Formen der Produktion sind. Der objektive Zustand einer jeden erschöpft sich natürlich nicht in ihrer Beständigkeit. Sie schließt als organisches Element auch die Bewegung, die Veränderlichkeit ein. Deshalb tritt das Wesen ihrer ökonomischen Beziehungen und ihrer einzelnen Seiten als Ausdruck der Einheit einer relativen Beständigkeit und Veränderlichkeit in Erscheinung. Das bedeutet, daß das System der ökonomischen Kategorien, das das System der wirklichen ökonomischen Beziehungen widerspiegelt, nicht nur die gegebene ökonomische Struktur als qualitativ bestimmte konkrete Gesamtheit der Beziehungen widerspiegelt, sondern auch die Tendenzen ihrer Veränderung bestimmen muß.

Eines der wesentlichsten Charakteristika der objektiven Dialektik von Wesen und Erscheinung ist ihre Gegensätzlichkeit. Wesen und Erscheinung treten als verschiedene und dabei gegensätzliche Seiten der Wirklichkeit auf. Die Gegensätzlichkeit von Wesen und Erscheinung charakterisiert die innere Widersprüchlichkeit des Wesens selbst. Das Wesen eines Gegenstandes oder Prozesses zu bestimmen heißt dessen innere Widersprüche aufdecken, weil diese auch das Wesen ausmachen. Die äußeren Widersprüche treten als Ausdruck innerer Widersprüche auf. Die ständige Existenz, d. h. das ständige Funktionieren und Lösen dieser Widersprüche gewährleistet die Entwicklung eines gegebenen Systems von Beziehungen oder dessen einzelner Seiten. Marx schrieb: „Was die dialektische Bewegung ausmacht, ist gerade das Nebeneinanderbestehen der beiden entgegengesetzten Seiten, ihr Widerstreit und ihr Aufgehen in eine neue Kategorie.“[30] Wenn aber das Wesen aller Gegenstände und Prozesse der objektiven Welt als Widersprüche charakterisiert wird, dann kann man es nur in seiner Eigenbewegung als Einheit der Widersprüche erkennen. V. I. Lenin schrieb: „Bedingung der Erkenntnis aller Vorgänge in der Welt in ihrer ‚*Selbstbewegung*‘, in ihrer spontanen Entwicklung, in ihrem lebendigen Leben ist die Erkenntnis derselben als Einheit von Gegensätzen. Entwicklung

[30] K. Marx, Das Elend der Philosophie, in: Marx/Engels, Werke, Bd. 4, Berlin 1959, S. 133.

ist ‚Kampf' der Gegensätze.“[31] Das Wesen der ökonomischen Prozesse allgemein und in der sozialistischen Gesellschaft im besonderen verwirklicht sich als eine gegensätzliche Einheit, und daher kann man sie nur als Kampf der Gegensätze erkennen.

Die sozialistischen Produktionsverhältnisse, vom Standpunkt ihres Wesens und ihrer Erscheinungsformen betrachtet, sind ein kompliziertes System innerer und äußerer Widersprüche, deren Erkennen ein organisches Element ihrer theoretischen Widerspiegelung bildet. Die Beziehungen der sozialistischen Produktion im eigentlichen Sinne werden zum Beispiel vor allem durch bestimmte Methoden zur Verteilung der sachlichen Produktionsbedingungen charakterisiert. Diese bestehen darin, daß die Gesellschaft als Ganzes die sachlichen Bedingungen festlegt, und zwar ausgehend von der Berechnung der Bedürfnisse des ganzen Volkes, unabhängig von den sozialen, nationalen, regionalen und anderen Unterschieden, die im Stadium des Sozialismus erhalten bleiben. Das letztere wird natürlich berücksichtigt, und zwar in dem Maße, wie es für die Verwirklichung der Interessen des gesamten Volkes und insbesondere der Arbeiterklasse notwendig ist.

Diese Verteilung der Produktionsbedingungen gewährleistet für alle Mitglieder der Gesellschaft den gleichen Zugang zu den Produktionsmitteln. Darin zeigt sich eines der wesentlichen Charakteristika der sozialökonomischen Gleichheit im Stadium des Sozialismus. Anders steht es jedoch mit der Verteilung der Beschäftigten auf die verschiedenen Zweige und Sphären der Arbeit. Die Mitglieder der Gesellschaft sind im Sozialismus infolge der Überbleibsel der alten Arbeitsteilung an bestimmte Arten der Berufstätigkeit gebunden. Das führt dazu, daß die Möglichkeit zur Gewährleistung eines gleichen Zugangs aller Mitglieder der Gesellschaft zu den Produktionsmitteln sich in einem gewissen Grade als formal erweist, weil verschiedene Gruppen von Beschäftigten nur imstande sind, eine bestimmte Tätigkeit auszuüben. Folglich existieren Elemente der Gleichheit neben denen der faktischen Ungleichheit: Den Beziehungen in der sozialistischen Produktion sind Widersprüche eigen, die ein wichtiges Element

[31] V. I. Lenin, Werke, Bd. 38, Berlin 1964, S. 339.

für das Wesen des Sozialismus als einer Phase der kommunistischen Formation sind.

Die objektive Dialektik von Wesen und Erscheinung ökonomischer Prozesse bestimmt die subjektive Dialektik ihrer Kategorien. Das bedeutet, daß die Gesetze des Denkens ihrem Inhalt nach den Gesetzen der objektiven Welt analog sind. Die letzteren bestimmen jedoch die ersteren, d. h., sie spiegeln sich in ihnen wider. Die Widerspiegelung bedeutet jedoch durchaus nicht eine absolute Übereinstimmung. Die logische Reproduktion von Wesen und Erscheinung entspricht nur im Endergebnis der Wirklichkeit, aber nicht unmittelbar, nicht in jedem gegebenen Moment und nicht vollständig.

Die Widerspiegelung, die Erkenntnis der Wirklichkeit, vollzieht sich in der Zeit, ist im Grunde genommen unerschöpflich, weil das Wesen und die Erscheinung als Seiten der Wirklichkeit selbst sich ständig in der Zeit entwickeln, indem sie jedesmal nur eine relative Einheit des Fixierten und des Beweglichen in den Prozessen der objektiven Welt darstellen.

Im Unterschied zur objektiven Dialektik von Wesen und Erscheinung, der zufolge sie die beiden Seiten der Einheit bilden, d. h. sich in unlöslichem Zusammenhang befinden, bedeutet die subjektive Dialektik dieser Kategorien, daß sie aufeinanderfolgende Stufen der Erkenntnis bilden, die als „unendlicher Prozeß der Vertiefung der Erkenntnis des Dinges, der Erscheinungen, Prozesse usw. durch den Menschen, von den Erscheinungen zum Wesen und vom weniger tiefen zum tieferen Wesen“ vordringen.[32] Die erste Stufe der Erkenntnis des Wesens ist die empirische Stufe, d. h. das Erkennen der Erscheinungen und Prozesse unmittelbar durch die Sinnesorgane. Diese Stufe kann in günstigstem Falle jedoch nur die äußere Art und Weise der Existenz des Wesens bestimmen, d. h. das unmittelbar Sichtbare. Die tieferen Beziehungen der Dinge und Prozesse werden mit Hilfe des Denkens ergründet, das die nächste rationale Stufe bei der Erkenntnis des Wesens darstellt.

Die Gliederung des Erkenntnisprozesses in eine empirische und eine rationale Stufe ist natürlich eine Abstraktion. Sie

[32] V. I. Lenin, Werke, Bd. 38, S. 213.

drückt nur das logische Schema des Erkenntnisprozesses aus, das wiederum real nur die allerersten Etappen widerspiegelt. Die menschliche Erkenntnis wird jedoch, wie B. Kedrov bemerkt, in ihrer entwickelten Form durch eine Wechselwirkung beider Erkenntnisformen, der sinnlichen und der rationalen, charakterisiert.[33]

Die Erscheinungsform ist nicht einfach die äußere Daseinsform des Wesens, sondern die notwendige Form seiner Existenz: Ohne bestimmte Erscheinungsformen können die inneren Zusammenhänge einfach nicht in Erscheinung treten. Weil aber das Wesen, bevor es sich zeigt, durch ein kompliziertes System verschiedener Beziehungen hindurchgeht, nimmt es unbedingt eine solche Form an, die den Stempel dieses ganzen Systems trägt. Mit anderen Worten, die Erscheinungsform kompliziert und verzerrt auch oft den inneren Zusammenhang, der in ihr erkannt wird. Jedenfalls ist die Erscheinungsform niemals mit dem Wesen selbst identisch.

Wenn die Aufgabe der wissenschaftlichen Erkenntnis darin besteht, hinter der Erscheinungsform das Wesen zu entdecken, dann bedeutet das nicht, daß die Aufklärung dessen, was das gegebene Wesen in bestimmter Weise ausmacht, jenseits der Grenzen wissenschaftlicher Erkenntnis liegt. Letzteres muß auch auf umgekehrtem Wege zu machen sein – vom Wesen zur Erscheinungsform, zur Erklärung der Notwendigkeit einer gegebenen Form. Damit wird die Aufdeckung des Wesens selbst vollzogen.

Das Wesen der Dinge und Prozesse wird um so genauer erkannt, je vielseitiger ihre Beziehungen und Wechselwirkungen und je reicher und vielgestaltiger ihr Zustand ist. Gerade deshalb wird das Wesen erst in verhältnismäßig entwickelten Stadien der Entwicklung und der Reife erkannt. Damit fordert das Erkennen des Wesens einen weitgehend entwickelten Zustand des zu erkennenden Objektes. Darin findet eine der Besonderheiten der subjektiven Dialektik von Wesen und Erscheinungen ihren Ausdruck, die darin besteht, daß der Erkenntnisprozeß des Wesens seinem objektiven Entstehungsprozeß der Zeit nach entgegengesetzt ist. Marx schrieb:

33 Siehe B. Kedrov, Edinstvo dialektiki, logiki i teorii poznanija, Moskau 1963, S. 182.

„Das Nachdenken über die Formen des menschlichen Lebens, als auch ihre wissenschaftliche Analyse, schlägt überhaupt einen der wirklichen Entwicklung entgegengesetzten Weg ein. Es beginnt post festum und daher mit den fertigen Resultaten des Entwicklungsprozesses."[34]

Die Erkenntnis des Wesens der Dinge und Erscheinungen bedeutet nicht das Ermitteln ihres allgemeinen Kennzeichens. Nur für eine metaphysische Auffassung der Prozesse der objektiven Welt ist das Wesen ein im Stadium der sinnlichen Erkenntnis gefundenes allgemeines Kennzeichen, das eine bestimmte Gesamtheit der Dinge charakterisiert. In diesem Falle erhält man anstelle eines vielfältigen Reichtums der Wirklichkeit eine allgemein-abstrakte Vorstellung. Die dialektische Erkenntnis ist nicht einfach durch eine Abstraktion von der sinnlich wahrnehmbaren Materie, von deren vielfältigen Erscheinungsformen, charakterisiert, sondern durch das Auffinden der inneren Grundlage für verschiedene Momente der Wirklichkeit, durch Erklären dessen, was die Einheit dieser verschiedenen Dinge bestimmt. In diesem Sinne ist die Verschiedenheit nicht in der Einheit aufgelöst, sondern findet in ihr ihre tiefe Grundlage, die den inneren Zusammenhang eben der gegebenen Gesamtheit verschiedener Dinge und Prozesse darstellt.[35]

Diese Thesen haben prinzipielle Bedeutung für die politische Ökonomie des Sozialismus. Nehmen wir die Kategorie Arbeitslohn. In den Lehrbüchern und den speziellen Forschungsarbeiten wird der Arbeitslohn in der sozialistischen Gesellschaft als Form der Verteilung nach Menge und Qualität der Arbeit behandelt. In diesem Zusammenhang taucht aber die Frage auf, warum die Verteilung nach der geleisteten Arbeit die Form des Arbeitslohnes annimmt?

Vor allem muß unbedingt unterstrichen werden, daß die Bestimmtheit der Form des Arbeitslohnes durchaus nicht durch das Verteilungsgesetz, das dem Sozialismus eigen ist,

[34] K. Marx, Das Kapital, Erster Band, in: Marx/Engels, Werke, Bd. 23, Berlin 1962, S. 89.

[35] Siehe Ju. A. Bogdanov, Suščnost' i javlenije, Seite 197. E. V. Il'enko, Dialektika abstraknogo i konkretnogo v „Kapitale" K. Marksa, Moskau 1960, S. 18–19.

bedingt ist. Das bedeutet: Wenn die Ursachen dafür bekannt sind, warum im Stadium des Sozialismus entsprechend den Arbeitsleistungen verteilt wird, dann ist noch nicht hinlänglich erklärt, warum diese Verteilungsweise dann die Form des Arbeitslohnes annimmt. Um seine ökonomische Natur als Form der Verteilung nach der geleisteten Arbeit zu erklären, muß die Spezifik der Einbeziehung der individuellen Arbeit in die gesellschaftliche Gesamtarbeit definiert werden, die dem Sozialismus eigen ist.

Jeder einzelne Werktätige der sozialistischen Gesellschaft kann in die gesellschaftliche Gesamtarbeit erst einbezogen sein, wenn er in Beziehung zu einem sozialistischen Betrieb tritt. Der letztere ist jedoch nicht nur eine organische, einheitliche Zelle der gesamten gesellschaftlichen Produktion, sondern auch eine spezifische, differenzierte, gesonderte Zelle der Gesellschaft, die eigene ökonomische Interessen hat. Diese Tatsache, die die sozialökonomische Natur des sozialistischen Betriebes kennzeichnet, bestimmt auch die besondere Form der Teilnahme jedes Mitgliedes der Gesellschaft an der Gesamtarbeit. Durch die Aufnahme von Beziehungen mit einem einzelnen Betrieb schließt jedes Mitglied der Gesellschaft auf der einen Seite seine Arbeit unmittelbar in die gesellschaftliche Gesamtarbeit ein. Weil er in Beziehungen zu einem Betrieb tritt, der auch als ökonomisch relativ gesondertes Glied im System der gesellschaftlichen Produktion auftritt, wird seine Arbeit vermittelt in die Gesamtarbeit der Gesellschaft einbezogen. Diese vermittelte Form der Teilnahme eines jeden an der gesellschaftlichen Arbeit wird in einer besonderen Form, und zwar in Form eines Entgelts, fixiert.[36]

Hierdurch entsteht die Form des Arbeitslohns. Er ist der Anteil der Arbeiter und Angestellten der sozialistischen Betriebe am gesellschaftlichen Konsumtionsfonds, der einen Teil des Nationaleinkommens darstellt, der planmäßig nach der geleisteten Arbeit verteilt wird. Gleichzeitig stellt er aber auch einen Wertteil des Produktes dar, der durch die Arbeit des gegebenen Kollektivs geschaffen wurde und der aus den Er-

[36] Es versteht sich, daß die Form des Entgelts keine Schachergeschäfte mit Arbeitskräften begründet. Arbeitskräfte sind in der sozialistischen Gesellschaft keine Waren.

lösen der von den Betrieben realisierten Produktion jedem Mitglied des Kollektivs zur Verfügung gestellt wird.[37]

Die Form des Arbeitslohns als Form der Realisierung der Verteilung nach Menge und Qualität der geleisteten Arbeit unterstellt Verhältnisse einer relativen ökonomischen Selbständigkeit einzelner Glieder der materiellen Produktion.

Bei der Untersuchung innerer Zusammenhänge von Elementen der ökonomischen Ordnung des Sozialismus werden Wesenheiten verschiedener Ordnungen aufgedeckt: Die einen charakterisieren Überreste vergangener ökonomischer Formen, deren Erbe der Sozialismus antreten muß, andere widerspiegeln die sich entwickelnden Keime der künftigen kommunistischen Produktionsverhältnisse. In diesem Zusammenhang hat das Verhältnis verschiedener Wesenszüge, deren Subordination, wichtige methodologische Bedeutung. Die Frage besteht unmittelbar darin, festzustellen, inwieweit gerade das Wesen der sozialistischen Ordnung der Produktionsverhältnisse im Zusammenhang zu anderen Wesenszügen steht. Es geht allgemein darum, in welchem Maße man von dem besonderen Wesen der sozialistischen Entwicklungsphase sprechen kann.

Das Abstrakte und das Konkrete. Das Historische und das Logische in der ökonomischen Theorie

Die Erkenntnis des Wesens stellt einen Prozeß der Bewegung vom Abstrakten zum Konkreten dar. Das System der ökonomischen Beziehungen, das einer historisch bestimmten Stufe der Produktivkräfte entspricht, ist immer die Einheit des Vielgestaltigen, d. h. einer bestimmten konkreten Gesamtheit.

Das Konkrete stellt selbst eine solche Vielfalt dar, deren verschiedene Elemente die Einheit durch reale Zusammenhänge begründen, die zwischen ihnen als Folge ihrer Differenziertheit und Gegensätzlichkeit bestehen. Das Konkrete ist eine Eigenschaft der objektiven Welt, unabhängig von

[37] Diese Besonderheit der Kategorie Arbeitslohn unterstrich erstmals J. A. Kronrod in der Arbeit Osnovy chosjajstvenogo rasčeta, Moskau 1953.

Empfindungen, Vorstellungen und vom Bewußtsein des erkennenden Subjektes.

Die reale Wirklichkeit ist jedoch nicht nur konkret, sondern auch abstrakt. Das Abstrakte ist genauso dinglich wie das Konkrete. Das Konkrete und das Abstrakte sind demzufolge Eigenschaften der gleichen objektiven Wirklichkeit. Lenin schrieb: „Die Natur ist *sowohl* konkret *als auch* abstrakt, sowohl Erscheinung *als auch* Wesen, *sowohl* Moment *als auch* Verhältnis."[38]

Das Abstrakte stellt im Unterschied zum Konkreten ein nach außen hin selbständiges Moment der Wirklichkeit dar, das sie unvollkommen, einseitig und isoliert charakterisiert. Das Verhältnis des Abstrakten zum Konkreten ist der Kern der Beziehung ihrer verschiedenen Momente und Seiten in der Wirklichkeit. Deshalb wäre es falsch, die Sache so darzustellen, als würde das Verhältnis dieser Momente zum Problem des Wechselverhältnisses von Sein und Bewußtsein hinführen.

Die Verschiedenheit des Konkreten und des Abstrakten als Charakteristikum der realen Wirklichkeit ist relativ beweglich und fließend. Sie wird bestimmt durch reale Beziehungen, die im Prozeß der realen Wirklichkeit zwischen ihren verschiedenen Seiten, Teilen und Elementen, die innerlich verbunden sind, auftreten. Die gleichen Elemente oder deren Gesamtheiten können in einem Zusammenhang das Konkrete, in einem anderen das Abstrakte darstellen.[39]

Die Elemente, die zu einer konkreten Ganzheit gehören, können unter bestimmten Umständen auch in den Bestand eines anderen konkreten Ganzen eintreten, das sich von der vorhergehenden Gesamtheit als höhere Stufe der Entwicklung unterscheidet. Dabei kann das gegebene Element nur in den Grenzen dieses weiter entwickelten Systems solche Züge und Tendenzen annehmen, die man innerhalb der weniger entwickelten Gesamtheit nicht erkannt hat. Gerade deshalb

[38] V. I. Lenin, Werke, Bd. 38, S. 198.

[39] Die These, daß sowohl das Konkrete als auch das Abstrakte die wesentliche Eigenschaft der objektiven Wirklichkeit darstellen, wird überzeugend in der Untersuchung von E. Il'jenkov, Die Dialektik des Abstrakten und des Konkreten im „Kapital" von Karl Marx, Moskau 1960, dargelegt.

stellt alles Konkrete eine historische Verbindung bestimmter Elemente dar.

Der Umstand, daß das Konkrete die Einheit des Vielgestaltigen ist, bedeutet durchaus nicht, daß die Bewegung vom Konkreten zum Abstrakten eine effektive Methode zu seiner theoretischen Widerspiegelung sein kann. Diese Methode kann nur zur Feststellung der Herkunftsmerkmale der betrachteten Gesamtheit von Momenten der Wirklichkeit führen. Sie ist aber nicht in der Lage, deren tiefere Grundlage, ihr Wesen, zu ergründen.

Zur Charakteristik des Erkenntnisprozesses der Wahrheit schrieb V. I. Lenin: „Von der lebendigen Anschauung zum abstrakten Denken *und von diesem zur Praxis* – das ist der dialektische Weg der Erkenntnis der *Wahrheit* . . ."[40] Manchmal wird dieser Gedanke so interpretiert, als sei der Prozeß der logischen Erkenntnis des Konkreten zunächst durch eine Bewegung vom Konkreten zum Abstrakten und erst danach vom Abstrakten zum Konkreten charakterisiert.

Unseres Erachtens entspricht diese Auslegung jedoch nicht dem wirklichen Sinn der Leninschen Aussage. Das Konkrete als Einheit des Vielgestaltigen, als organische Gesamtheit vieler Momente der objektiven Realität, d. h. als das sinnlich Konkrete, ist der Ausgangspunkt im Prozeß seiner Erkenntnis. Das gilt nicht für das Denken, sondern für die Betrachtung und die Vorstellung. Das Denken arbeitet mit dem Begriff. Deshalb besteht der spezifische Weg der theoretischen Ergründung der Wirklichkeit in der Verarbeitung entsprechender Betrachtungen und Vorstellungen in Begriffen, in denen und mit deren Hilfe eben die logische Reproduktion des Konkreten erfolgt.

Marx schrieb: „Das Konkrete ist konkret, weil es die Zusammenfassung vieler Bestimmungen ist, also die Einheit des Mannigfaltigen. Im Denken erscheint es daher als Prozeß der Zusammenfassung, als Resultat, nicht als Ausgangspunkt, obgleich es der wirkliche Ausgangspunkt und daher auch der Ausgangspunkt der Anschauung und Vorstellung ist."[41] Damit besteht die spezifische Methode zur theoretischen An-

[40] V. I. Lenin, Werke, Bd. 38, S. 160.

[41] K. Marx, Grundrisse der Kritik der politischen Ökonomie, S. 21/22.

eignung der Wirklichkeit in der Bewegung vom Abstrakten zum Konkreten. Gerade deshalb dient eben das Abstrakte als Ausgangspunkt und zugleich dem theoretischen Denken als besonderes Stadium des Erkenntnisprozesses. Das Konkrete hingegen tritt als Ergebnis des Erkenntnisprozesses auf. Damit wird die Bedeutung der wissenschaftlichen Abstraktion festgestellt.

Die Begriffe haben im Prozeß der theoretischen Widerspiegelung der Wirklichkeit eine große Rolle zu spielen. Wie M. Rozental' bemerkt, sind die Begriffe „das grundlegende Baumaterial für den Erkenntnisprozeß, das Denken, die logische Grund‚zelle' der Erkenntnis".[42] Mit Hilfe der Begriffe entdeckt die Erkenntnis das Allgemeine in den einheitlichen Erscheinungen und Dingen. Der Begriff ist aber nicht einfach nur ein allgemeines Kennzeichen, eine Eigenschaft, ein Wesenszug, er ist konkret das Allgemeine, d. h. das Besondere, das gleichzeitig auch als das Allgemeine im Verhältnis zur gegebenen Gesamtheit der Erscheinungen auftritt. Das Allgemeine existiert in der Wirklichkeit nur im Besonderen und im Einzelnen. Man kann es nur durch Untersuchung des Besonderen erkennen, nicht aber, indem man von ihm absieht. Der wissenschaftliche Begriff ist die Widerspiegelung des Wesens einer bestimmten Gesamtheit von Erscheinungen, die sich in einem der besonderen Momente dieser Gesamtheit ausdrückt. Er stellt eine solche Abstraktion dar, die das Konkrete logisch reproduziert.

Nicht immer kann jedoch das Abstrakte Mittel zur Erkenntnis der konkreten Ganzheit sein. Das Abstrakte kann man nur dann mit dem Ziel einer logischen Reproduktion des Konkreten betrachten, wenn die gegebene besondere Erscheinung der Wirklichkeit als allgemeine Beziehung der gegebenen Gesamtheit auftritt, wobei deren Beziehungen sehr einfach und unentwickelt sind.[43]

Weil aber die Rede von einer konkreten Ganzheit mit historischen Eigenschaften ist, d. h. von bestimmten sozialökonomischen Bildungen, kann eine bestimmte einzelne Beziehung nur in den Grenzen der gegebenen Konkretheit, der gegebenen Gesamtheit, abstrakt analysiert werden (und nur

42 M. M. Rozental', Principi dialektičeskoj logiki, Moskau 1960, S. 205.

43 Ebenda, S. 213f.

dadurch Widerspiegelung des Konkreten sein). Jenseits dieser Grenzen kann eine solche abstrakte Betrachtung nicht der Widerspiegelung des Konkreten dienen. So kann man z. B. im System der ökonomischen Beziehungen des Sozialismus die Warenform des Produktes nicht als solche, d. h. entsprechend ihrer inneren Natur als Ware betrachten. Sie muß konkret betrachtet werden, d. h. unter Berücksichtigung all der Beziehungen, in deren System sie existiert und die ihre innere Natur modifizieren. Besonders deshalb kann die Warenform des Produkts nicht Ausgangsform im logischen System der politischen Ökonomie des Sozialismus als Wissenschaft sein. Andererseits tritt gerade die Warenform als konkrete (d. h. als höchste) Abstraktion des kapitalistischen Systems insofern in Erscheinung, als nur innerhalb dieser Grenzen ihre Ausgangsbeziehungen ständig reproduziert werden können. Die Warenform dient damit nicht nur als Ausgangspunkt, sondern auch als Resultat des Funktionierens des Systems als Ganzes. Darüber hinaus erscheinen immer mehr konkrete Beziehungen und Kategorien dieses Systems eben als Entfaltung und Konkretisierung dieser Ausgangsbedingungen.

Im Prozeß des Erkennens innerer Abhängigkeiten von Elementen der ökonomischen Ordnung des Sozialismus ist die Methode des Vordringens vom Abstrakten zum Konkreten bis jetzt nur relativ wenig genutzt worden. Eine der Ursachen dafür ist darin zu suchen, daß die Probleme der Ausgangsbedingungen für die kommunistische Produktionsweise nicht ausgearbeitet sind.

Die unzureichende Ausarbeitung dieses Problems bedingt die begrenzte Nutzung theoretischer Abstraktionen im Untersuchungsprozeß der ökonomischen Struktur des Sozialismus. Die politische Ökonomie des Sozialismus hat im wesentlichen erst mit der Ausarbeitung ihres eigenen Systems von Kategorien, das dem objektiv existierenden System von Beziehungen der Produktion, der Verteilung, des Austausches und der Konsumtion entspricht, begonnen. Viele dieser Kategorien, wie z. B. Ware, Geld, Wert, Preis, Gewinn usw., sind im wesentlichen eben noch nicht als Kategorien der politischen Ökonomie des Sozialismus bestimmt worden.

Natürlich ist die Ausarbeitung des Systems ökonomischer Kategorien durch die objektiven Bedingungen bestimmt, und zwar besonders durch den Reifegrad der ökonomischen Beziehungen des Sozialismus. Ein fruchtbares Vordringen vom Abstrakten zum Konkreten setzt jedoch eine ausreichend entwickelte Differenzierung jener Elemente voraus, die in der Gesamtheit die konkrete Ganzheit bilden. Anderenfalls kann das Denken das Konkrete nicht mit Hilfe wissenschaftlicher Abstraktionen logisch reproduzieren.

Die theoretischen Abstraktionen drücken das Wesen bestimmter Seiten der Wirklichkeit, im vorliegenden Falle der ökonomischen Beziehungen, aus. Die letzteren bilden jedoch immer die wesentliche Form der materiellen Produktivkräfte, die sich ständig im Zustand der Veränderung befinden. Infolgedessen verändern sich auch die ökonomischen Formen ihres Ausdrucks, deshalb auch die ihnen entsprechenden ökonomischen Kategorien. Aus diesem Grunde ist die logische Widerspiegelung der Gesetzmäßigkeiten des Funktionierens verschiedener ökonomischer Strukturen gleichzeitig die Reproduktion des historischen Prozesses ihrer Evolution.

Gewöhnlich beginnt die Darlegung der politischen Ökonomie des Sozialismus mit der Übergangsperiode vom Kapitalismus zum Sozialismus. Es hat sich eine recht feste Vorstellung darüber gebildet, daß gerade eine solche Reihenfolge dem Prinzip der Einheit des Historischen und Logischen entspricht. Unserer Ansicht nach widerspricht jedoch diese Vorstellung im Grunde genommen der Dialektik des Historischen und des Logischen. Karl Marx schrieb: „Es ist daher nicht nötig, um die Gesetze der bürgerlichen Ökonomie zu entwickeln, die *wirkliche Geschichte der Produktionsverhältnisse* zu schreiben.“[44] Das bezieht sich in vollem Umfange auch auf die sozialistische Ökonomik.

Die Geschichte der sozialistischen Gesellschaft beginnt tatsächlich mit der Erkämpfung der politischen Macht durch die Arbeiterklasse, mit der Durchführung eines Systems revolutionär-ökonomischer Umwandlungen, der Konfiskation und Nationalisierung des Bodens, der Industrie, der Banken, mit der Schaffung eines neuen Apparates der Leitung, mit der Organisierung der Kooperation der Kleinproduktion und mit

[44] K. Marx, Grundrisse der Kritik der Politischen Ökonomie, Berlin 1953, S. 364.

anderen Maßnahmen. Aber ungeachtet der riesigen praktischen Bedeutung dieser Maßnahmen bilden sie jedoch eher die historischen Bedingungen für das Entstehen des Systems sozialistischer Produktionsverhältnisse.

Als Akte, die durch die revolutionären Kräfte der Gesellschaft durchgeführt wurden, befreien diese Maßnahmen die gesellschaftlichen Beziehungen von jenen politisch-juristischen Ketten, die die Entwicklung der Elemente der neuen ökonomischen Struktur hemmen. Selbst schaffen sie jedoch nicht unmittelbar irgendwelche Elemente dieser Struktur. Sie sind einmalige Akte, die nicht wiederholbar und nicht reproduzierbar sind im Unterschied zu den Elementen des Systems der Produktionsverhältnisse, die sich im Prozeß ihres Funktionierens ständig reproduzieren, ähnlich wie sich die Bedingungen der materiellen Produktionstätigkeit ständig reproduzieren. Beginnen wir das Studium der Produktionsverhältnisse des Sozialismus mit historischen Maßnahmen politisch-juristischen Charakters, so schließen wir die Möglichkeit aus, den tatsächlichen inneren Prozeß der Entstehung und der Entwicklung der ökonomischen Struktur des Sozialismus zu verstehen und darüber hinaus logisch zu reproduzieren.

Das historische Herangehen an die Erscheinungen des gesellschaftlichen Lebens und besonders an die ökonomischen Beziehungen verwandelt sich in sein Gegenteil, wenn es sich von der logischen Untersuchungsmethode löst. Das Historische und das Logische bilden eine Einheit, und nur in dieser Einheit sind sie ein Element der dialektisch-materialistischen Erkenntnistheorie. Marx' These von der Notwendigkeit, eine logische Analyse eines beliebigen Systems gesellschaftlicher Beziehungen damit zu beginnen, womit seine Geschichte beginnt, muß man eben als Einheit des Historischen und des Logischen verstehen.

Die Nationalisierung der Hauptproduktionsmittel und die Kooperierung der Kleinproduzenten können nicht aus sich selbst heraus erklärt werden. Dem gingen solche ökonomischen Prozesse voraus, die sie als notwendige Glieder in einem System politisch-juristischer Akte notwendig machten, die die Geburt und das Entstehen der ökonomischen Beziehungen der neuen Gesellschaft begleiteten. Deshalb braucht ihre Untersuchung von der Position der Einheit des Historischen und

Logischen als Untersuchungsprinzip der ökonomischen Beziehungen des Sozialismus selbst nicht unbedingt in der gleichen Reihenfolge zu erfolgen, wie sie in der tatsächlichen Geschichte aufgetreten sind.

Die Aufeinanderfolge des Entstehens ökonomischer Beziehungen einer bestimmten Gesellschaft zu untersuchen ist nicht die Hauptaufgabe der politischen Ökonomie, die die ökonomischen Gesetzmäßigkeiten ihres Funktionierens untersucht. Die Aufdeckung dieser Seite ist dem Hauptziel untergeordnet, die Bewegungsgesetze der ökonomischen Beziehungen, die Mechanismen ihrer Tätigkeit zu erkennen, um sie in der praktischen Arbeit zu nutzen. Wie dem aber auch sei, die Aufeinanderfolge des Auftretens von Elementen der ökonomischen Struktur ist nicht identisch mit der Aufeinanderfolge von Ereignissen der tatsächlichen Geschichte. Die realen inneren Zusammenhänge der Erscheinungen und Prozesse des gesellschaftlichen Lebens äußern und verwirklichen sich weitab von einer festen Ordnung ihrer Aufeinanderfolge. Die wirkliche innere Ursache der Ereignisse, die sich vor unseren Augen in der Gegenwart vollziehen, kann Jahrzehnte zurückliegen. Die Aufgabe der Wissenschaft besteht im Hinblick auf das Prinzip der Einheit des Historischen und des Logischen darin, diese innere Ursache-Wirkung-Beziehung aufzudecken.

Die Unzulänglichkeiten, die durch Verletzen der Einheit des Historischen und des Logischen verursacht sind, zeigen sich besonders bei der Analyse einzelner Kategorien der politischen Ökonomie des Sozialismus sowie deren Beziehungen. In dieser Hinsicht ist der Stand charakteristisch, der bei der Ausarbeitung unmittelbar gesellschaftlicher Beziehungen sowie wertmäßiger Formen des ökonomischen Zusammenhangs in der sozialistischen Gesellschaft erreicht ist.

In der ökonomischen Literatur wird die Kategorie der unmittelbar gesellschaftlichen Beziehungen oft nicht als bestimmte Seite der materiellen Beziehungen der Produktion selbst, sondern als administrative Tätigkeit behandelt. Einige Ökonomen stellten die These von der regulierenden Rolle des Wertgesetzes in der sozialistischen Wirtschaft auf, sie sprechen von der bestimmenden Bedeutung des Marktmechanismus usw. Andere bestehen im Gegensatz dazu darauf, bei der Ergründung des Wesens der Produktionsverhältnisse des Sozialismus überhaupt von der Wertform der Beziehungen zu abstrahieren.[45] Es gibt auch die Position, nach der das Wesen des Sozialismus in der planmäßigen Organisation der Warenproduktion besteht. Unserer Ansicht nach besteht die gemeinsame Unzulänglichkeit dieser Ansichten in der Trennung des Logischen und des Historischen bezüglich der Aufdeckung der Natur des Sozialismus als Entwicklungsphase der kommunistischen Formation.

Die unmittelbar gesellschaftliche Form und die Wertform sind vom Standpunkt des inneren Gehalts dieser Begriffe unvereinbare Gegensätze. In der realen Wirklichkeit können sie nur als einander ablösende Systeme verstanden werden, und zwar so, daß die Gesellschaft sich im Laufe einer bestimmten Zeit im Übergangszustand von der Warenbeziehung zur unmittelbar gesellschaftlichen Beziehung befindet. Charakterisieren wir eine solche Gesellschaft durch die Bestimmung des Wesens der ihr entsprechenden ökonomischen Beziehungen, so verlieren wir die Grundlage dafür, irgendeine ihrer besonderen Formen zu kennzeichnen. Im vorliegenden Falle kann man nur Grundtendenzen der Entwicklung bestimmen, d. h. auf die Richtung verweisen, in der sich der Übergangsprozeß vollzieht. Von dieser Position aus kann man unserer Ansicht nach das Problem des Wesens der sozialistischen Produktion lösen. Folglich kann man das Problem des Verhältnisses der unmittelbar gesellschaftlichen Form und der Wertform im Sozialismus nur lösen, wenn man vom Prinzip der Einheit des Historischen und des Logischen bei der Untersuchung ausgeht.

Wir haben nur einige Momente eines sehr umfangreichen und wenig untersuchten Problems betrachtet, dessen Ausarbeitung unserer Ansicht nach eine der zentralen Aufgaben der politischen Ökonomie des Sozialismus ist. Es versteht sich von selbst, daß die Erforschung dieses Problems nur auf der Grundlage einer Analyse und Verallgemeinerung tatsächlichen Materials, d. h. konkreter Entwicklungsergebnisse der sozialistischen Produktion in der UdSSR und in den anderen

[45] Siehe Metod „Kapitala" i voprosy političeskoj ekonomii socializma, Moskau 1968, S. 116.

sozialistischen Ländern erfolgen kann. Das Untersuchungsobjekt für Fragen der Methodologie zur Analyse der Produktionsverhältnisse des Sozialismus kann nur der reale Sozialismus sein, d. h. die Praxis des sozialistischen Aufbaus, die auf der Grundlage der folgerichtigen Anwendung jener Methode untersucht wird, die von Marx, Engels und Lenin ausgearbeitet wurde.

KAPITEL 2

Die materiellen Voraussetzungen des Sozialismus

Der naturgeschichtliche Prozeß der gesellschaftlichen Entwicklung schließt die Formierung konstituierender Elemente ökonomischer Formen der neuen Gesellschaft oder wenigstens ihrer materiellen Voraussetzungen im Schoße der vorausgehenden gesellschaftlichen Organisation ein. Diese allgemeine Gesetzmäßigkeit hängt nicht von der Spezifik der neuen Gesellschaft ab und behält deshalb auch ihre Bedeutung beim Übergang vom Kapitalismus zum Sozialismus.

Bis in die jüngste Zeit erhielt sich in der ökonomischen Literatur die allgemein anerkannte These, daß der Prozeß der Vorbereitung von Bedingungen des Überganges zum Sozialismus sich im Kapitalismus auf die Formierung der materiellen Voraussetzungen dieses Überganges beschränkt. Was die realen Elemente der ökonomischen Struktur des Sozialismus betrifft, so wurde die Möglichkeit für deren Entstehen vor der Erringung der politischen Macht durch die Arbeiterklasse bestritten. In letzter Zeit erschienen jedoch Aussagen, die den Prozeß der Vorbereitung von Übergangsbedingungen zum Sozialismus in dem Sinne behandeln, daß im Kapitalismus neben den materiellen Voraussetzungen auch fertige Elemente der ökonomischen Ordnung der sozialistischen Gesellschaft entstehen. Man behauptet zum Beispiel, daß unter den Bedingungen des Kapitalismus, besonders in der gegenwärtigen Etappe, Elemente des gesellschaftlichen Eigentums in Gestalt von Aktiengesellschaften, Trusts und Staatsbetrieben entstehen.[46]

[46] Sammelband: učenie V. I. Lenina ob imperializme i sovremenost', Moskau 1967, S. 159, 207, 208f.

Natürlich sind auch Aktiengesellschaften, monopolistische Vereinigungen sowie auch Staatsbetriebe eine Negierung des kapitalistischen Eigentums innerhalb der Grenzen der kapitalistischen Produktionsweise, aber eine Negierung nur der Form und nicht dem Wesen nach. Im wesentlichen sind die genannten Formen der kapitalistischen Produktion Privateigentum, weil sie nicht nur die Aneignung der Ergebnisse der gesellschaftlichen Arbeit durch wenige nicht beseitigen, sondern im Gegenteil, in riesigem Umfang fördern.[47]

Wenn von den Elementen des Sozialismus, die angeblich innerhalb des staatsmonopolistischen Kapitalismus entstehen, die Rede ist, verweist man oft auf den hohen Grad der Vergesellschaftung der Produktion, auf die Entwicklung organisatorischer Formen einer zentralen Regulierung ökonomischer Prozesse, auf die Ausweitung der Grenzen der Planmäßigkeit weit über die Grenzen einzelner Unternehmen hinaus usw.[48] Es versteht sich, daß man die große Bedeutung all dieser und vieler anderer Momente beim Übergang vom Kapitalismus zum Sozialismus nicht negieren kann. Und dennoch sind das nicht fertige Elemente der ökonomischen Struktur des Sozialismus, sondern nur materielle Voraussetzungen für deren Entstehen. Selbst die Elemente der ökonomischen Ordnung des Sozialismus können vor Erringung der politischen Macht durch die Arbeiterklasse nicht entstehen. Die Umwandlung der ökonomischen Voraussetzungen des Sozialismus in dessen reale Elemente, das ist der Knotenpunkt, der die Unterbrechung in der Kontinuität anzeigt, der qualitative Sprung, d. h. die revolutionäre Umwälzung in der ökonomischen Struktur der Gesellschaft. Den ökonomischen Kern dieser Umwälzung bildet die faktische Beherrschung der innerhalb

[47] „In dem Aktienwesen existiert schon Gegensatz gegen die alte Form, worin gesellschaftliches Produktionsmittel als individuelles Eigentum erscheint; aber die Verwandlung in die Form der Aktie bleibt selbst noch befangen in den kapitalistischen Schranken; statt daher den Gegensatz zwischen dem Charakter des Reichtums als gesellschaftlicher und als Privatreichtum zu überwinden, bildet sie ihn nur in neuer Gestalt aus." (K. Marx, Das Kapital, Dritter Band, in: Marx/Engels, Werke, Bd. 25, Berlin 1964, S. 456).

[48] Siehe Sammelband: učenie V. I. Lenina ob imperializme . . ., a. a. O., S. 195, 415.

des Kapitalismus entstandenen Produktivkräfte durch die Gesellschaft, d. h. insbesondere deren ökonomische Realisierung als materielle Bedingungen des Sozialismus, die als Kräfte dem Nutzen aller Glieder der Gesellschaft dienstbar gemacht werden.

Vor Erringung der politischen Macht durch die Arbeiterklasse kann dieser Prozeß weder beginnen noch sich entwickeln. Anderenfalls würde der Kampf der Arbeiterklasse der kapitalistischen Länder für die Eroberung der politischen Macht jeden realen Sinns entbehren. Die materiellen Grundlagen der neuen Gesellschaft können sich unter den Bedingungen der Erhaltung der ökonomischen und politischen Herrschaft der Bourgeoisie ökonomisch nicht realisieren. Das heißt, sie können ihre gesellschaftliche Natur für die gesamte Gesellschaft nicht offenbaren, auch wenn sie eine hohe Stufe der Reife erreicht haben. Deshalb kann man unserer Meinung nach nicht vom Vorhandensein von Elementen des Sozialismus als realen Formen der ökonomischen Struktur der sozialistischen Gesellschaft innerhalb des staatsmonopolistischen Kapitalismus sprechen. Wie bereits festgestellt wurde, muß man im System der Produktionsverhältnisse Elemente unterscheiden, die sich mit der Entwicklung der Produktivkräfte verändern, sowie Elemente, die die Eigentumsbeziehungen charakterisieren und sich im Rahmen der gegebenen Gesellschaft qualitativ nicht verändern. Die letzteren charakterisieren gerade auch die Spezifik der neuen Gesellschaft, deren Elemente nicht im Kapitalismus entstehen können, weil sie dessen direkter Gegensatz sind.

Somit kann man unmittelbar von materiellen Voraussetzungen des Sozialismus, die im Kapitalismus vorbereitet werden, sprechen. Gleichzeitig liefert die Erklärung dieser Voraussetzungen in gewisser Weise den Schlüssel zum Verständnis dafür, durch welche Eigenschaften die Ordnung der entwickelten sozialistischen Gesellschaft charakterisiert werden muß.

Spricht man von den materiellen Voraussetzungen des Sozialismus, die vom Kapitalismus vorbereitet werden, kann man sich die Sache nicht so vorstellen, als entstünden diese in einem bestimmten Stadium der kapitalistischen Entwicklung auf einmal und existierten dann immerzu in unveränderter

Form bis zur sozialistischen Umwälzung. Im Laufe der Entwicklung des Kapitalismus vollzieht sich der Reifeprozeß dieser Elemente der materiellen Voraussetzungen des Sozialismus, für deren Entstehen das System der kapitalistischen Beziehungen zwar genügend Raum gibt, die sich aber nicht in vollem Umfang realisieren und die ihre eigenen Potenzen bei Weiterbestehen des Kapitalismus nicht entwickeln können. Deshalb stellen verschiedene Reifestadien der kapitalistischen Verhältnisse gleichzeitig auch verschiedene Zustände der materiellen Grundlagen für den Sozialismus dar. Man kann sie eben nur als Reifestufen der materiellen Voraussetzungen des Sozialismus unter Berücksichtigung des vom monopolistischen Kapitalismus erreichten Entwicklungsstadiums verstehen, das durch die Vereinigung der Monopole mit den Kräften des bürgerlichen Staates charakterisiert wird. Gerade der staatsmonopolistische Kapitalismus ist nach den Worten Lenins jene höchste Stufe, „... denn auf der historischen Stufenleiter *gibt es* zwischen dieser Stufe und derjenigen, die Sozialismus heißt, *keinerlei Zwischenstufen* mehr".[49]

Die Vorbereitung der materiellen Voraussetzungen für den Sozialismus ist der Prozeß der kapitalistischen Vergesellschaftung der Produktion. Aus diesem Grunde muß man dessen Hauptetappen betrachten, angefangen mit der Periode der freien Konkurrenz bis hin zu der am höchsten entwickelten Form der bürgerlichen Produktionsverhältnisse, wie sie der staatsmonopolistische Kapitalismus darstellt.

Vor der imperialistischen Epoche, als sogar in den am meisten entwickelten kapitalistischen Ländern zahlreiche Überreste vorkapitalistischer Formen erhalten geblieben waren und als das Privatunternehmertum die Hauptform der kapitalistischen Produktion war, bestanden die Hauptrichtungen des Prozesses der Vergesellschaftung der Produktion in der wachsenden Spezialisierung der Produktion und in der darauf aufbauenden Erweiterung der Marktbeziehungen. Sie bestanden weiterhin in der auf der Spezialisierung begründeten Konzentration des Kapitals und der Produktion, die begleitet war von einer massenweisen Expropriation der kleinen Warenproduktion und dem Aufkommen immer größerer Wirtschaftseinheiten sowohl in der Sphäre der unmittelbaren Produktion als auch in der Sphäre des Warenumlaufes und des Bankwesens, durch eine wachsende Beweglichkeit der Bevölkerung usw.

Diese Prozesse erhielten einen mächtigen Aufschwung durch das Aufkommen der maschinellen Großproduktion. Das war eine qualitativ neue

[49] V. I. Lenin, Werke, Bd. 25, Berlin 1960, S. 370.

Stufe in der Entwicklung der Produktivkräfte, charakterisiert dadurch, daß jeder einzelne Produktionsprozeß sich insgesamt als organisches Glied der gesellschaftlichen Gesamtproduktion erwies. Deshalb gibt es einen großen Unterschied im Inhalt der gesellschaftlichen Produktion, die sich auf der technischen Basis des Handwerks entwickelt, und der gesellschaftlichen Produktion auf der Grundlage der maschinellen Technik. Im ersten Falle bleibt der Produktionsprozeß seinem Charakter nach individuell, im zweiten Falle verwandelt er sich wirklich in einen gesellschaftlichen Prozeß. Die Entwicklung der maschinellen Produktion schafft erstmalig große Möglichkeiten für eine wachsende Spezialisierung und Konzentration der Produktion, für die Verstärkung der gesellschaftlichen Beziehungen, für die Erweiterung der kooperativen Form des Arbeitsprozesses usw.

Weil sich diese Prozesse unter den Bedingungen der monopolisierten Aneignung der Ergebnisse der Produktion entwickelten, d. h. im Interesse der Klasse der Kapitalisten, war die Vergesellschaftung der Produktion mit dem Entstehen, der Entwicklung und der Formierung des Grundwiderspruchs des Kapitalismus, des Widerspruchs zwischen dem gesellschaftlichen Charakter der Produktion und der privatkapitalistischen Form der Aneignung ihrer Resultate, verbunden. Karl Marx hat bewiesen, daß dieser Widerspruch die Voraussetzung für den Untergang des Kapitalismus und für dessen Ablösung durch ein System der Produktionsverhältnisse ist, das die Entwicklung der Produktivkräfte im Interesse der gesamten Gesellschaft gestattet.

Der Grundwiderspruch des Kapitalismus ist das Produkt eines bestimmten Entwicklungsstandes der materiellen Produktionsbedingungen. Diese erreichen ihre Reife mit dem Entstehen der maschinellen Großindustrie, die in den Grenzen des privatkapitalistischen Eigentums mit dem Ziel entstand, daraus Profit zu erzielen. Dieser Grundwiderspruch charakterisiert eine solche Stufe in der Entwicklung der materiellen Produktionsbedingungen, bei der die monopolistische Nutzung ihrer Ergebnisse im Interesse einzelner Gruppen und daher auch die klassenantagonistische Gesellschaftsstruktur als Entwicklungsfaktor der Produktivkräfte überholt ist.[50]

In früheren Entwicklungsstadien der materiellen Produktionsbedingungen erwies sich die monopolistische Nutzung ihrer Ergebnisse im Interesse einzelner Gesellschaftsgruppen überhaupt als unmöglich. Diese Möglichkeit entstand erst dann, als die Produktivität der menschlichen Arbeit so-

[50] Engels schrieb: „Erst auf einem gewissen, für unsere Zeitverhältnisse sogar sehr hohen Entwicklungsgrad der gesellschaftlichen Produktivkräfte wird es möglich, die Produktion so hoch zu steigern, daß die Abschaffung der Klassenunterschiede ein wirklicher Fortschritt..." (F. Engels, Soziales aus Rußland [Flüchtlingsliteratur V], in: Marx/Engels, Werke, Bd. 18, Berlin 1962, S. 556).

weit anwuchs, daß das erzeugte Produkt seinem Umfang nach größer war, als für die einfache Erhaltung des Lebens der unmittelbaren Produzenten notwendig war, d. h., als sich ein Mehrprodukt einstellte.

Die Verwandlung des Mehrproduktes in zusätzliche Elemente des Reproduktionsfonds und dessen systematische Vergrößerung wurden in der ersten Zeit sowohl durch einen unzureichenden Umfang an Akkumulationsmitteln als auch durch deren Zersplitterung unter der Masse der Kleinproduzenten gebremst. Das verursachte ein geringeres Tempo der Reproduktion und außerdem auch eine langsame Entwicklung aller gesellschaftlichen Beziehungen. Während auf der einen Seite der unzureichende Umfang der Akkumulation ein geringes Reproduktionstempo und zudem ein geringes Wachstumstempo der Arbeitsproduktivität verursachte, waren andererseits die letztgenannten Ursachen wiederum die Ursache für unzureichende Akkumulationsmittel.

Unter den Bedingungen der Beibehaltung der Handarbeit und der traditionellen Produktionstechnologie konnte dieser fehlerhafte Kreislauf nur mit Hilfe der Konzentration der Produktion, d. h. auf dem Wege der auf Kooperation basierenden Arbeit durchbrochen werden. Anstoß für die Konzentration waren die steigenden Bedürfnisse an Industrieprodukten, besonders im Zusammenhang mit dem Wachstum des internationalen Handels und der Erweiterung der Gebrauchsgütermärkte. Erst die Konzentration der Produktion und auf dieser Grundlage die Steigerung der Arbeitsproduktivität konnten die Produktion in einem Umfang entwickeln, der den Erfordernissen der Gesellschaft entsprach.

Bei der Begrenztheit der Produktivkräfte konnte sich die Konzentration der Produktion nur in kapitalistischer Form, auf dem Wege der Konzentration der Produktionsmittel in den Händen einzelner Personen bei gleichzeitiger Freisetzung der großen Masse der Bevölkerung von den Produktionsmitteln, vollziehen, die sich in die Klasse der Lohnarbeiter verwandelte. Während in der ersten Zeit die Arbeitsmittel handwerklichen Charakter behielten, d. h. Werkzeuge der individuellen Arbeit blieben, verwandelten allein die Tatsache ihrer Konzentration und die darauf aufbauende Erweiterung der Kooperation der Arbeit den Produktionsprozeß in einen gesellschaftlichen Prozeß, der eine Steigerung der Arbeitsproduktivität ermöglichte.

Die Konzentration der Produktion schuf die Bedingungen für eine bedeutende Steigerung des Mehrproduktes und daher auch für das Anwachsen der Akkumulation. Sie bereitete die Bedingungen für tiefe revolutionäre Umwandlungen in der Technik und Technologie der Produktion vor, die sich mit dem Aufkommen maschineller Arbeitswerkzeuge vollzogen. Die konzentrierte Großproduktion nahm mit dem Aufkommen der maschinellen Produktion die einzig mögliche Form an, in der sie sich entwickeln konnte.

Einerseits erfordert die maschinelle Technik eine wesentliche Vergrößerung des Produktionsumfangs, andererseits schließt sie die individuelle Nutzung der Arbeitswerkzeuge, die individuelle Form des Produktionsprozesses aus und kennzeichnet den endgültigen Sieg der Großproduktion über die Kleinproduktion. Die maschinelle Produktion entstand als große konzentrierte Produktion und konnte nur im Gegensatz zur kleinen, zersplitterten Wirtschaft, die auf Handarbeit beruht, existieren.

Damit waren die materiellen Voraussetzungen, die das Entstehen der maschinellen Produktion bedingten, das Ergebnis der Lösung des Widerspruchs zwischen den gewachsenen Bedürfnissen nach der Entwicklung der Produktivkräfte und den begrenzten Ressourcen zur Ausweitung der Produktion und zur Steigerung der gesellschaftlichen Effektivität. Mit der Entwicklung der maschinellen Produktion entsteht und vertieft sich jedoch der Grundwiderspruch zwischen dem gesellschaftlichen Charakter des Produktionsprozesses und der kapitalistischen Form seines Funktionierens, weil letztere ihrem Wesen nach privat ist.

Das Aufkommen und die Entwicklung der maschinellen Produktion sind begleitet von einer früher nicht gekannten Spezialisierung, die das Aufkommen einer Vielzahl von Zweigen spezialisierter Produktionskomplexe und die Formierung einzelner Arten und Unterarten der Produktion gestattet. Die maschinelle Produktion unterteilt den Produktionsprozeß entsprechend der technologischen Stufenfolge und schafft damit die Bedingung sowohl für eine Spezialisierung nach Erzeugnissen und Bauteilen als auch nach technologischen Gesichtspunkten. Gleichzeitig ist die Entwicklung der maschinellen Produktion begleitet vom Aufkommen der Massenproduktion gleichartiger Erzeugnisse. Das alles dient in hohem Maße der Entwicklung und der Festigung der Produktionsbeziehungen zwischen einzelnen Zweigen, Gruppen, Arten und Unterarten der Produktion. Die Produktion der materiellen Güter verwandelt sich in einen gesellschaftlichen Prozeß, der als einheitlicher Mechanismus funktioniert und dessen einzelne Elemente einander bedingen und voraussetzen. Die Entwicklung der maschinellen Großindustrie schafft eine allgemeine Verbindung und deshalb auch eine allgemeine Abhängigkeit der einzelnen Elemente des gesellschaftlichen Produktionsprozesses. Weil die materiellen Bedingungen der unmittelbaren Produktion sich in gesellschaftliche verwandeln, erfordert deren effektives Funktionieren die Schaffung solcher ökonomischer Formen, die eine Realisierung ihrer gesellschaftlichen Natur ermöglichen.

Der Widerspruch zwischen den gesellschaftlichen Produktivkräften und der kapitalistischen Form ihres Funktionierens erfährt seine Bewegung und Entwicklung in Aktiengesellschaften, Trusts und in der staatlichen Produktion. Auf diese Formen hat Friedrich Engels besonders hingewiesen, als er die Stufen der kapitalistischen Vergesellschaftung charakterisierte. Bei der Zusammenfassung der Entwicklungsergebnisse des Kapitalismus in den 90er Jahren des vergangenen Jahrhunderts schrieb er:

„... Teilweise Anerkennung des gesellschaftlichen Charakters der Produktivkräfte, den Kapitalisten selbst aufgenötigt. Aneignung der großen Produktions- und Verkehrsorganismen, erst durch *Aktiengesellschaften*, später durch Trusts, sodann durch den *Staat*." [51]

Diese Formen charakterisieren die Hauptetappen in der Entwicklung der kapitalistischen Produktionsweise: die Aktionärkompagnien – Periode der freien Konkurrenz; die Trusts – Periode der Verwandlung der freien Konkurrenz in das Monopol und Herrschaft der Monopole; die Staatsproduktion – die höchste Stufe der kapitalistischen Vergesellschaftung. Das Entstehen und die folgerichtige Ablösung dieser Stufen in der Entwicklung der Produktivkräfte der bürgerlichen Gesellschaft waren das Ergebnis der Vertiefung des Widerspruchs zwischen den wachsenden Bedürfnissen nach Akkumulationsmitteln und den begrenzten Möglichkeiten einzelner Kapitalisten, Aktiengesellschaften und Monopole. In den Grenzen des Systems der maschinellen Großproduktion, die sich auf kapitalistischer Grundlage entwickelt, ist das ständige Hervortreten dieses Widerspruches eine normale Bedingung für das Funktionieren dieses Systems.

Die Entwicklung der maschinellen Großproduktion schuf Zweige, deren Organisation und Funktionieren nicht mehr in den Möglichkeiten des individuellen Kapitals lagen und die sich nur auf der Grundlage assoziierter Formen der kapitalistischen Produktion entwickeln und zentralisierte Akkumulationsmittel sowohl auf der Ebene von Aktienkompagnien als auch im gesamtnationalen Maßstab zur Verfügung stellen konnten.

Während jedoch auf der einen Seite die Aktionärsform der kapitalistischen Produktion das Ergebnis eines bestimmten Konzentrationsniveaus der Produktion war, bildete sie auf der anderen Seite die Bedingungen für die weitere intensive Entwicklung dieses Prozesses. Der hohe Konzentrationsgrad der Produktion führte seinerseits zur Verwandlung der freien Konkurrenz in das Monopol. Er bedeutete die nächsthöhere Stufe der Vergesellschaftung der Produktion. Sie charakterisierte den Übergangszustand der Produktion von der freien Konkurrenz zur vollständigen Vergesellschaftung.

Die Herrschaft der Monopole bedeutete auch eine neue Stufe im Zentralisationsprozeß der Akkumulationsmittel. Das führte dazu, daß durch die Monopolpreise sich in den Händen der Monopole ein bedeutender Teil des Mehrwerts, der in nichtmonopolisierten Betrieben produziert wurde, konzentrierte. Die Herrschaft der Monopole und des Finanzkapitals trug in bedeutendem Maße zur Umverteilung des Nationaleinkommens zum Nutzen der Monopole auf dem Finanzwege, mit Hilfe des Staatshaushaltes bei. Das kennzeichnete eine wesentlich neue Form der

[51] F. Engels, Die Entwicklung des Sozialismus von der Utopie zur Wissenschaft, in: Marx/Engels, Werke, Bd. 19, Berlin 1962, S. 228.

Wechselbeziehungen zwischen der kapitalistischen Produktion und dem bürgerlichen Staat im Vergleich zur Periode der freien Konkurrenz. Der Staat verwandelte sich nach und nach in einen unmittelbaren Agenten der kapitalistischen Produktion.

Es begann eine systematische Zuführung von Haushaltsmitteln des Staates zum Zweck der Hilfe für die größten kapitalistischen Betriebe. Während der Krise von 1929 bis 1933 verbrauchten die Regierungen der kapitalistischen Länder riesige Summen zur Unterstützung der Banken und Industriefirmen. Jedoch erst vor dem zweiten Weltkrieg begann sich der Prozeß der Vereinigung von Teilen der Monopole mit den Kräften des bürgerlichen Staates zu entfalten. Der Krieg trug dazu bei, den Vereinigungsprozeß der Monopole mit dem bürgerlichen Staat völlig abzuschließen; er erreichte seine höchstentwickelte Form. Das hatte seine Gründe in dem riesigen Wachstum der Konzentration der Produktion, in der Veränderung des Kräfteverhältnisses in der Weltarena und in der allseitigen Verschärfung der inneren und äußeren Widersprüche des kapitalistischen Wirtschaftssystems.

Das riesige Wachstum der Konzentration verstärkte die Macht der großen Gesellschaften und Körperschaften in einem bisher nicht gekannten Ausmaß. In den entwickelten Ländern des Kapitalismus übten einige gigantische Gesellschaften die ungeteilte Herrschaft in der Schlüsselindustrie aus.

Während in der Zeit der freien Konkurrenz der Vergesellschaftungsprozeß der Produktion sich vornehmlich auf die Schaffung eines Systems allgemeiner Produktionsverbindungen, auf das Zusammenführen der zersplitterten Produktionsprozesse in einen gesellschaftlichen Prozeß beschränkte, befinden sich heute ganze Zweige der materiellen Produktion im Besitz einer Handvoll Monopole. Das ist eine qualitativ neue Stufe der Vergesellschaftung des Produktionsprozesses.

Das moderne Stadium des Imperialismus ist nach wie vor durch die Herrschaft der Monopole charakterisiert, aber damit in Verbindung insbesondere durch die Herrschaft des staatsmonopolistischen Kapitalismus, der ein eigenes System der Verschmelzung von Staat und Monopolen darstellt. Dieses System funktioniert vermittels eines einheitlichen Apparates, der die ökonomischen Funktionen des bürgerlichen Staates realisiert und alle Lebensbereiche der kapitalistischen Gesellschaft erfaßt. Unerläßliche ökonomische Attribute des staatsmonopolistischen Kapitalismus sind neben dem staatlichen Sektor der Wirtschaft die Regulierung des kapitalistischen Produktionsprozesses, die Formierung der volkswirtschaftlichen Struktur, die Sicherung von Realisierungsbedingungen des gesellschaftlichen Gesamtproduktes, die Verteilung der materiellen und Arbeitskräfteressourcen, die Verwirklichung von Bedingungen für eine effektive Organisation wissenschaftlicher Arbeit und der Forschungstätigkeit sowie der Nutzung ihrer Ergebnisse in der Volkswirtschaft usw.

In den entwickelten kapitalistischen Ländern ist der staatsmonopolistische Kapitalismus gegenwärtig die herrschende Form der bürgerlichen Produktionsverhältnisse, die hervorgerufen wurde durch eine nie dagewesene Verschärfung der kapitalistischen Widersprüche.

Der Prozeß der kapitalistischen Vergesellschaftung verwirklicht sich der Form nach als Lösung von Widersprüchen zwischen den Erfordernissen der Akkumulation des Kapitals und den begrenzten Möglichkeiten der Stimuli, unter deren Einwirkung sich einzelne Kapitalisten und Gruppen von Kapitalisten befinden, die den Akkumulationsprozeß durchführen. Je höher das Niveau, das bei der Entwicklung der Produktivkräfte erreicht ist, um so mehr treten Schärfe und Umfang dieser Widersprüche hervor, um so tiefer müssen die Veränderungen sein, die bei der Suche von Methoden zu ihrer teilweisen Lösung gefunden werden müssen. Im gegenwärtigen Entwicklungsstadium des Monopolkapitalismus haben diese Widersprüche ihre äußerste Schärfe erreicht. Das erklärt sich durch die Wirkung einer Reihe innerer und äußerer Faktoren, die auf die Entwicklung der kapitalistischen Produktion einwirken.

Die Entwicklung der Produktivkräfte ist begleitet von einer Verstärkung der Rolle jener Zweige, die die allgemeinen Bedingungen für das Funktionieren der gesellschaftlichen Produktion sichern. Je höher der Entwicklungsstand der Produktivkräfte, um so größer ist die relative und absolute Masse gesellschaftlicher Arbeit, die in diesen Zweigen gebunden ist. Heute gehören dazu nicht nur solche traditionellen Zweige wie die Post, das Fernmeldewesen und die Eisenbahn, sondern auch das Straßennetz, die Telefonverbindungen, Radio und Fernsehen, verschiedene Formen des Transports und der kommunalen Dienste, die Energiewirtschaft, wissenschaftliche Einrichtungen, Konstruktionsbüros, Versuchsbetriebe usw. Ungeachtet des wachsenden spezifischen Umfangs dieser Zweige innerhalb des kapitalistischen Wirtschaftssystems bilden sie, von einigen Ausnahmen abgesehen, nicht die Interessensphäre der Privateigentümer, weil sie für das Privateigentum keinen genügend hohen Profit bringen. Der entstehende Widerspruch zwischen dem notwendigen Funktionieren dieser Zweige und der Unmöglichkeit ihrer Entwicklung auf Kosten privater Kapitalinvestitionen findet seine Lösung darin, daß diese Zweige zur Sphäre der ökonomischen Tätigkeit des imperialistischen Staates werden.

Die Notwendigkeit zur Verwandlung des bürgerlichen Staates in einen direkten Agenten der Produktionstätigkeit ist auch durch die Erfordernisse des wissenschaftlich-technischen Fortschritts bedingt. Der gigantische Umfang der wissenschaftlichen Forschungsarbeit und die hohe Kapitalintensität von Forschungseinrichtungen erfordern notwendigerweise hohe Investitionen für die Organisation der wissenschaftlichen Arbeit, die selbst die Möglichkeiten der stärksten Monopole übersteigen. Dabei geht es nicht darum, daß die Monopole nicht über diese Mittel verfügen, die für die Organisation der wissenschaftlichen Forschungen notwendig sind, sondern um die ökonomische Zielstellung beim Einsatz solcher Investitionen vom Standpunkt der Monopole. Unter Bedingungen, unter denen der Maximalprofit zum Faktor der Kapitalinvestitionen wird, sind gewaltige Investitionen für wissenschaftliche Forschungen, besonders für die Grundlagenforschung, für einzelne Monopole nicht lohnend. Dadurch entsteht die Notwendigkeit einer staatlichen Mitwirkung an der Organisierung wissenschaftlicher Forschungsarbeiten, die das Schicksal des wissenschaftlich-technischen Fortschritts bestimmt.

Es ist jedoch nicht nur so, daß der bürgerliche Staat zum unmittelbaren Agenten der ökonomischen Tätigkeit wird. Es existieren verschiedene Formen der indirekten Einwirkung des Staates auf das ökonomische Leben der bürgerlichen Gesellschaft. Dazu gehören die Steuer- und Kreditpolitik des Staates, die Militarisierung der Wirtschaft und die Schaffung eines privilegierten Marktes für die Monopole, die Währungspolitik und anderes. Mit Hilfe dieser Methoden wird der bürgerliche Staat in höchstem Maße zu einem aktiven Faktor bei der Lösung des Problems der Kapitalakkumulation. Das geschieht unter Bedingungen, unter denen die Kapitalakkumulation bereits nicht mehr mittels Marktmethoden zur Mobilisierung von Akkumulationsquellen gelöst werden kann.

Die Notwendigkeit staatsmonopolistischer Methoden zur Einwirkung auf den Gang der kapitalistischen Produktion ist dadurch bedingt, daß infolge der hohen Konzentration und Monopolisierung der Produktion, infolge der fortschreitenden wissenschaftlich-technischen Revolution, die organische Zusammensetzung des Kapitals wächst und im Zusammenhang damit die Faktoren weiterwirken, die den Fall der Profitrate bedingen.[52] Damit keine Senkung der Profitmasse zugelassen wird, muß das Gesamtkapital in einem schnelleren Tempo wachsen, als das dem Fall der Profitrate entspricht. Karl Marx schrieb: „Um ein absolut angewachsenes variables Kapital bei höherer Zusammensetzung oder relativer stärkerer Zunahme des konstanten Kapitals anzuwenden, muß das Gesamtkapital nicht nur im Verhältnis der höhern Komposition wachsen, sondern noch rascher. Es folgt hieraus, daß, je mehr die kapitalistische Produktionsweise sich entwickelt, eine immer größere Kapitalmenge nötig ist, um dieselbe und mehr noch eine wachsende Arbeitskraft zu beschäf-

[52] Nach Angaben von S. Vygodskij wuchs die organische Zusammensetzung des Kapitals in der verarbeitenden Industrie der USA in der Periode von 1929 bis 1966 von 6,7 : 1 auf 8,0 : 1. Ungeachtet dessen erhöhte sich die Profitrate unter dem Einfluß entgegengesetzter Faktoren von 26,9 auf 38,9 Prozent. Das erklärt sich insbesondere aus dem bedeutenden Wachstum des Ausbeutungsgrades, der sich in dieser Periode von 181 auf 314 Prozent erhöhte (siehe S. L. Vygodskij, Sovremeny kapitalizm, Moskau 1969).

tigen."[53] Unter den Bedingungen des technischen Fortschritts muß daher die Investition von Kapital rascher erfolgen als das Wachstum seiner organischen Zusammensetzung und der Fall der Profitrate. Nur in diesem Falle kann das Kapital sich als verwertender Wert realisieren, d. h. über die Eigenschaft, einen wenn auch relativ sinkenden, so doch absolut wachsenden Profit zu erzeugen.

Die organische Zusammensetzung des Kapitals stellt, wie bekannt, die wertmäßige Zusammensetzung des Kapitals dar, wobei sie die technische Zusammensetzung des Kapitals ausdrückt und sich unter dem Einfluß der letzteren verändert. Die wertmäßige Zusammensetzung des Kapitals kann sich jedoch nicht nur unter dem Einfluß des technischen Fortschritts, sondern auch unter dem Einfluß wachsender Preise verändern. Die organische Zusammensetzung wächst infolge steigender Preise, die durch die Herrschaft der Monopole bedingt sind, in schnellerem Tempo, als durch Veränderungen in der technischen Zusammensetzung des Kapitals bedingt ist. Das stellt überaus hohe Anforderungen an den Umfang der Kapitalinvestitionen. Daher erweist sich das Problem der Akkumulations quellen von Kapital als das zentrale Problem der kapitalistischen Wirt schaft. Es kann nur durch die Mobilisierung von Kapital mit Hilfe des Staatshaushaltes und seine Bereitstellung zum Nutzen der Monopole gelöst werden.

Um effektiv in den Prozeß der kapitalistischen Reproduktion eingreifen zu können, muß der bürgerliche Staat über den Mechanismus zur Umverteilung des Nationaleinkommens verfügen, weil gerade er die hauptsächliche Quelle für die Akkumulation bildet. Gegenwärtig fließen über 40 Prozent des Nationaleinkommens in den entwickelten kapitalistischen Ländern durch die Kanäle des Staatshaushaltes.

Das bedeutet, daß der Staat selbst unmittelbare Funktionen bei der Organisation des gesellschaftlichen Produktionsprozesses übernimmt. Natürlich erfolgen alle diese Maßnahmen im Interesse des Monopolkapitals. Ihrem realen Inhalt nach charakterisieren sie jedoch wesentliche Änderungen im Funktionsmechanismus der kapitalistischen Ökonomik, die von Veränderungen in der Methode zur Regulierung volkswirtschaftlicher Prozesse Zeugnis ablegen. Sie zeugen von sich verstärkenden Tendenzen zur Abschwächung der Marktregulierung und von aufkommenden Elementen einer darüber hinausgehenden Regulierung ökonomischer Prozesse.

In der Epoche der freien Konkurrenz, bei einem relativ niedrigen Grad der Konzentration, erfolgte der Produktionsprozeß durch zersplitterte, einander nicht bekannte Unternehmer, die für einen ihnen unbekannten Markt arbeiteten. Unter diesen Bedingungen war die dem Kapitalismus

[53] K. Marx, Das Kapital, Dritter Band, in: Marx/Engels, Werke, Bd. 25, S. 233.

eigene Form zur Regulierung der Produktion die spontane Marktregulierung.

Unter den Bedingungen des Imperialismus hat sich die Sache gewandelt. Der hohe Grad der Konzentration und Spezialisierung der Produktion, das riesige Ausmaß einzelner Produktionseinheiten, deren Kapazität ausreicht, um die Bedürfnisse eines ganzen Landes mit den entsprechenden Arten der Produktion zu befriedigen, die unmittelbare Einmischung des Staates in das ökonomische Leben — all das untergräbt die freie Konkurrenz und, zusammen mit ihr, auch das System der Marktregulierung. Die Regulierung der Produktion durch einzelne Monopole und den bürgerlichen Staat beginnt, im Grunde über den Rahmen der spontanen Marktregulierung hinauszuführen. Diese Besonderheit wurde von Engels und Lenin zu ihrer Zeit bemerkt. Lenin schrieb: „Schon im Jahre 1891, vor 27 Jahren, als die Deutschen ihr Erfurter Programm annahmen, sagte Engels, daß man den Kapitalismus nicht mehr wie bisher als Planlosigkeit auslegen könne."[54] Die Tendenz zur Planmäßigkeit erfaßt nicht nur die wirtschaftlichen Prozesse innerhalb einzelner kapitalistischer Länder, sie ist auch immer deutlicher fühlbar in den zwischenstaatlichen Beziehungen. Das alles zeugt natürlich durchaus nicht von einer Überwindung der dem kapitalistischen System immanenten Widersprüche und Konflikte. Im Gegenteil! Gerade weil die kapitalistische Form der Aneignung und das Gesetz des kapitalistischen Profits erhalten bleiben, verschärfen sich die Widersprüche. Deshalb schließen die Tendenzen zur Regulierung auch unter den Bedingungen reifer Formen des staatsmonopolistischen Kapitalismus die Konkurrenz und die Wirkung spontaner Kräfte in der ganzen kapitalistischen Wirtschaft durchaus nicht aus. Auch als die höchstentwickelte Form der Produktionsverhältnisse der bürgerlichen Gesellschaft verändert der staatsmonopolistische Kapitalismus nicht die Situation der Grundklassen im System der gesellschaftlichen Produktion, sondern vertieft den Antagonismus zwischen Arbeit und Kapital, zwischen der Mehrheit der Nation und den Monopolen. Im Rechenschaftsbericht des ZK der KPdSU an den XXIV. Parteitag heißt es: „Die Besonderheiten des modernen Kapitalismus lassen sich in bedeutendem Maße damit erklären, daß er sich der neuen Lage in der Welt anpaßt. In der Auseinandersetzung mit dem Sozialismus fürchten die herrschenden Kreise der kapitalistischen Länder wie nie zuvor die Ausweitung des Klassenkampfes zur revolutionären Massenbewegung. Daraus erklärt sich das Bemühen der Bourgeoisie, getarntere Formen der Ausbeutung und Unterdrückung der Werktätigen anzuwenden, und ihre Bereitschaft, in einigen Fällen auf Teilreformen einzugehen, um die Massen möglichst unter ihrer ideologischen und politischen Kontrolle zu halten. Die Monopole nutzen in großem Umfang die Errungenschaften des wissenschaftlich-technischen Fortschritts, um ihre

[54] V. I. Lenin, Werke, Bd. 24, Berlin 1959, S. 229.

Positionen zu festigen, um die Effektivität und das Entwicklungstempo der Produktion zu erhöhen sowie die Ausbeutung der Werktätigen und ihre Unterdrückung zu verstärken.

Die Anpassung an die neuen Bedingungen bedeutet jedoch nicht die Stabilisierung des Kapitalismus als System. *Die allgemeine Krise des Kapitalismus vertieft sich weiter.*"[55]

Der staatsmonopolistische Kapitalismus ist eine solche Form der bürgerlichen Produktionsverhältnisse, die danach trachtet, die modernen riesigen Produktivkräfte in Grenzen hineinzupressen, die die Interessen des Profits zum Ausdruck bringen. Daher kann die planmäßige Beziehung, die unter den Bedingungen des modernen Kapitalismus immer offensichtlicher wird, nicht zur herrschenden Beziehung werden und schon gar nicht zu ihrer einzigen Form, weil es innerhalb der Grenzen des Kapitalismus unmöglich ist, Marktbeziehungen und Marktformen der Regulierung zu überwinden.

Während die Planmäßigkeit sich aus den gesellschaftlichen Formen der Organisation der modernen Großproduktion ergibt, ist die Marktform durch die allgemeinen Bedingungen der kapitalistischen Produktion als spezifisch historische gesellschaftliche Organisation der Produktion bedingt, deren Leitmotiv der Profit bleibt. Solange das Kapital erhalten bleibt, braucht es die Marktform. In den Grenzen des Kapitalismus tritt die Planmäßigkeit immer nur als Gegentendenz zur Marktbeziehung auf. Der Kapitalismus kann im Grunde genommen die wirtschaftliche Isolierung der einzelnen Glieder, d. h. als Glieder, die um des Profits willen funktionieren, nicht aufheben. Er kann die Widersprüche zwischen den einzelnen Elementen des neugeschaffenen Werts, besonders zwischen Profit und Arbeitslohn, nicht überwinden und deshalb niemals den Verbrauch der breiten Massen auf ein Niveau heben, das durch den Umfang der Produktion und durch die Möglichkeiten ihrer Erweiterung gegeben ist.

Der Kapitalismus kann die Isoliertheit der einzelnen nationalen Gebilde nicht überwinden, ungeachtet der Tendenz zur Verschmelzung nationaler Wirtschaften. Anders gesagt, die Entwicklung der Produktion strebt über die Grenzen, die durch das Kapital gezogen sind, hinaus, wird aber gerade durch das Kapital in sie gebannt. Daher bleiben die ökonomischen Funktionen des bürgerlichen Staates, die auf die Regulierung der kapitalistischen Ökonomik gerichtet sind, ihrem Wesen nach kapitalistisch, wenn sie auch der Form nach dem Kapitalismus widersprechen. Außerdem zeugt der staatsmonopolistische Kapitalismus nicht nur davon, daß die Entwicklung der Produktion zwingend die Zentralisierung des Akkumulationsfonds erfordert, sondern auch davon, daß der bürgerliche Staat faktisch beginnt, eine solche Zentralisierung im Interesse der Monopole zu verwirklichen. Die staatsmonopolistische Regulierung kenn-

55 Rechenschaftsbericht des Zentralkomitees der KPdSU, Referat von L. I. Brežnev, Moskau-Berlin 1971, S. 21.

zeichnet eine solche Stufe der Vergesellschaftung der Produktion durch die Monopole, auf der die weitere Entwicklung nur noch mit Hilfe eines einheitlichen ökonomischen Organs vonstatten gehen kann, das die Organisation der Produktion im Rahmen der gesamten Gesellschaft und deren Interessen verwirklicht. Die Notwendigkeit eines solchen Organs ist objektiv dadurch bedingt, daß durch die Herrschaft der Monopole das System der Marktregulierung untergraben wird und eine zwingende Notwendigkeit zur planmäßigen Regulierung der Produktion entsteht.

Auf diese Weise bereitet der Kapitalismus die materiellen Voraussetzungen für den Sozialismus dadurch vor, daß er erstens die zentralisierte Nutzung des Akkumulationsfonds im Interesse der gesamten Gesellschaft erfordert und daß er zweitens das System der Marktregulierung untergräbt und „... die Kapitalisten ohne ihr Wissen und gegen ihren Willen in eine Art neue Gesellschaftsordnung hinein(-zieht), die den Übergang von der völlig freien Konkurrenz zur vollständigen Vergesellschaftung bildet"[56], d. h., er erfordert eine planmäßige Regelung der Produktion. Drittens schafft er gewisse organisatorische Formen einer planmäßigen Entwicklung der Produktion im Maßstab der gesamten Gesellschaft.

Eine wichtige Seite bei der Schaffung der Voraussetzungen des Übergangs zum Sozialismus ist die Tendenz zur Ausweitung der Produktion durch den Kapitalismus bis zu einem Umfang, der auf die Befriedigung der Bedürfnisse der gesamten Gesellschaft berechnet ist. Unter dem Einfluß der Konkurrenz, auf der Jagd nach Profit strebt der Kapitalismus den Umfang der Produktion in einer Weise zu erweitern, als bestünde deren Grenze in der absoluten Konsumtionskraft der Gesellschaft. Die Entwicklung der Produktivkräfte der gesellschaftlichen Arbeit – das ist die historische Mission des Kapitalismus als gesellschaftliche Produktionsweise. Der Kapitalismus wird aber dieser Mission untreu, weil sein unmittelbares Ziel nicht die Befriedigung der Bedürfnisse der gesamten Gesellschaft, sondern das Anwachsen des Kapitalwertes ist. Die Ausweitung oder die Drosselung der Produktion wird nicht durch das Verhältnis der Produktion zum gesellschaftlichen Bedarf, sondern durch die Wachstumsbedingungen des Kapitals bestimmt.

Der Kapitalismus schafft solche gesellschaftlichen Produktivkräfte, die, wenn sie von der kapitalistischen Entwicklungsform befreit werden, bei allgemeiner Teilnahme an der Arbeit eine bedeutende Verkürzung der Arbeitszeit und die Befriedigung der Bedürfnisse aller Mitglieder der Gesellschaft in ständig wachsendem Maße gewährleisten können. Und dennoch kann der Kapitalismus eine auf die vollständige und allseitige Befriedigung der Bedürfnisse der Gesellschaft und aller ihrer Mitglieder ausgerichtete Produktion nicht schaffen. Die kapitalistische Produktion erreicht ihre Grenze bereits bei einem solchen Erweiterungsgrad, wie Marx

[56] V. I. Lenin, Werke, Bd. 22, Berlin 1960, S. 209.

schreibt, „... der umgekehrt unter der andren Voraussetzung weitaus ungenügend erschiene. Sie kommt zum Stillstand, nicht wo die Befriedigung der Bedürfnisse, sondern wo die Produktion und Realisierung von Profit diesen Stillstand gebietet".[57] Mit der weiteren Entwicklung des Kapitalismus werden die Grenzen der kapitalistischen Produktion immer offensichtlicher. Wenn im vormonopolistischen Kapitalismus die Entwicklung der Produktion zur Erzielung von Durchschnittsprofit erfolgte, so erweist sich dieses Ziel gegenwärtig als zu begrenzt, weil das Wachstum der Produktion der Erzielung von Maximalprofit untergeordnet ist. Nur die Zerstörung der kapitalistischen Hülle kann jene Potenzen frei machen, die in den vom Kapitalismus geschaffenen gesellschaftlichen Produktivkräften liegen.

Die kapitalistische Produktionsweise erweitert nicht nur die Produktion bis auf einen Umfang, der auf die Befriedigung der Bedürfnisse der gesamten Gesellschaft gerichtet ist, sondern erfordert für ihr normales Funktionieren auch die ständige Ausweitung der zahlungsfähigen Nachfrage. Sie verwirklicht letztere jedoch nur in mehr oder weniger engen Grenzen, die in keiner Weise der Ausweitung der Produktion entsprechen. Dieser Widerspruch zeigt sich periodisch in ökonomischen Überproduktionskrisen. Der innere Zusammenhang zwischen Produktion und Verbrauch wird gewaltsam wiederhergestellt, und zwar durch die Zerstörung von Produktivkräften der Gesellschaft und durch Vergeudung von Arbeitszeit. Die kapitalistische Produktionsweise strebt danach, diese Grenzen zu überwinden, die der zahlungsfähigen Nachfrage der Bevölkerung gesetzt sind, „aber sie überwindet sie nur durch Mittel, die ihr diese Schranken aufs neue und auf gewaltigerm Maßstab entgegenstellen".[58]

Der Kapitalismus schafft die materiellen Voraussetzungen für den Sozialismus auch dadurch, daß er solche Produktivkräfte und ein solches Niveau der Produktivität der gesellschaftlichen Arbeit schafft, bei dem es möglich und notwendig wird, das System der gesellschaftlichen Arbeitsteilung, das auf den Klassenunterschieden und dem Klassenantagonismus gegründet ist, zu überwinden.

Die kapitalistische Produktionsweise vertieft und erweitert die gesellschaftliche Arbeitsteilung, die von den vorausgegangenen Epochen übernommen wurde, mit allen den ihr eigenen Widersprüchen und Antagonismen. Der Kapitalismus verstärkt den Gegensatz zwischen Stadt und Land, zwischen geistiger und körperlicher Arbeit. Gleichzeitig schafft er eine solche Produktivkraft der Arbeit, die die Grundlage für seine Überwindung abgibt. Während auf der einen Seite ein bestimmter Grad der Produktivität für das Aufkommen der gesellschaftlichen Arbeitsteilung notwendig ist, bilden das Wachstum und die Vertiefung der Arbeitsteilung auf der anderen Seite die Voraussetzungen für eine solche Arbeitsproduk-

[57] K. Marx, Das Kapital, Dritter Band, in: Marx/Engels, Werke, Bd. 25, S. 269. [58] Ebenda, S. 260.

tivität, die selbst wieder die Voraussetzung für die Überwindung der gesellschaftlichen Arbeitsteilung darstellt.

Die maschinelle Produktion verändert das Prinzip der Arbeitsteilung. Auf der Grundlage der maschinellen Produktion gehen ständig Veränderungen in der Technik und der Technologie vor sich, wodurch eine außergewöhnliche Dynamik in das Verhältnis der entstandenen Produktionszweige hineingetragen und das Aufkommen neuer Zweige ermöglicht wird. Unter diesen Bedingungen wird der periodische Wechsel der Berufe bei einem bedeutenden Teil der Werktätigen zur notwendigen Voraussetzung für die Entwicklung der gesellschaftlichen Produktion.

Der Kapitalismus schafft die materiellen Grundlagen für die Überwindung der gesellschaftlichen Arbeitsteilung, wobei diese jedoch in einen ständigen Widerspruch zur kapitalistischen Form der Produktion tritt. Die maschinelle Produktion untergräbt das alte System der Arbeitsteilung von der technischen Seite, aber das Kapital reproduziert und vertieft es ständig als Mittel zur Ausbeutung der Arbeitskraft. Es verwandelt den einzelnen Arbeiter in einen Bestandteil der einzelnen Maschine, verstärkt die Abhängigkeit des Arbeiters vom Eigentümer an den Produktionsmitteln und vervollständigt die Trennung zwischen geistiger und körperlicher Arbeit.

Die gesellschaftliche Teilung der Arbeit findet ihren endgültigen Ausdruck in der Teilung der Gesellschaft in einander entgegengesetzte Klassen. Auf einer bestimmten Stufe der Produktivkräfte werden die Klassenteilung und die Ausbeutung eine durchaus notwendige Bedingung für die Entwicklung der Produktion. „Solange die gesellschaftliche Gesamtarbeit nur einen Ertrag liefert, der das zur notdürftigen Existenz alles Erforderliche nur um wenig übersteigt, solange also die Arbeit alle oder fast alle Zeit der großen Mehrheit der Gesellschaftsglieder in Anspruch nimmt, solange teilt sich die Gesellschaft notwendig in Klassen. Neben dieser ausschließlich der Arbeit frönenden großen Mehrheit bildet sich eine von direkt-produktiver Arbeit befreite Klasse, die die gemeinsamen Angelegenheiten der Gesellschaft besorgt: Arbeitsleitung, Staatsgeschäfte, Justiz, Wissenschaft, Künste usw. Das Gesetz der Arbeitsteilung ist es also, was der Klassenteilung zugrunde liegt."[59]

Die Entwicklung der Arbeitsproduktivität auf der technischen Basis der maschinellen Produktion schafft die Bedingungen, um auf der einen Seite alle Mitglieder der Gesellschaft ohne Ausnahme an der Arbeit teilhaben zu lassen und auf der anderen Seite die Arbeitszeit jedes einzelnen soweit zu verkürzen, „... daß für alle hinreichend freie Zeit bleibt, um sich an den allgemeinen Angelegenheiten der Gesellschaft — theoretischen wie praktischen — zu beteiligen".[60]

59 Marx/Engels, Werke, Bd. 20, Berlin 1960, S. 262.
60 Ebenda, S. 169.

Von nun an wird die Konservierung der Klassengegensätze zum Hemmschuh für die Entwicklung der Produktion.

Der staatsmonopolistische Kapitalismus macht Versuche, in gewissem Umfange die Widersprüche zu lösen, die durch das Bestreben der modernen Produktivkräfte bedingt sind, die im Laufe der Jahrhunderte entstandene Teilung der Arbeit sowie die sie hervorrufenden und reproduzierenden Faktoren zu überwinden. Unter dem Einfluß von Tendenzen, die durch die wissenschaftlich-technische Revolution bedingt sind, entsteht die Notwendigkeit, ein entsprechendes System zur Allgemeinbildung und zur Schaffung von Bedingungen zur Berufsausbildung und Umschulung der Werktätigen zu schaffen. Mit diesem Ziel wird in den entwickelten kapitalistischen Ländern ein System der allgemeinen höheren Schulbildung eingeführt und eine systematische berufstechnische Ausbildung durchgeführt.

Ungeachtet dessen entsprechen die Maßnahmen, die von den bürgerlichen Staaten in dieser Richtung unternommen und von der wissenschaftlich-technischen Revolution diktiert werden, weder dem notwendigen Umfang noch dem erforderlichen Niveau der Ausbildung und Umschulung der Werktätigen. Das System des staatsmonopolistischen Kapitalismus demonstriert auf der einen Seite die unbedingte Notwendigkeit zur radikalen Veränderung aller Seiten der sozial-ökonomischen Struktur der modernen kapitalistischen Gesellschaft, auf der anderen Seite aber offenbart es das Sporadische und die Begrenztheit dieser Veränderungen, die vom bürgerlichen Staat ausgehen.

Damit bringt die kapitalistische Vergesellschaftung einen Prozeß zum Ausdruck, der verschiedene Seiten der materiellen Produktion umfaßt. Sie schafft die Voraussetzungen, erstens, zur planmäßigen Organisation des Produktionsprozesses durch ein einheitliches ökonomisches Organ, das die Interessen der gesamten Gesellschaft wahrnimmt; zweitens, für eine solche Entwicklung der Produktion, die eine allseitige Befriedigung der Bedürfnisse aller Mitglieder der Gesellschaft ermöglicht; drittens, für die Überwindung der Antagonismen, auf deren Grundlage die gesellschaftliche Arbeitsteilung beruht, und zwar insbesondere des Klassenantagonismus und der Klassenunterschiede in all ihren Formen. Sie schafft schließlich Voraussetzungen für die Gewährleistung einer freien und allseitigen Entwicklung der Persönlichkeit.[61]

Diese Voraussetzungen treten in einen unlösbaren Widerspruch zur kapitalistischen Form der Produktion. Ihre Verwirklichung erfordert die

61 Es ist verständlich, daß sich mit der Betrachtung der vorliegenden Fragen die Vorbereitung materieller Voraussetzungen des Sozialismus nicht erschöpft. Der Autor konnte seine Aufgabe nur darin sehen, wesentliche Richtungen der kapitalistischen Vergesellschaftung der Produktion zu bestimmen, und das in dem Maße, wie es für die Thematik der Arbeit erforderlich war.

Beseitigung des Systems der kapitalistischen Produktionsverhältnisse durch die Erringung der politischen Macht der Arbeiterklasse. Die Prozesse, die die materiellen Voraussetzungen für die kommunistische Formation vorbereiten, können unter kapitalistischen Bedingungen (infolge der Spezifik der kapitalistischen Grenzen der Vergesellschaftung der Produktion) nicht zur Vollendung gelangen. Der Kapitalismus mag ein noch so hohes Niveau erreichen, er kann über die Grenzen der kapitalistischen Form der Vergesellschaftung der Produktion, die durch die private Form der Aneignung der Ergebnisse des gesellschaftlichen Produktionsprozesses gezogen sind, nicht hinaus. Außerdem kann der Kapitalismus nicht die gesamte gesellschaftliche Produktion in Übereinstimmung mit den Entwicklungstendenzen der maschinellen Großproduktion umgestalten, weil er gleichzeitig die Überbleibsel der Kleinproduktion in verschiedenen Formen erhält und auch reproduziert.

Bei der Charakterisierung des monopolistischen Stadiums des Kapitalismus hat Lenin oft unterstrichen, daß es weder einen reinen Imperialismus noch einen reinen Kapitalismus gibt oder geben kann. In seinem Bericht auf dem 8. Kongreß der RKP(B) zum Programm der Partei sagte er: „Hätten wir es mit einem einheitlichen Imperialismus zu tun, der den Kapitalismus durch und durch umgeformt hätte, dann wäre unsere Aufgabe hunderttausendmal leichter. Es würde sich dann ein System ergeben, wo alles allein dem Finanzkapital untergeordnet wäre. Dann brauchte man nur die Spitze zu entfernen und das übrige dem Proletariat zu übergeben. Das wäre außerordentlich angenehm, aber so etwas gibt es in der Wirklichkeit nicht. ... In Wirklichkeit existiert der gewaltige Untergrund des Kapitalismus."[62] Dieser bleibt nicht nur in der kapitalistischen Landwirtschaft, sondern auch in der Industrie erhalten. Die Tendenz der kapitalistischen Produktion, die nicht aus ihrer gesellschaftlichen Form, sondern aus dem gesellschaftlichen Charakter der von ihr geschaffenen Produktivkräfte erwächst, besteht in der Vernichtung der Kleinproduktion. Aber gerade deshalb, weil diese gesellschaftlichen Kräfte der Produktion als Kapital funktionieren, vernichtet der Kapitalismus die Kleinproduktion nicht nur nicht völlig, sondern reproduziert sie sogar, insoweit dies nicht der Erzielung von Profit widerspricht. Deshalb kann der Kapitalismus auch in seiner höchstentwickelten Form nicht die Reste der Kleinproduktion und die verschiedenen Übergangsformen von der Kleinproduktion zur Großproduktion überwinden.

Die augenfälligsten Erscheinungen der Kleinproduktion unter den Bedingungen des modernen Kapitalismus sind die bäuerliche Wirtschaft und das Handwerk. Sogar in den am höchsten entwickelten kapitalistischen Ländern stellen sie viele hunderttausend Einheiten dar.

Unter den Bedingungen des modernen Kapitalismus erhalten sich neben

[62] V. I. Lenin, Werke. Bd. 29, Berlin 1961, S. 153/154.

der kleinen Warenproduktion und der privatkapitalistischen Wirtschaft auch zahlreiche andere Elemente der Kleinproduktion. Dazu gehören Handarbeitsmittel, manuelle Produktionsmethoden, traditionelle Technologien, berufliche und eng spezialisierte Unterschiede zwischen den Arbeitern usw. Das Vorhandensein zahlreicher Reste der Kleinproduktion charakterisiert die Grenze der Vergesellschaftung der Produktion durch den Kapitalismus, die die Spezifik des Prozesses der sozialistischen Vergesellschaftung und die Besonderheit der ökonomischen Struktur des sozialistischen Stadiums bei der Entwicklung der kommunistischen Formation bestimmt.

Als die wesentlichste Entwicklungsschranke für die materiellen Bedingungen der Produktion tritt im Kapitalismus der Profit in Erscheinung. Der Monopolprofit, der sich in bedeutendem Maße durch Monopolpreise bildet, ist ein schwächerer Stimulus zur Entwicklung der materiellen Faktoren der Produktion im Vergleich zur Durchschnittsprofitrate. Hieraus erklärt sich die Tatsache, daß unter den Bedingungen des staatsmonopolistischen Kapitalismus zugleich mit der raschen Entwicklung einer Reihe progressiver Zweige der Industrie, die unmittelbar mit der Kriegsproduktion verbunden sind, in vielen hochmonopolisierten Zweigen der Industrie eine Stagnation beobachtet wird. Nach Angaben von S. Vygodskij nimmt der Anteil veralteter Werkzeugmaschinen in den USA in der Tendenz zu. Während er 1925 weniger als die Hälfte des Werkzeugmaschinenparks ausmachte, erreichte er 1963 fast zwei Drittel. Zur Erneuerung der Ausrüstungen und Anlagen wären in der amerikanischen Wirtschaft im Jahre 1958 95 Mrd. Dollar notwendig gewesen, während der tatsächliche Aufwand für diese Zwecke im genannten Jahr 30,5 Mrd. Dollar betrug. [63] Es wäre jedoch fehlerhaft zu unterstellen, daß die Ursache für das Vorhandensein vieler veralteter Ausrüstungen im Fehlen der notwendigen Ressourcen läge. Die Wurzel der Sache ist eine andere. Die Erhaltung veralteter Anlagen in bedeutendem Umfang stellt, wie auch das Vorhandensein bedeutender ungenutzter Kapazitäten, eine Form der künstlichen Begrenzung des Umfangs der Produktion dar, die unabdingbar für die Sicherstellung von Monopolprofiten durch die Festsetzung von Monopolpreisen ist.

Der staatsmonopolistische Kapitalismus verändert nicht jene spezifischen kapitalistischen Grenzen für das Wachstum der Produktion, die durch die individuelle Konsumtion gezogen sind. Wenn auch die Notwendigkeit zur Regulierung der kapitalistischen Entwicklung den staatsmonopolistischen Kapitalismus in gewissem Maße zwingt, das Verhältnis zwischen den Anforderungen zur Entwicklung der Produktion und dem Zustand des individuellen Konsums zu berücksichtigen, so ist er doch nicht imstande, die Widersprüche zwischen den Möglichkeiten der mo-

[63] Siehe S. L. Vygodskij, Sovremenyj kapitalizm, Moskau 1969, S. 25f.

dernen Produktivkräfte und ihrer Realisierung in der Dynamik des Umfangs und der Struktur der individuellen Konsumtion zu überwinden. Das bedeutet, daß sich die Disproportionalität zwischen Produktion und Konsumtion, die dem Kapitalismus überhaupt eigen ist, unter den heutigen Bedingungen verstärkt.

Somit wird die Schaffung materieller Voraussetzungen für den Sozialismus innerhalb der kapitalistischen Produktionsweise durch wesentliche Veränderungen der allgemeinen ökonomischen Seiten der Produktionsverhältnisse begrenzt und berührt nicht unmittelbar die ökonomische Struktur, d. h. jene Sphäre der Produktionsverhältnisse, die den sozial-ökonomischen Typ der Produktion bestimmt. Mehr noch! Der Widerspruch zwischen diesen beiden Seiten der Produktionsverhältnisse wird in dem Maße, wie sich der Kapitalismus entwickelt, in riesigem Umfange verschärft. Um ihn zu lösen, genügt es nicht, die politische Macht zu erkämpfen; es ist eine organische Umgestaltung des gesamten sozial-ökonomischen Aufbaus der Produktionsverhältnisse erforderlich. Dadurch wird die Notwendigkeit sowohl der Übergangsperiode vom Kapitalismus zum Sozialismus als auch des sozialistischen Stadiums der Entwicklung bestimmt. Gleichzeitig werfen der Zustand und die Grenzen der Vergesellschaftung der Produktion im staatsmonopolistischen Kapitalismus ein Licht auf jene Besonderheit der ökonomischen Struktur, durch die die sozialistische Phase der kommunistischen gesellschaftlich-ökonomischen Formation gekennzeichnet ist.

KAPITEL 3

Das Ausgangsproduktionsverhältnis und das grundlegende Produktionsverhältnis der kommunistischen Formation. Ihre Spezifik im Sozialismus. Das ökonomische Grundgesetz der kommunistischen Formation

Die Ausgangsform der Produktionsverhältnisse des Kommunismus

Die Gesamtheit der ökonomischen Formen, in denen sich das System der Produktionsverhältnisse des Kommunismus ausdrückt, wird letzten Endes durch das grundlegende Produktionsverhältnis bestimmt. Bevor wir jedoch zu dessen Untersuchung übergehen, bestimmen wir die ökonomische Ausgangsform der Produktionsverhältnisse des Kommunismus, die jene allgemeine genetische Grundlage bildet, auf der sich alle Elemente der ökonomischen Struktur, darunter auch das grundlegende Produktionsverhältnis, entwickeln.

In der ökonomischen Literatur wird die Frage nach dem Ausgangsproduktionsverhältnis des Sozialismus oft nicht als selbständige Frage behandelt. Oft wird das Ausgangsproduktionsverhältnis einfach mit dem grundlegenden Produktionsverhältnis identifiziert. Wir glauben, daß eine solche Identifizierung der von Marx entwickelten Methodologie zur Erforschung der ökonomischen Verhältnisse des Kapitalismus widerspricht.

Wie bekannt, sind die Beziehungen der Warenproduktion die ökonomische Ausgangsbeziehung der kapitalistischen Produktion, die sich wesentlich vom grundlegenden Produktionsverhältnis des Kapitalismus unterscheiden. Ungeachtet dessen entsteht das grundlegende Produktionsverhältnis des Kapitalismus als gesetzmäßiges Ergebnis der Entwicklung seines Ausgangsproduktionsverhältnisses. Doch das bedeutet, daß die Beziehungen der Warenproduktion ihre inneren Potenzen nur im Kapitalismus vollständig entwickeln. Karl Marx schrieb: „Wenn in der Theorie der Begriff des Werts dem des Kapitals vorhergeht, andrerseits aber zu seiner reinen Entwicklung wieder eine auf das Kapital gegründete Produktionsweise unterstellt, so findet dasselbe in der Praxis statt."[64] Damit besteht die Bedeutung einer Unterscheidung von Ausgangsproduktionsverhältnis und grundlegendem Produktionsverhältnis nicht nur darin, daß das grundlegende Produktionsverhältnis nur auf der Basis des Ausgangsproduktionverhältnisses allseitig untersucht werden kann, und zwar nur als dessen historisches Produkt, sondern auch darin, daß auf der Basis der grundlegenden Beziehung eine Bestimmung von Stellung und Rolle der vorausgegangenen Gebilde möglich ist.

Das Ausgangsproduktionsverhältnis und das grundlegende Produktionsverhältnis charakterisieren eine Produktionsweise auf verschiedene Art. Das Ausgangsproduktionsverhältnis bestimmt die ursprüngliche unentwickelte und damit die am weitesten verbreitete ökonomische Form, wie sie z. B. die Warenform des Arbeitsproduktes für das kapitalistische System der Beziehungen war. Dabei charakterisiert es an und für sich nicht die entstandene Produktionsweise, sondern nur deren ökonomische Voraussetzung. Die Produktionsweise selbst kann durch viele Jahrhunderte vom Ausgangsproduktionsverhältnis getrennt sein. Daher schließt das Ausgangsproduktionsverhältnis eines bestimmten Systems von Produktionsverhältnissen dieses System potentiell zwar ein, jedoch ist die Verwandlung des letzteren in die Wirklichkeit nicht durch das Ausgangsproduktionsverhältnis selbst, sondern durch die Gesamtheit von Umständen bedingt, die nicht unmittelbar in dieses Verhältnis eingeschlossen sind. Das Ausgangsproduktionsverhältnis charakterisiert ein System von Beziehungen in äußerst abstrakter, d. h. äußerst einseitiger Form.

Die Entstehung und Festigung des gegebenen Systems bedeutet durchaus nicht das Verschwinden seines Ausgangsproduktionsverhältnisses. Im Gegenteil! Dieses Verhältnis bleibt nicht nur in dem Sinne erhalten, daß seine Bestimmungen durch das Gesamtsystem von Beziehungen der gegebenen Pro-

[64] K. Marx, Grundrisse der Kritik der Politischen Ökonomie, S. 163.

duktionsweise weiter existieren, sondern auch in der Weise, daß sich zum Beispiel im kapitalistischen System dessen Ausgangsproduktionsverhältnis als tatsächlich existierende ökonomische Form erhält.

Ein wesentlicher Aspekt der Charakteristik einer Produktionsweise durch ihr Ausgangsproduktionsverhältnis besteht darin, daß dieses Verhältnis die Spezifik, die unterscheidenden Besonderheiten der Produktionsweise, bestimmt. In der Tat, wenn die kapitalistische Produktionsweise ganz allgemein ein System der Ausbeutung der Werktätigen darstellt und von dieser Seite her sich in keiner Weise von anderen antagonistischen Strukturen der gesellschaftlichen Organisation unterscheidet, so ist der Kapitalismus jedoch seinem spezifischen Wesen nach das Gegenteil der vorangegangenen Ausbeutungsformation. Und diese Spezifik wird gerade durch das Ausgangsproduktionsverhältnis des Kapitalismus bestimmt. Karl Marx schrieb: „Direkte Zwangsarbeit ist die Grundlage der ersten; das Gemeinwesen ruht auf dieser als existierender Unterlage; Arbeit selbst als Privilegium, als noch in ihrer Besonderung, nicht als allgemein Tauschwerte produzierend, geltend (als) die Grundlage des zweiten. Weder ist die Arbeit Zwangsarbeit; noch, wie im zweiten Falle, findet sie statt mit Rücksicht auf ein Gemeinsames als ein Höhres (Korporationen)."[65]

Folglich besteht die Spezifik des kapitalistischen Systems von Beziehungen vor allem darin, daß seine allgemeinste Grundlage die Arbeit bildet, die Tauschwert schafft.

Einen völlig anderen Inhalt hat das grundlegende Produktionsverhältnis. Im Unterschied zum Ausgangsproduktionsverhältnis charakterisiert es das innere Wesen der gegebenen Produktionsweise als bereits ausgereifte und funktionierende Ordnung von Produktionsverhältnissen. Das grundlegende Verhältnis charakterisiert nicht abstrakt, sondern konkret das gegebene System von Produktionsverhältnissen, dessen grundlegenden Kern. Seiner ganzen Natur nach kann es diesem System nicht vorausgehen, sondern es entsteht und existiert gemeinsam mit diesem. Ohne ein herrschendes Produktionsverhältnis gibt es auch das ganze System von Beziehungen

[65] K. Marx, Grundrisse der Kritik der Politischen Ökonomie, S. 156.

nicht. Genauer gesagt, ein gegebenes System von Beziehungen stellt nichts anderes dar als das grundlegende Produktionsverhältnis, das in all seinen Beziehungen und Vermittlungen entwickelt ist. Das grundlegende Produktionsverhältnis, das das Wesen der Produktionsweise ausmacht, bestimmt damit auch die hauptsächlichen Tendenzen ihrer Entwicklung.

Wie wir sehen, ist das Ausgangsproduktionsverhältnis durch besondere Bestimmungen charakterisiert, die von denen verschieden sind, die das grundlegende Produktionsverhältnis charakterisieren. Gerade deshalb kann sich bei der Untersuchung des Systems von Produktionsverhältnissen des Kommunismus das Problem des Ausgangsproduktionsverhältnisses nicht in einer Analyse des grundlegenden Produktionsverhältnisses erschöpfen.

Welches ist das Ausgangsproduktionsverhältnis der kommunistischen Ordnung?

Betrachtet man die kommunistische Produktionsweise als Ganzes, so entspricht ihr ein einheitliches Ausgangsverhältnis der Produktion. Geht man jedoch bei der Analyse des gegebenen Stadiums des Kommunismus von der Einheit der Beziehungen aus, so bedeutet dies, von den wesentlichen Unterschieden zu abstrahieren, die die verschiedenen Stadien der Reife des Kommunismus charakterisieren. Mehr noch, die Aufdeckung von Gesetzmäßigkeiten der Bewegung zum Kommunismus darf nicht auf der Grundlage apriorischer Konstruktionen, sondern muß auf der Grundlage von Untersuchungen des realen Bildes der gegebenen sozialistischen Gesellschaft erfolgen. In diesem Falle erweist es sich als unbedingt notwendig, von den Unterschieden der ersten und der höheren Phase des Kommunismus auszugehen. Das erfordert nicht nur die Bestimmung eines einzigen Ausgangsproduktionsverhältnisses für die gesamte kommunistische Formation, sondern auch die Aufdeckung der Form, in der es seinen Niederschlag findet und die dem sozialistischen Stadium der Entwicklung entspricht. Wodurch ist der Inhalt des Ausgangsproduktionsverhältnisses der kommunistischen Formation als Ganzes charakterisiert?

Eine Reihe von Ökonomen behauptet, daß das gesellschaftliche Eigentum an den Produktionsmitteln das Ausgangsproduktionsverhältnis der kommunistischen Formation darstellt. Wie wir oben gesehen haben, löst das jedoch das Problem nicht, sondern stellt es sogar nicht einmal. Das seinem ökonomischen Inhalt nach betrachtete Eigentum an den Produktionsmitteln ist das System von Produktionsverhältnissen, das die ökonomische Ordnung der Gesellschaft bildet.

Die Frage wird auch nicht durch die These gelöst, daß die sozialistische Vergesellschaftung das Ausgangsproduktionsverhältnis der kommunistischen Organisation der Produktion darstellt. Diese These wird im einzelnen von G. Džavadov begründet, der schreibt: „Das Ausgangsproduktionsverhältnis ist der Beginn jedes ökonomischen Systems, darunter auch des sozialistischen. Der Ausgangspunkt der sozialistischen Produktionsweise ist die Vergesellschaftung, die Vereinigung der unmittelbaren Produzenten (unter Umgehung aller möglichen vermittelnden Glieder) mit den Produktionsmitteln. Die unmittelbare Vergesellschaftung der Produktion und der Arbeit stellt das spezifische sozialistische Produktionsverhältnis (Ausgangsproduktionsverhältnis) dar, von dem aus die sozialistische gesellschaftliche Produktion ausgeht, ihren historischen und logischen Anfang nimmt."[66] Man muß jedoch sagen, daß erstens das Ausgangsproduktionsverhältnis durchaus nicht gleichbedeutend ist mit dem Ausgangspunkt. Wenn auch das Ausgangsproduktionsverhältnis der kapitalistischen Produktionsweise die Warenproduktion ist, so ist ihr Ausgangspunkt die einfache kapitalistische Kooperation der Arbeit. Karl Marx schrieb: „Das Wirken einer größern Arbeiteranzahl zur selben Zeit, in demselben Raum (oder, wenn man will, auf demselben Arbeitsfeld), zur Produktion derselben Warensorte, unter dem Kommando desselben Kapitalisten, bildet historisch und begrifflich den Ausgangspunkt der kapitalistischen Produktion."[67]

[66] G. A. Džavadov, Struktura socialističeskich proizvodstvenych otnošenij, Moskau 1969, S. 54. Der Autor beschränkt das Ausgangsproduktionsverhältnis der kommunistischen Formation und die Form seiner Existenz nicht auf das sozialistische Stadium. Daher sind wir berechtigt, die von ihm über das Ausgangsproduktionsverhältnis vorgetragene These, die ihre Bedeutung für die beiden Phasen der kommunistischen Gesellschaft behält, hier anzuführen.

[67] K. Marx, Das Kapital, Erster Band, in: Marx/Engels, Werke, Bd. 23, Berlin 1962, S. 341.

Zweitens hat die sozialistische Vergesellschaftung der Produktion, d. h. die unmittelbare Vereinigung der Arbeiter mit den Produktionsmitteln, einen vielseitigen Charakter. Sie schließt einerseits politisch-juristische Akte ein, ohne die es nicht möglich ist, die sozialistische Vergesellschaftung zu verwirklichen, die jedoch in keiner Weise diesen Prozeß erschöpfen. Andererseits – und das ist das Wichtigste – schließt sie ein System organischer Umwandlungen der Produktionsweise, d. h. „... ein außerordentlich kompliziertes und feines Netz von neuen organisatorischen Beziehungen ... ein, die die planmäßige Produktion und Verteilung der Produkte erfassen, wie sie für die Existenz von Dutzenden Millionen Menschen notwendig sind".[68]

Nur eine solche Organisation der Produktion gestattet es, von einer unmittelbaren faktischen Vereinigung der Produzenten mit den Produktionsmitteln „unter Umgehung aller möglichen vermittelnden Glieder" zu sprechen. Aber die Schaffung dieser Organisation der Produktion ist ein langer historischer Prozeß, der Jahrzehnte umfaßt und keineswegs in der Übergangsperiode vom Kapitalismus zum Sozialismus beendet ist, sondern sich auch unter den Bedingungen des Sozialismus fortsetzt. Dabei besitzt der erste Schritt der sozialistischen Vergesellschaftung überhaupt nicht die Attribute von Produktionsverhältnissen. Auch der zweite Schritt kann nicht zum Ausgangsproduktionsverhältnis werden, weil er den Inhalt des gesamten Prozesses der sozialistischen Umgestaltung bildet und daher weder historisch noch logisch als der Beginn des ökonomischen Systems des Sozialismus angesehen werden kann. Demzufolge erweist sich die These von der sozialistischen Vergesellschaftung der Produktion, die angeblich das Ausgangsproduktionsverhältnis des Sozialismus begründet, als nicht überzeugend.

Ein bestimmtes Interesse findet die Behauptung, nach der das gesellschaftliche Produkt die ökonomische Ausgangsform der sozialistischen Produktionsverhältnisse bildet. Dazu schreibt A. Notkin: „Weil im Sozialismus die Tätigkeit einzelner wirtschaftlicher Unternehmen unmittelbar auf die Produktion des Gesamtproduktes von bestimmtem Umfang und

[68] V. I. Lenin, Werke, Bd. 27, Berlin 1960, S. 231.

bestimmter Struktur im Interesse der Befriedigung der Bedürfnisse der gesamten Gesellschaft gerichtet ist, werden die Fragen der Produktion, der Verteilung, der Zirkulation und des Verbrauchs von Anfang an zum Hauptinhalt der politischen Ökonomie des Sozialismus, was natürlich seine Widerspiegelung im gesamten System der ökonomischen Kategorien des Sozialismus finden muß. In diesem System tritt das gesellschaftliche Produkt als allgemeinste Kategorie auf."[69] Richtig ist natürlich, wenn man die Produktionsverhältnisse der kommunistischen Formation von der Position des reifen Kommunismus aus betrachtet, daß die einzelnen wirtschaftlichen Glieder unmittelbar Elemente des Gesamtproduktes schaffen. Das letztere ist jedoch das Ergebnis der Produktionstätigkeit. Deshalb erscheint die ökonomische Form des Produktes als Ausdruck spezifischer historischer Formen der Produktionstätigkeit selbst.

Karl Marx beginnt im „Kapital" die Untersuchung der kapitalistischen Produktionsverhältnisse mit einer Analyse der Ware, die als elementare Form des bürgerlichen Reichtums auftritt. Ihn interessiert jedoch an den Waren nicht deren leibliche Form, sondern die Tatsache, daß sie Träger von Wert sind, der, wie bekannt, eine bestimmte spezifisch-historische Form der menschlichen Tätigkeit darstellt.[70] Dabei unter-

[69] A. Notkin, Gesellschaftliches Produkt und Nationaleinkommen im System der ökonomischen Kategorien des Sozialismus, in: Voprosy ekonomiki, Nr. 9/1962, S. 35. Einige Ökonomen gehen in der Bedeutung des gesellschaftlichen Produktes sogar soweit, daß sie es der Ausgangskategorie einer beliebigen Produktionsweise zurechnen: „Die ökonomische Ausgangskategorie einer beliebigen Produktionsweise stellt das Produkt dieser Produktionsweise dar." (V. Bader, Socialističeskij produkt, Moskau 1967, S. 182) Diese Behauptung stimmt jedoch nach unserer Meinung nicht mit der Wirklichkeit überein. Das Produkt der kapitalistischen Produktionsweise ist das Warenkapital (W'). Aber es bildet nicht die ökonomische Ausgangsform dieser Produktionsweise.

[70] „Ihre Darstellungsweise (der Physiokraten. Der Übers.) ist natürlich notwendig bestimmt durch ihre allgemeine Auffassung von der Natur des Werts, der bei ihnen nicht eine bestimmte gesellschaftliche Daseinsweise der menschlichen Tätigkeit (Arbeit) ist, sondern aus Stoff besteht, aus Erde, Natur und den verschiedenen Modifikationen dieses Stoffs." (K. Marx, Theorien über den Mehrwert, Erster Teil, in: Marx/Engels, Werke, Bd. 26, 1, Berlin 1965, S. 14).

sucht er diese Tätigkeit unter Bedingungen, unter denen sie durch ökonomisch isolierte Produzenten, die sich auf verschiedene Arten von Arbeiten spezialisiert haben, ausgeführt wird. Ihre gesellschaftliche Bedeutung wird nur mit Hilfe eines vergegenständlichten Ergebnisses verwirklicht und realisiert, worin sich gerade die vermittelte Art und Weise der Einbeziehung der Arbeit des einzelnen Menschen in die Gesamtarbeit der Gesellschaft ausdrückt.

Die Hypothese, daß das gesellschaftliche Produkt die ökonomische Ausgangsform des kommunistischen Systems von Beziehungen bildet, bedeutet in Wirklichkeit, daß unter den Bedingungen der kommunistischen Formation die gesellschaftliche Bedeutung der Arbeit sich nicht in Form der Tätigkeit zeigt, sondern in Form des Ergebnisses, d. h. in Form des Seins. Natürlich wird auch in der entwickelten kommunistischen Gesellschaft die Bewegung der Produkte der Arbeitstätigkeit ein Moment der Verbindung zwischen den verschiedenen Arten der Arbeit sein. Aber nicht diese Bewegung wird die gesellschaftliche Bedeutung der Tätigkeit charakterisieren. Im Kommunismus ist die Arbeit unmittelbar auf den Nutzen der gesamten Gesellschaft gerichtet. Das ist Arbeit, die nicht durch äußere Zweckmäßigkeit (und das Produkt drückt eben eine solche Arbeit aus), sondern durch innere Notwendigkeit diktiert ist, Arbeit ohne Erwartung eines Entgelts.

Das alles bedeutet, daß die gesellschaftliche Bedeutung der Arbeit sich nicht durch das Produkt offenbart, sondern im Produktionsprozeß des Produktes. In diesem Falle kann das gesellschaftliche Produkt jedoch nicht als Ausgangsform der Produktionsverhältnisse der kommunistischen Formation angesehen werden. Auch wenn man annimmt, daß der unmittelbar gesellschaftliche Charakter der wirtschaftlichen Tätigkeit wirklich durch das Produkt ausgedrückt wird, dann ist das bei weitem noch keine hinlängliche Begründung für die Schlußfolgerung, daß eben dieses Produkt auch als Ausgangsform für das System der Produktionsverhältnisse des Kommunismus auftreten muß. Im Produkt materialisiert sich das ganze System der Produktionsverhältnisse. Die Frage besteht jedoch gerade darin, deren Ausgangsproduktionsverhältnis zu bestimmen.

Aber es entsteht noch eine Schwierigkeit: Auf welche Weise sind die Unterschiede zwischen dem Ausgangsproduktionsverhältnis und dem grundlegenden Produktionsverhältnis eines Systems festzustellen, wenn man das gesellschaftliche Produkt als Ausgangsproduktionsverhältnis annimmt? Das grundlegende Produktionsverhältnis – das ist der herrschende Zusammenhang im System gegebener Beziehungen, während das Ausgangsproduktionsverhältnis das allgemeinste ökonomische Fundament dieses Systems darstellt. Wenn jedoch das Produkt allgemein als Ausgangsproduktionsverhältnis angenommen wird, dann kann das grundlegende Produktionsverhältnis sich davon nur quantitativ unterscheiden, d. h. einen Teil des Produktes darstellen. In diesem Falle läßt sich jedoch ein qualitativer Unterschied zwischen dem Ausgangsproduktionsverhältnis und dem grundlegenden Produktionsverhältnis niemals feststellen.[71]

Eine Reihe von Ökonomen nimmt an, daß die Planmäßigkeit die Ausgangsform der kommunistischen Produktionsverhältnisse darstellt[72], weil die Planmäßigkeit die allgemeinste Bewegungsform der sozialistischen Ökonomik zum Ausdruck bringt. Erstens sind jedoch gewisse Elemente der Planmäßigkeit, die im höchsten Stadium des Kapitalismus entstehen, durch den gesellschaftlichen Charakter der Produktion bedingt. Sie entstammen nicht dem gesellschaftlichen Charakter der Eigentumsbeziehungen und drücken ihn auch nicht aus. Der Kapitalismus schafft keine realen Elemente der Planmäßigkeit (weil er die gesellschaftliche Aneignung der Ergebnisse der Produktion im Interesse der gesamten Gesell-

[71] Einige Anhänger dieser Auffassung machen den Versuch, die ökonomische Bestimmtheit der Ausgangsform der Produktionsverhältnisse der kommunistischen Formation zu konkretisieren. L. Evstigneeva z. B. behauptet, daß das Produkt des sozialistischen eigenverantwortlichen Betriebes eine solche Form ist, die den Warencharakter mit dem unmittelbar gesellschaftlichen Charakter des Produktes verbindet. (Siehe L. Evstigneeva, Die logische Ausgangskategorie der politökonomischen Forschung, in: Voprosy ekonomiki, Nr. 6/ 1968, S. 100) Hier wird aber nur die Spezifik der Ausgangsform des Systems der Produktionsverhältnisse unterstrichen, weil nur das sozialistische Stadium zur Diskussion steht.

[72] Siehe Voprosy ekonomiki, Nr. 6/1962, S. 83, 85.

schaft ausschließt), sondern nur materielle Voraussetzungen für die Planmäßigkeit, zu denen insbesondere organisatorische Formen zur Regulierung der kapitalistischen Ökonomik gehören. (Diese Überlegung widerlegt natürlich nicht die Behauptung von der Planmäßigkeit als Ausgangsform des sozialistischen Systems von Beziehungen, sie präzisiert einige Kriterien, die für die Untersuchung dieses Problems notwendig sind. Es geht darum, daß man bei der Bestimmung des Ausgangsproduktionsverhältnisses nicht unbedingt fertige ökonomische Formen im Auge haben muß, weil fertige Formen im Kapitalismus überhaupt nicht entstehen, sondern nur deren materielle Voraussetzungen.)

Zweitens beweist die Tatsache, daß die Planmäßigkeit wirklich als allgemeine Bewegungsform der sozialistischen Ökonomik auftritt, nicht, daß sie als deren Ausgangsproduktionsverhältnis angesehen werden kann. Die Planmäßigkeit ist nicht die einzige allgemeine Bewegungsform der sozialistischen Ökonomik. Außerdem kann nicht jede allgemeine ökonomische Form zum Ausgangsproduktionsverhältnis werden. Indessen ist gerade die Planmäßigkeit eher eine abstrakte Gesamtheit, d. h., sie tritt als allgemeiner Gattungsbegriff auf, der allen ökonomischen Formen des Systems der Produktionsverhältnisse der kommunistischen Formation eigen ist. Wenn das aber so ist, warum kann dann z. B. die im Maßstab der gesamten Gesellschaft assoziierte Form des Produktionsprozesses, die ebenfalls ein allgemeines Kennzeichen aller ökonomischen Formen der kommunistischen Ökonomik darstellt, nicht zur Ausgangsform der kommunistischen Ökonomik werden?

Das Ausgangsproduktionsverhältnis ist nicht nur eine allgemeine, sondern auch die einfachste Beziehung eines gegebenen Systems, dessen einfachste Konkretheit, die als völlig autonome Bildung analysiert werden kann. Die Untersuchung der hauptsächlichen Kennzeichen und Eigenschaften dieses Verhältnisses erfolgt unabhängig von der Untersuchung jener Züge und Kennzeichen des Systems als Ganzes, welches die Ausgangsform des gegebenen Produktionsverhältnisses darstellt. Karl Marx untersucht die Warenbeziehung gerade als einfachste Konkretheit; er analysiert sie als solche, ohne in irgendeiner Form die Kategorien heranzuziehen, die dem Kapitalismus eigen sind.

Es fragt sich, ob man die Planmäßigkeit als einfachste Konkretheit, d. h. für sich ohne Heranziehung anderer Beziehungen, die der kommunistischen Ökonomik eigen sind, untersuchen kann? Wir meinen, daß das nicht möglich ist. Die Planmäßigkeit ist keine Beziehung, die das Fundament der kommunistischen Formation charakterisiert. Sie ist eine sehr komplizierte Konkretheit, die die Analyse einer Reihe von Formen der kommunistischen Ökonomik erfordert. Die Planmäßigkeit ist nicht Voraussetzung des kommunistischen Systems, sondern einer seiner grundlegenden Züge, der mit anderen, dem Kommunismus immanenten Zügen, im Zusammenhang steht. Deshalb kann man die Planmäßigkeit auch nicht als selbständige ökonomische Form untersuchen, die der entwickelten kommunistischen Gesellschaft vorausgeht. Bei der Analyse der Planmäßigkeit haben wir unmittelbar die kommunistische Formation als funktionierendes System von Beziehungen (wenngleich im ersten Stadium der Entwicklung) vor Augen und nicht die Schwelle zum Kommunismus. Die Planmäßigkeit ist organisch mit dem Gesetz der planmäßigen proportionalen Entwicklung der Volkswirtschaft verbunden, man kann sie jedoch nicht als Gesetz des Systems von Produktionsverhältnissen auffassen, die dem Sozialismus vorangehen, analog z. B. dem Wertgesetz, das wirklich unmittelbar die Beziehungen ausdrückt, die dem Kapitalismus vorausgehen.[73]

Damit kann die Planmäßigkeit nicht als ökonomische Ausgangsform des kommunistischen Systems von Beziehungen als Ganzes angesehen werden.

Welche ökonomische Form aber ist die Ausgangsform für das System der Produktionsverhältnisse des Kommunismus? Um diese Frage zu beantworten, definieren wir die ökonomische Form, die die Bedingung sowohl für die Existenz der Planmäßigkeit als auch für die unmitelbare Verwandlung des Produktes einzelner ökonomischer Glieder in ein Element des gesellschaftlichen Gesamtproduktes darstellt. Als eine solche Form tritt der unmittelbar gesellschaftliche Zusammenhang der Produktion auf, d. h. der unmittelbar gesellschaftliche Charakter der Arbeitstätigkeit. Dieser muß nach unserer Mei-

[73] Ausführlicher vgl. hierzu das folgende Kapitel.

nung auch als Ausgangsform für das System der Produktionsverhältnisse der kommunistischen Formation angesehen werden.

Die kapitalistische Produktionsweise erwächst mit Notwendigkeit aus der Wertform des Zusammenhanges, die ihm vorausgeht und die im Kapitalismus ihre volle Entwicklung erfährt. Karl Marx unterstrich: „Die Wertform des Arbeitsprodukts ist die abstrakteste, aber auch allgemeinste Form der bürgerlichen Produktionsweise, die hierdurch als eine besondere Art gesellschaftlicher Produktion und damit zugleich historisch charakterisiert wird.“ [74] Im Gegensatz zur einfachen Warenproduktion entsteht und existiert die kapitalistische Produktionsweise jedoch als kooperative Form des Arbeitsprozesses. Die Entwicklung des Kapitalismus ist von einer Ausweitung und Vervollkommnung dieser Form begleitet, die charakteristisch, typisch und absolut beherrschend wird. Die kooperative Form der Arbeit aber charakterisiert diese als gemeinschaftliche, d. h. unmittelbar gesellschaftliche Arbeit. Anfangs bestimmt sie den Charakter der Arbeit innerhalb einzelner, verhältnismäßig kleiner kapitalistischer Betriebe. Die Konzentration der kapitalistischen Produktion erweitert den Rahmen der unmittelbaren gesellschaftlichen Arbeit. Es entsteht und entwickelt sich die Tendenz zur Überwindung der Isolierung, zur Vereinigung einzelner Prozesse der Produktion in einen einheitlichen gesellschaftlichen Prozeß. Eben in diesem Sinne muß man unbedingt die Aussage von Karl Marx verstehen, daß „die kapitalistische Warenproduktion die Basis der Warenproduktion beseitigt, die isolierte, unabhängige Produktion sowie den Umfang der Warenbesitzer oder der Äquivalente“.[75]

[74] K. Marx, Das Kapital, Erster Band, in: Marx/Engels, Werke, Bd. 23, S. 95.
Einige Ökonomen meinen, daß die unmittelbar gesellschaftliche Form des Zusammenhangs unbedingt aus der Planmäßigkeit erwächst (siehe Voprosy ekonomiki, Nr. 10/1965, S. 69; ebenda, Nr. 6/1962, S. 85). Uns scheint, daß man unbedingt umgekehrt vorgehen muß. Die Planmäßigkeit ist die Form, in der sich der unmittelbar gesellschaftliche Charakter der Arbeit ausdrückt, nicht aber ist die unmittelbar gesellschaftliche Arbeit Ausdruck von Planmäßigkeit.

[75] Marx-Engels-Archiv, Bd. II, S. 185 (russ.).

Die Entwicklung des Kapitalismus, besonders unter den Bedingungen der Herrschaft der Monopole, schafft ein so hohes Niveau realer Vergesellschaftung der Produktion, daß die Wertform untergraben wird. Sie ist nicht länger imstande, den gesellschaftlichen Zusammenhang zwischen den verschiedenen Gliedern der Produktion herzustellen. Neben ihr und als direkter Gegensatz zu ihr entsteht und entwickelt sich die unmittelbare Form des Zusammenhanges, anfangs noch als Tendenz, die aus den materiellen Bedingungen erwächst, welche durch den außergewöhnlich hohen Grad der Konzentration und Zentralisation der Produktion entstanden sind. Diese Form des Zusammenhangs ist die Voraussetzung für den Sozialismus, für dessen Embryonalform, die in sich die genetische Information des gesamten künftigen sozial-ökonomischen Organismus trägt. Natürlich erscheint der unmittelbar gesellschaftliche Zusammenhang, dessen Elemente im Kapitalismus zu entstehen beginnen, als die Form, die sich im Widerspruch zu allen Bedingungen der kapitalistischen Produktionsweise befindet. Marx schrieb jedoch, daß man nicht alles als spezifisch kapitalistisch bezeichnen kann, was sich in der kapitalistischen Form entwickelt hat.[76]

Die unmittelbar gesellschaftliche Form des Zusammenhangs entsteht vor dem Sozialismus, geht ihm voraus. Sie ist jedoch nicht ausgereift, sondern nur eine Tendenz, die aus der Herrschaft der kooperativen Form des Arbeitsprozesses erwächst.

Die Festigung des unmittelbar gesellschaftlichen Zusammenhangs als allgemeinste Form, die der gesamten ökonomischen Ordnung von Eigentumsbeziehungen entspricht, stellt den Hauptinhalt der sozialistischen Vergesellschaftung der Produktion dar, der die gesamte Übergangsperiode und die gesamte erste Phase der kommunistischen Formation umfaßt. Erst in seiner höchsten Phase erreicht dieser Prozeß seine volle Entfaltung. Hier wird er zur allgemeinsten und einzigen Form, die ihrerseits das Fundament der kommunistischen Gesellschaft bildet, die sich nunmehr auf ihrer eigenen Grundlage entwickelt. Auf der Grundlage der ökonomischen Ausgangsform erwächst und entwickelt sich das gesamte System der

[76] K. Marx, Das Kapital, Dritter Band, in: Marx/Engels, Werke, Bd. 25, S. 401.

kommunistischen Produktionsverhältnisse, insbesondere das grundlegende Produktionsverhältnis der kommunistischen Formation.

Im Sozialismus existiert die unmittelbar gesellschaftliche Form des Zusammenhangs als Ausgangsproduktionsverhältnis der kommunistischen Formation im Zustand des Werdens, weil hier auch weiterhin Elemente von materiellen Voraussetzungen erhalten bleiben, die aus vorangegangenen Epochen überkommen sind, sowie auch einige wichtige Elemente von Produktionsverhältnissen, die auf dieser Grundlage existieren. Damit wird eine spezifische Ausdrucksform des unmittelbar gesellschaftlichen Zusammenhanges der Produktion begründet, die den Bedingungen der ersten Phase der kommunistischen gesellschaftlich-ökonomischen Formation entspricht.

Das grundlegende Produktionsverhältnis der kommunistischen Formation

Im System der ökonomischen Beziehungen der Gesellschaft existiert immer eine hauptsächliche Beziehung, die das Wesen der ökonomischen Ordnung sowie die bestimmende Richtung und den Charakter ihrer Entwicklung charakterisiert. Diese hauptsächliche Beziehung ist das grundlegende Produktionsverhältnis.

Das Problem des grundlegenden Produktionsverhältnisses wurde zuerst von Karl Marx gestellt und gelöst. Bei der Untersuchung der ökonomischen Struktur der kapitalistischen Produktion wies er nach, daß deren grundlegendes Produktionsverhältnis das Verhältnis der Ausbeutung von Lohnarbeit durch das Kapital ist. Marx zeigte, „wie das Verhältnis von Kapital und Lohnarbeit den ganzen Charakter der Produktionsweise bestimmt“[77]. Das Verhältnis der Ausbeutung von Lohnarbeit durch das Kapital durchdringt alle Seiten

[77] Ebenda, S. 886/887.
Als Marx das Wesen der kapitalistischen Produktion charakterisierte, maß er in einer Reihe von Ausführungen der Lohnarbeit erstrangige Bedeutung bei. „In diesem Widerspruch“ (d. h. dem Widerspruch zwi-

des kapitalistischen Produktionsprozesses, alle spezifischen Beziehungen einzelner Elemente der ökonomischen Struktur des Kapitalismus, bestimmt die historische Tendenz seiner Entwicklung und wird zum allgemeinsten Wesen aller spezifischen Gesetze und Kategorien der bürgerlichen Ökonomie.

Die erstrangige methodologische Bedeutung der Erforschung des grundlegenden Produktionsverhältnisses des Kapitalismus besteht darin, daß Marx das Wesen dieses Verhältnisses vor allem in der Sphäre der kapitalistischen Produktion aufgedeckt hat, die den materiellen Prozeß darstellt, dessen Sinn in der Schaffung von Mehrwert besteht. Die Produktion von Mehrwert als Ausdruck des grundlegenden Produktionsverhältnisses, als Verhältnis der Ausbeutung von Lohnarbeit durch das Kapital, bestimmt die gesamte Bewegung des kapitalistischen Wirtschaftssystems, seine gesamte technische und gesellschaftliche Ordnung.

Karl Marx untersuchte das grundlegende Produktionsverhältnis des Kapitalismus und dessen Erscheinungsformen auf der Grundlage einer Analyse der Bewegung spezifisch kapitalistischer Formen von Elementen der Wertstruktur, des gesellschaftlichen Gesamtprodukts der kapitalistischen Gesellschaft, durch die das grundlegende Produktionsverhältnis der kapitalistischen Produktion eine gegenständliche Existenz erhält, die in bestimmter materiell-faßbarer Form realisiert wird

schen Lohnarbeit und Kapital. A. P.), schrieb Marx, „sprach die politische Ökonomie bloß das Wesen der kapitalistischen Produktion aus, oder, wenn man will, der Lohnarbeit aus; der sich selbst entfremdeten Arbeit, der der von ihr geschaffne Reichtum als fremder Reichtum, ihre eigne Produktivkraft als Produktivkraft ihres Produkts, ihre Bereicherung als Selbstverarmung, ihre gesellschaftliche Macht als Macht der Gesellschaft über sie gegenübertritt." (K. Marx, Theorien über den Mehrwert, Dritter Teil, in: Marx/Engels, Werke, Bd. 26, 3, Berlin 1968, S. 255) Die These unterstreicht auch Engels in seiner Rezension zum Ersten Band des „Kapitals": „Das Verhältnis von Kapital und Arbeit, die Angel, um die sich unser ganzes heutiges Gesellschaftssystem dreht, ist hier zum ersten Mal wissenschaftlich entwickelt ..." (F. Engels, Rezension des Ersten Bandes „Das Kapital", für das „Demokratische Wochenblatt", in: Marx/Engels, Werke, Bd. 16, Berlin 1968, S. 235).

und einer quantitativen Bestimmung unterliegt. Anders gesagt, es stellt die unlösbare Einheit des materiell-stofflichen Inhalts und der sozialen Form dar. Marx schrieb: „Wie alle seine Vorgänger, geht der kapitalistische Produktionsprozeß unter bestimmten materiellen Bedingungen vor sich, die aber zugleich Träger bestimmter gesellschaftlicher Verhältnisse sind, welche die Individuen im Prozeß ihrer Lebensreproduktion eingehen."[78]

Marx deckte die unlösbare Einheit der materiellen Faktoren der Produktion von Existenzmitteln mit bestimmten gesellschaftlichen Verhältnissen auf, in die die Individuen eintreten. Der Teil des Produktes, der das Mehrprodukt enthält und der in der spezifisch kapitalistischen Form als Mehrwert auftritt, ist der unmittelbare materielle Ausdruck des grundlegenden Produktionsverhältnisses des Kapitalismus. Gerade die Produktion dieses Teils des Produktes, seine Bewegung durch die verschiedenen Phasen und Sphären der Reproduktion, seine Realisierung und schließliche Nutzung bestimmen unmittelbar alle Seiten der kapitalistischen Reproduktion. Was die notwendigen Faktoren für seine Produktion (des Produkts d. Übers.) angeht, so drücken sie unmittelbar nur das grundlegende Produktionsverhältnis des Kapitalismus aus. Sie sind spezifische Formen, die durch die Produktion und Reproduktion des Mehrwerts begründet sind.

Es ist unschwer zu erkennen, daß Karl Marx bei der Untersuchung des grundlegenden Produktionsverhältnisses des Kapitalismus dieses vor allem als Produktionsverhältnis betrachtete, d. h. als Verhältnis, das zwischen den Agenten der Produktion und in den Beziehungen zur Produktion auftritt. Und weil es ein Produktionsverhältnis ist, schlägt es sich zwangsläufig in einer bestimmten ökonomischen Kategorie nieder, die in ihrer allgemeinsten Form die Ausbeutung von Lohnarbeit durch das Kapital ausdrückt. Folglich läßt sich das grundlegende Produktionsverhältnis nur in organischem Zusammenhang mit dem Produktionsprozeß, mit dem Prozeß der Produktion des Produktes, insbesondere des Mehrproduktes, betrachten.

[78] K. Marx, Das Kapital, Erster Band, in: Marx/Engels, Werke, Bd. 25, S. 827.

Damit ist die Ausbeutung von Lohnarbeit durch das Kapital das grundlegende Produktionsverhältnis der kapitalistischen Produktionsweise. Die Ausbeutung wird materiell in einem bestimmten Teil der vergegenständlichten gesellschaftlichen Arbeit fixiert, der in der spezifischen Form des Mehrwerts existiert und der alle wesentlichen Beziehungen der kapitalistischen Produktionsverhältnisse, der Distribution und des Austausches, sowie die ökonomiche Ordnung und die Klassenstruktur des Kapitalismus zum Ausdruck bringt.

Die von Karl Marx vorgenommene Ausarbeitung des grundlegenden Produktionsverhältnisses des Kapitalismus hat prinzipielle Bedeutung für die Lösung des Problems des grundlegenden ökonomischen Verhältnisses der sozialistischen Gesellschaft. Wie wird dieses Problem in der ökonomischen Literatur gelöst?

In der ersten Zeit glaubten viele Ökonomen, daß die Beziehungen der kameradschaftlichen Zusammenarbeit und der sozialistischen gegenseitigen Hilfe das grundlegende Produktionsverhältnis des Sozialismus darstellen. Diesen Gesichtspunkt teilen einige Autoren auch heute noch.[79] Sein Wert besteht darin, daß er wirklich einen der wesentlichsten und allgemeinsten Züge der sozialistischen Organisation der gesellschaftlichen Beziehungen formuliert, der diese grundlegend von den antagonistischen Formen der Organisation der Gesellschaft unterscheidet, deren allgemeinstes Kennzeichen Beziehungen der Herrschaft und der Unterordnung waren.

Erstens charakterisieren die Beziehungen der kameradschaftlichen Zusammenarbeit und der gegenseitigen Hilfe jedoch nicht die Spezifik der kommunistischen Organisation der Produktion. Sie drücken überhaupt eine solche Ordnung der Beziehungen aus, der Ausbeutung und eine antagonistische Klassenstruktur fremd sind. Daher charakterisieren die Beziehungen der kameradschaftlichen Zusammenarbeit die kommunistische Organisation in ihrer allgemeinsten Form; die

[79] Siehe J. J. Kuz'minov, Očerki političeskoj ekonomii socializma, Moskau 1971, S. 130; Sammelband: Metodologičeskie problemy ekonomičeskoj nauki, Moskau 1967, S. 11; V. N. Čerkovec, Metodologičeskie principy političeskoj ekonomii kak naučnoj sistemy, Moskau 1965, S. 195.

Spezifik ihrer Produktionsverhältnisse wird aber gerade nicht erfaßt. Zweitens sind die Beziehungen der kameradschaftlichen Zusammenarbeit und gegenseitigen Hilfe eher zur Charakterisierung des gesamten Systems kommunistischer gesellschaftlicher Beziehungen geeignet. Dabei ist aber das grundlegende Produktionsverhältnis vor allem ein ökonomisches Verhältnis. Drittens muß das grundlegende ökonomische Verhältnis des Sozialismus einen Hinweis auf die Einheit des Produktionsprozesses und dessen bestimmte soziale Form enthalten. In der vorliegenden Formulierung ist das jedoch nicht enthalten. Und schließlich viertens muß das grundlegende Produktionsverhältnis mit einer bestimmten ökonomischen Kategorie verbunden sein, in der in allgemeiner Form die wichtigsten Charakteristika der ökonomischen Struktur der sozialistischen Gesellschaft enthalten sind. Marx verbindet die Untersuchung des grundlegenden Produktionsverhältnisses des Kapitalismus mit der Kategorie des Mehrwerts. Dadurch wird eine Einheit zwischen dem grundlegenden Produktionsverhältnis und dem Grundgesetz der kapitalistischen Produktionsweise hergestellt. Formulieren wir jedoch das grundlegende Produktionsverhältnis des Sozialismus als Beziehungen der kameradschaftlichen Zusammenarbeit und gegenseitigen Hilfe, begeben wir uns der Möglichkeit, dieses Verhältnis unmittelbar mit einer bestimmten ökonomischen Kategorie des Sozialismus zu verbinden, weil alle Beziehungen im Sozialismus in diesem oder jenem Maße dieses Verhältnis widerspiegeln. Dabei werden die Beziehungen der kameradschaftlichen Zusammenarbeit und der gegenseitigen Hilfe auch durch nichtökonomische Kategorien ausgedrückt (Freundschaft der Völker, Sowjetpatriotismus und ähnliches).

Viele Ökonomen behaupten, daß das sozialistische Volkseigentum an den Produktionsmitteln das grundlegende Produktionsverhältnis der sozialistischen Gesellschaft darstellt. L. Ljubošic schreibt z. B.: „Die Oberhoheit des allgemeinen Volkseigentums, die die ganze sozialistische Ökonomie einheitlich zu einem Ganzen zusammenhält . . ., bestimmt das grundlegende Produktionsverhältnis der sozialistischen Gesellschaft." Er unterstellt, daß im Sozialismus das grundlegende Produktionsverhältnis „das Verhältnis des unmittelbaren Produzenten und der Gesellschaft als Ganzes ist, als einheitlicher

Assoziation von Produzenten, weil gerade die Gesellschaft als Ganzes im Sozialismus Eigentümer der entscheidenden Produktionsbedingungen ist"[80]. Ja. Kronrod bemerkt: „Die Eigentumsverhältnisse an Produktionsmitteln kann man als führende, bestimmende Beziehungen im System der Produktionsverhältnisse, d. h. als grundlegendes Produktionsverhältnis im kategorischen Sinne dieses Wortes auffassen."[81] Dabei unterstreicht er, daß das allgemeine Volkseigentum an den Produktionsmitteln als grundlegendes Produktionsverhältnis des Sozialismus auftritt.

Unserer Meinung nach ist der Blick auf das sozialistische Eigentum als grundlegendes Produktionsverhältnis des Sozialismus kaum richtig.

Das grundlegende Produktionsverhältnis drückt das Wesen des Systems der ökonomischen Beziehungen einer Formation im gesamten Verlauf ihrer historischen Entwicklung aus. Wenn man sagt, daß das Verhältnis der Ausbeutung von Lohnarbeit durch das Kapital das grundlegende Produktionsverhältnis der kapitalistischen Gesellschaft darstellt, dann meint man nicht irgendein einzelnes Stadium in der Entwicklung des Kapitalismus, sondern die kapitalistische Formation als Ganzes. Für die gesamte Geschichte der kapitalistischen Produktionsweise, von ihrer Entstehung bis zu ihrem Untergang, ist die Ausbeutung von Lohnarbeit durch das Kapital die wichtigste und hauptsächliche Beziehung.

Das bedeutet, daß das grundlegende Produktionsverhältnis nicht irgendeine einzelne Phase in der Entwicklung der kommunistischen Formation, sondern die gesamte kommunistische Formation als Ganzes charakterisieren muß, weil Sozialismus und Kommunismus nur verschiedene Phasen ein und desselben Wesens darstellen. Daher kann man von verschiedenen Erscheinungsformen ein und desselben Wesens im sozialistischen Stadium und unter den Bedingungen des Kommunismus, von verschiedenen Existenzformen eines für die gesamte Formation geltenden grundlegenden Produktions-

80 L. J. Ljubošic, Obščie specifičeskie ekonomičeskie zakony, Moskau 1959, S. 111.

81 Ja. A. Kronrod, Osnovnoe proizvodstvennoe otnošenie i ekonomičeskij zakon dviženija socializma, in: Voprosy ekonomiki, Nr. 4/1962, S.105.

verhältnisses sprechen. Das zum ersten. Zum zweiten existieren im Sozialismus zwei Hauptsektoren im System der sozialistischen Produktion, der staatliche und der genossenschaftlich-kollektivwirtschaftliche, die sich im Reifegrad der ökonomischen Beziehungen unterscheiden. Spricht man jedoch vom grundlegenden Produktionsverhältnis, das einheitlich für die gesamte kommunistische Formation sein muß, dann heißt das, daß die ökonomischen Beziehungen des Sozialismus als organische Einheit betrachtet werden müssen. Deshalb muß die Formulierung des grundlegenden Produktionsverhältnisses nicht das widerspiegeln, was die zwei verschiedenen Sektoren der sozialistischen Produktion unterscheidet, sondern das, was sie vereint, das, was die Entwicklungstendenz beider Sektoren der sozialistischen Produktion in Richtung auf den Kommunismus bestimmt. Aus dem Gesagten folgt, daß das grundlegende Produktionsverhältnis des Sozialismus ein Verhältnis ist, das das Wesen der kommunistischen Formation als Ganzes zum Ausdruck bringt. Dabei drückt es im sozialistischen Entwicklungsstadium das allgemeine Wesen des ganzen Systems der Produktionsverhältnisse sowohl im staatlichen als auch im genossenschaftlich-kollektivwirtschaftlichen Sektor der Produktion aus.

Das sozialistische Volkseigentum spielt tatsächlich die führende Rolle im System der Volkswirtschaft. Ungeachtet dessen ist seine Form sozialistisch und nicht kommunistisch. In ihm sind solche Züge enthalten, die den kommunistischen Eigentumsverhältnissen eigen sind, aber auch Züge, die beim Übergang vom Sozialismus zum Kommunismus überwunden werden, weil sie es gerade als sozialistische Form der Produktion charakterisieren. Zu unterstellen, daß unter den gegenwärtigen Umständen das sozialistische Eigentum kommunistisch ist, bedeutet, dessen Entwicklung zu verneinen, bedeutet zu behaupten, daß im sozialistischen Sektor der Volkswirtschaft sich bereits reife kommunistische Züge herausgebildet haben. Die Formulierung des grundlegenden Produktionsverhältnisses des Kommunismus muß aber das allgemeine Wesen der kommunistischen Formation als Ganzes zum Ausdruck bringen.

Eine andere Unzulänglichkeit der Auffassung vom allgemeinen sozialistischen Volkseigentum als grundlegendem

Produktionsverhältnis besteht hauptsächlich in der Ignorierung des genossenschaftlich-kollektivwirtschaftlichen Eigentums. Ist diese Eigentumsform vom Prinzip her etwa nicht sozialistisch, sind ihr irgendwelche wesentlichen Züge fremd, die die sozialistische Organisation der Produktion überhaupt charakterisieren? Die Antwort auf diese Frage kann nur sein: Die genossenschaftlich-kollektivwirtschaftliche Eigentumsform ist eine vollwertige Form der sozialistischen Produktion. Warum soll man also bei der Bestimmung des grundlegenden Produktionsverhältnisses des Sozialismus nur das allgemeine Volkseigentum betrachten? Tatsache ist natürlich, daß das allgemeine Volkseigentum die führende Eigentumsform im Sozialismus ist. Tatsache ist aber auch, daß das genossenschaftlich-kollektivwirtschaftliche Eigentum sozialistisch ist. Das bedeutet, daß ihm auch jene Züge eigen sind, die den Sozialismus als erste Phase der kommunistischen Formation kennzeichnen. Könnten wir aber möglicherweise den Schwierigkeiten nicht aus dem Wege gehen, indem wir von den verschiedenen Formen des Eigentums innerhalb des sozialistischen Entwicklungsstadiums und auch von den Besonderheiten des sozialistischen Eigentums innerhalb der kommunistischen Formation als Ganzes abstrahieren?

Vielleicht sind die Eigentumsverhältnisse der Formation als Ganzes das grundlegende Produktionsverhältnis der kommunistischen Formation, weil ihr bestimmte allgemeine Züge eigen sind, die in dieser oder jener Form den Eigentumsverhältnissen auch im sozialistischen Entwicklungsstadium eigen sind? Diese Annahme ist theoretisch gerechtfertigt, weil Sozialismus und Kommunismus Phasen innerhalb der gleichen Formation sind und eine gemeinsame Grundlage haben. Diese Annahme könnte jedoch eher zur Überwindung der genannten Unzulänglichkeiten in der vorliegenden Konzeption als einer formal-logischen als aus einer auf das Wesen zielenden Betrachtungsweise beitragen.

Sie ist auf eine fehlerhafte Vorstellung vom Inhalt der Eigentumsverhältnisse und von ihrem Platz im System der Produktionsverhältnisse gegründet.

Weil die Eigentumsverhältnisse an den Produktionsmitteln im Sozialismus die ökonomische Struktur der sozialistischen Gesellschaft als Ganzes, ihre ökonomische Basis charakterisieren, deshalb können sie nicht als grundlegendes Produktionsverhältnis auftreten. Ähnlich wie die privatkapitalistischen Eigentumsverhältnisse, die die ökonomische Ordnung der kapitalistischen Gesellschaft charakterisieren, noch keine Antwort auf die Frage geben, welches das grundlegende Produktionsverhältnis des Kapitalismus ist, so geben die sozialistischen Eigentumsverhältnisse keine unmittelbare Antwort auf die Frage nach dem grundlegenden Produktionsverhältnis des Sozialismus. Letzteres ist in den Eigentumsverhältnissen als das Wesentliche dieser Verhältnisse enthalten.

Der Hinweis darauf, daß das sozialistische Eigentum an den Produktionsmitteln das Wesen der sozialistischen Produktion im Unterschied zu den antagonistischen Formen der Produktion charakterisiert, ist das allgemeinste Charakteristikum der sozialistischen Produktionsverhältnisse, das alle ökonomischen Beziehungen in der sozialistischen Gesellschaft umfaßt. Aber in der Vielfalt dieser Beziehungen muß man eben unbedingt auch das hauptsächliche, herrschende Verhältnis, d. h. das grundlegende Produktionsverhältnis, bestimmen. Welches Verhältnis im System der sozialistischen Eigentumsbeziehungen ist das grundlegende, das das Funktionieren und die Entwicklung der kommunistischen Formation als Ganzes bestimmt?

Bei der Lösung dieser Frage muß man von der Ausgangsform des kommunistischen Systems von Produktionsbeziehungen, von der Form des unmittelbar gesellschaftlichen Zusammenhanges der Produktion ausgehen. Wie festgestellt wurde, entsteht die Form des unmittelbar gesellschaftlichen Zusammenhanges im Kapitalismus. Der Prozeß der kapitalistischen Vergesellschaftung der Produktion selbst stellt nichts anderes dar als deren Entstehung und Entwicklung. Diese Form kann jedoch innerhalb der Grenzen der kapitalistischen Verhältnisse nicht zur herrschenden, vor allem nicht zur einzigen werden, weil ihr das privatkapitalistische System der Aneignung entgegensteht. Damit die unmittelbar gesellschaftliche Form sich in die allumfassende verwandelt, muß das System der kapitalistischen Aneignung, d. h. das System der Ausbeutung von Lohnarbeit durch das Kapital, unbedingt beseitigt werden. Aber welche Beziehungen können und müssen an ihre Stelle treten?

Die Form des unmittelbar gesellschaftlichen Zusammenhanges, deren Elemente sich im Kapitalismus entwickeln, ist ein Produkt, das auf der Grundlage der Überwindung materieller Wertbeziehungen entsteht. Letztere haben sich im Ergebnis der Zersetzung unmittelbar gesellschaftlicher Verhältnisse auf der Grundlage persönlicher Beziehungen entwickelt. Die unmittelbar gesellschaftliche Beziehung, die im Kapitalismus entsteht, konnte sich nur in einer Richtung entwickeln, nämlich in Richtung auf eine allseitige Ausweitung der Beziehungen unmittelbarer Zusammenarbeit, die der kooperativen Form des Produktionsprozesses immanent ist und die sich auch im unmittelbaren gesellschaftlichen Zusammenhang niederschlägt. Die Überwindung der Grenzen des Kapitals bedeutet, die Kooperation im Maßstab der gesamten Gesellschaft auszuweiten, d. h. die unmittelbare Zusammenarbeit in die allgemeine Form zu verwandeln, die den gesamten gesellschaftlichen Produktionsprozeß umfaßt.

Folglich ist eines der wichtigsten Ergebnisse der Entwicklung des unmittelbar gesellschaftlichen Zusammenhanges die Ausweitung der unmittelbaren Zusammenarbeit im Rahmen der gesamten Gesellschaft. In dem Maße jedoch, in dem die dafür notwendigen Voraussetzungen geschaffen werden, wird die unmittelbare Zusammenarbeit, die die Gesellschaft umfaßt, zu einer Form, in der sich die sozial-ökonomische Gleichheit aller ihrer Mitglieder verwirklicht. An die Stelle einer formalen Gleichheit im System der Warenproduktion des Kapitalismus tritt eine faktische Gleichheit, die die vollständige Befriedigung der Bedürfnisse allseitig entwickelter Individuen bedeutet. Der einzige Unterschied, der zwischen ihnen verbleibt, ist der Unterschied in den Bedürfnissen.

Im Ergebnis der vollständigen Entwicklung jener Potenzen, die im unmittelbar gesellschaftlichen Zusammenhang liegen – anstelle des Ausbeutungsverhältnisses von Lohnarbeit durch das Kapital, welches das grundlegende Produktionsverhältnis der ökonomischen Struktur des Kapitalismus darstellt –, entsteht die unmittelbare Zusammenarbeit als Methode (Form) zur Verwirklichung der vollen ökonomischen Gleichheit, die auch das grundlegende Produktionsverhältnis des Kommunismus bildet. In diesem erfährt die unmittelbare gesellschaftliche Form ihre vollständigste, folgerichtigste und am höchsten entwickelte Verkörperung, ähnlich wie die Warenform der Beziehungen ihre Verkörperung in den Ausbeutungsverhältnissen von Lohnarbeit durch das Kapital gefunden hat.

Wenn aber dieses Verhältnis als vollständigste und folgerichtigste Verkörperung des unmittelbar gesellschaftlichen Zusammenhanges auftritt, können auf der anderen Seite all jene politischen und ökonomischen Veränderungen, die den Prozeß der Festigung des Systems von Produktionsverhältnissen der kommunistischen Gesellschaft charakterisieren, nur insoweit verwirklicht werden, wie sie der folgerichtigen Entwicklung dieser Form des Zusammenhanges dienen. Folglich sind sowohl das System der kommunistischen Beziehungen als Ganzes wie auch dessen grundlegendes Produktionsverhältnis durch die Ausgangsform, die Form der unmittelbar gesellschaftlichen Arbeit, vorausbestimmt. Gleichzeitig ist das grundlegende Produktionsverhältnis des Kommunismus ein qualitativ neues Element, das selbst noch nicht in der unmittelbar gesellschaftlichen Form des Zusammenhanges enthalten ist. Es entsteht auf deren Grundlage. Diese Entstehung ist jedoch durch ein ganzes System von Umwälzungen in den ökonomischen Beziehungen bedingt.

Das grundlegende Produktionsverhältnis durchdringt alle Seiten der gesellschaftlich-ökonomischen Entwicklung innerhalb der kommunistischen Formation als Ganzes, bildet deren zentrale Achse und ist der Hauptfaktor ihrer Bewegung. Alle übrigen Beziehungen werden so oder so durch das Prisma dieser Hauptbeziehung gebrochen und werden durch sie beeinflußt.

Das grundlegende Produktionsverhältnis schlägt sich immer in einer bestimmten ökonomischen Kategorie nieder, die das tiefste Wesen der ökonomischen Beziehungen ausdrückt. Insofern ist das grundlegende Produktionsverhältnis vor allem ein Verhältnis der Produktion, tritt die ökonomische Kategorie, die dieses Verhältnis ausdrückt, als bestimmte spezifisch historische Form des erzeugten Produktes oder eines seiner einzelnen Elemente hervor. Gerade das Produkt oder ein Teil davon ist der materielle Träger der ökonomischen Kategorie, die das grundlegende Produktionsverhältnis ausdrückt.

Welche ökonomische Kategorie drückt das grundlegende Produktionsverhältnis der kommunistischen Formation aus?

Unter den Bedingungen der antagonistischen Gesellschaftsformen fanden die ökonomischen Kategorien, die das grundlegende Produktionsverhältnis ausdrückten, im Mehrprodukt ihren materiellen Ausdruck. Man könnte unterstellen, daß das Mehrprodukt, das in einer spezifisch historischen Form auftritt, die durch die Bedingungen der kommunistischen Formation bestimmt wird, den materiellen Inhalt jener ökonomischen Kategorie bildet, die das grundlegende Produktionsverhältnis der kommunistischen Gesellschaft ausdrückt. Jedoch können Analogien und auch Gegenüberstellungen immer nur annähernd als Orientierungshilfen zur Lösung konkreter Fragen dienen.

Natürlich haben Produktion und Aneignung des Mehrproduktes durch die Gesellschaft unter den Bedingungen des Sozialismus entscheidende Bedeutung für die Akkumulation, die, nach einem Ausdruck von Engels, die Grundlage jeden gesellschaftlichen, politischen und geistigen Fortschritts darstellt.

Lenin unterstrich nicht zufällig in seiner Kritik an der These von N. I. Bucharin, daß unter der Herrschaft des Kapitals die Produktion wegen des Profits und unter der Herrschaft des Proletariats die Produktion zur Befriedigung der gesellschaftlichen Bedürfnisse durchgeführt wird: „S ist Nicht ausreichend. Der Profit befriedigt auch ‚gesellschaftliche' S Bedürfnisse. Man muß sagen: Wo das Mehrprodukt nicht einer Klasse von Eigentümern zufließt, sondern allen Werktätigen und nur ihnen." [82]

Die Produktion des Mehrproduktes erschöpft jedoch nicht den materiellen Inhalt jener Kategorie, die das grundlegende Produktionsverhältnis der kommunistischen Formation als Ganzes ausdrückt. Wenn auch Produktion und Aneignung des Mehrproduktes sehr wesentliche Züge des grundlegenden Produktionsverhältnisses der kommunistischen Formation charakterisieren, so erfassen sie dieses Verhältnis nicht vollständig. Im gesellschaftlichen Produkt sind außer dem Mehrprodukt noch andere Elemente enthalten, die unter sozialistischen und kommunistischen Bedingungen durchaus von Interesse sind.

[82] Leninskij śbornik XI, S. 381f. (russ.).

Die unmittelbare Zusammenarbeit als Methode zur Verwirklichung der ökonomischen Gleichheit kann nur in dem Falle vollständig realisiert werden, wenn normale Bedingungen für die Produktion des gesellschaftlichen Produktes insgesamt gewährleistet sind. Außerdem: wenn wir unterstellen, daß das Mehrprodukt den materiellen Inhalt jener Kategorie bildet, die das grundlegende Produktionsverhältnis ausdrückt, liegt gesetzmäßig der Schluß nahe, daß zwischen diesem Teil des gesellschaftlichen Produkts und seinen anderen Bestandteilen, insbesondere dem notwendigen Produkt, wesentliche ökonomische Unterschiede bestehen. In diesem Falle aber wären Unterschiede zwischen solchen Beziehungen, die die unmittelbare Zusammenarbeit und Gleichheit der Mitglieder der Gesellschaft charakterisierten, kaum möglich, weil sie eine völlig identische soziale Bedeutung aller Elemente des gesellschaftlichen Produktes als materieller Träger der Produktionsverhältnisse, der Verteilung und des Austausches, unterstellen.

Die Annahme, daß das grundlegende Produktionsverhältnis der kommunistischen Formation im Mehrprodukt materialisiert ist, bedeutet im wesentlichen, daß zwischen dem Mehrprodukt und dem notwendigen Produkt ein bestimmter Widerspruch erhalten bleibt, daß die Bewegung dieser Bestandteile des Produktes eine bestimmte soziale Ungleichheit der Gesellschaft fixiert. Das aber widerspricht dem Wesen der Formel vom grundlegenden Produktionsverhältnis der kommunistischen Formation.

Im Hinblick auf all das könnte man annehmen, daß die ökonomische Kategorie, die das grundlegende Produktionsverhältnis ausdrückt, die Kategorie des gesellschaftlichen Gesamtproduktes darstellt. In der ökonomischen Literatur hat dieser Standpunkt seine Widerspiegelung gefunden.[83] In der Tat, wenn man die kommunistische Formation als Ganzes betrachtet, dann materialisiert sich das grundlegende Produktionsverhältnis wirklich im gesellschaftlichen Gesamtprodukt, das als Summe der mannigfaltigen Gebrauchswerte erscheint, die zur Befriedigung der vielfältigen materiellen und kultu-

83 Siehe Ja. M. Žukovskij, O kategorii sovokupnogo obščestvenogo produkta, in: Voprosy ekonomiki, Nr. 6/1962, S. 78–81.

rellen Bedürfnisse der gesamten Gesellschaft notwendig sind. Es tritt hier als Ergebnis der unmittelbar gesellschaftlichen Arbeit auf, das planmäßig durch die Kräfte der gesamten Gesellschaft produziert und reproduziert wird und der gesamten Gesellschaft gehört. Die Gesellschaft als Ganzes sichert die notwendigen sachlichen und persönlichen Faktoren zur Produktion des Produktes und verteilt es im Interesse des Wohlstandes und der allseitigen Entwicklung der Werktätigen. Während unter kapitalistischen Bedingungen in ökonomisch isolierten Betrieben einzelne Waren hergestellt werden, die nicht unmittelbar als Elemente des gesellschaftlichen Gesamtproduktes geschaffen werden, sondern als solche nur über die spontane Bewegung individueller Kapitale realisiert werden, sind die Produkte, die in den einzelnen Betrieben unter kommunistischen Bedingungen geschaffen werden, von Anfang an, d. h. unmittelbar, Elemente des gesellschaftlichen Gesamtproduktes.[84]

Das Produkt der Produktion wirft unter den Bedingungen der kommunistischen Formation als Ganzes, wenn man die generelle Richtung seiner Entwicklung betrachtet, die spezifische gesellschaftliche Warenform ab und geht unmittelbar in die gesellschaftliche Konsumtion ein, ohne dabei Metamorphosen zu durchlaufen, die mit dem Zirkulationsprozeß verbunden sind. Anders gesagt, in der Kategorie des gesellschaftlichen Gesamtproduktes fixieren sich sehr wesentliche Bestimmungen, die den Inhalt des grundlegenden Produktionsverhältnisses des Kommunismus kennzeichnen. Die Richtigkeit dieser Aussage wird dadurch bestätigt, daß in der Kategorie des gesellschaftlichen Produktes als Ganzes die Beziehungen völliger sozialer Gleichheit bezüglich aller Bestandteile, die das Produkt bilden – im Unterschied zur Kategorie des Mehrproduktes –, am vollkommensten zum Ausdruck kommen. Ungeachtet dessen drückt die Kategorie des gesell-

84 Diesen Sachverhalt hob Marx im Ersten Band des „Kapital" hervor: „Stellen wir uns endlich, zur Abwechslung, einen Verein freier Menschen vor, die mit gemeinschaftlichen Produktionsmitteln arbeiten und ihre vielen individuellen Arbeitskräfte als eine gesellschaftliche Arbeitskraft verausgaben ... Das Gesamtprodukt des Vereins ist ein gesellschaftliches Produkt." (K. Marx, Das Kapital, Erster Band, in: Marx/Engels, Werke, Bd. 23, S. 92f.).

schaftlichen Gesamtprodukts aber nicht den spezifischen Inhalt des grundlegenden Produktionsverhältnisses der kommunistischen Formation aus. Produktion und Reproduktion des gesellschaftlichen Gesamtproduktes insgesamt verkörpern alle Seiten der ökonomischen Struktur der kommunistischen Formation. Die Kategorie gesellschaftliches Gesamtprodukt tritt als Ausdruck der Eigentumsbeziehungen als Ganzes auf und nicht nur des Wichtigsten, Bestimmenden, das in diesen Beziehungen enthalten ist und das deren inneres Wesen bildet.

Das gesellschaftliche Gesamtprodukt könnte nur dann eine Kategorie sein, die das grundlegende Produktionsverhältnis der kommunistischen Produktionsweise ausdrückt, wenn die Eigentumsverhältnisse als Ganzes als grundlegendes Produktionsverhältnis auftreten würden. Es geht jedoch nicht nur darum. Bei allen möglichen Produktionsweisen und den ihnen entsprechenden Typen der ökonomischen Strukturen wird ein Teil der gesellschaftlichen Arbeit dazu verbraucht, die für die Produktion des gesellschaftlichen Gesamtproduktes verbrauchten Produktionsmittel zu ersetzen. Dieser Teil gehört zur Produktion im eigentlichen Sinne und kann durch die Gesellschaft niemals für irgendwelche anderen Zwecke verwendet werden. Das bedeutet, daß ein bestimmter Teil des Gesamtproduktes der Gesellschaft in dieser oder jener Weise der Produktion zurückgegeben werden muß. Weil dieser Teil die allgemeinste Voraussetzung für die materielle Produktionstätigkeit überhaupt ist, kann er nicht das hauptsächliche ökonomische Verhältnis der kommunistischen Formation unmittelbar ausdrücken.

Die ökonomischen Beziehungen werden in jenem Teil des gesellschaftlichen Produktes fixiert, der die neu verausgabte lebendige Arbeit der Gesellschaft repräsentiert. Gerade die Produktion, die Verteilung und der Austausch dieses Teils bringen einerseits ökonomisch die soziale Struktur der Gesellschaft zum Ausdruck, während gleichzeitig auf der anderen Seite der spezifische Charakter der Beziehungen im Hinblick auf die materiellen Bedingungen der Produktion aufgedeckt wird. Ähnlich wie im Kapitalismus die Kapitalaufwendungen für den Ankauf von Produktionsmitteln und Arbeitskraft als Kosten der Produktion für den Kapitalisten auftreten, sind unter den Bedingungen der kommunistischen Formation die

Aufwendungen für die Produktionsmittel ebenfalls Kosten für die Produktion des Produktes, das der Nutzung im Interesse der Gesellschaft unterliegt.

Und ähnlich wie in der kapitalistischen Produktionsweise das Streben zutage tritt, die Ausgaben an Kapital zu senken, die für Produktionsmittel und Arbeitskraft aufgewandt werden, strebt die kommunistische Gesellschaft immer danach, mit geringen Kosten das Produkt herzustellen, das der Befriedigung der Bedürfnisse aller ihrer Mitglieder dienen kann. Im Unterschied zum Kapitalismus ist die Gesellschaft hier jedoch daran interessiert, jenen Teil an gesellschaftlicher Arbeit zu verringern, der für den Ersatz der sachlichen Produktionsbedingungen notwendig ist, weil nur dadurch ein immer größerer Teil des gesellschaftlichen Produkts zum Wohlstand und zur allseitigen Entwicklung der Mitglieder der Gesellschaft beiträgt. Wenn man davon ausgeht, daß sich in der kommunistischen Formation das grundlegende Produktionsverhältnis unmittelbar in der Kategorie des gesellschaftlichen Gesamtproduktes als Ganzes ausdrückt, dann müßte man zu der Schlußfolgerung gelangen, daß es der Gesellschaft gleichgültig sei, um welchen Preis sie die Resultate erzielt, die ihren Bedürfnissen zu dienen vermögen.

Jener Teil des gesellschaftlichen Produktes, in dem die vergangene Arbeit der Gesellschaft verkörpert ist, drückt daher nicht unmittelbar das grundlegende Produktionsverhältnis der kommunistischen Produktionsweise aus, weil die Gesellschaft ökonomisch nicht an seiner Vergrößerung, sondern an seiner Verkleinerung interessiert ist. All das spricht dafür, daß das gesellschaftliche Gesamtprodukt nicht als die ökonomische Kategorie angesehen werden kann, die das grundlegende Produktionsverhältnis der kommunistischen Formation zum Ausdruck bringt.

Die einzige ökonomische Kategorie der kommunistischen Formation, die unmittelbar deren grundlegendes Produktionsverhältnis ausdrückt, ist nach unserer Ansicht das Nettoprodukt, das die Verkörperung der neu aufgewandten gesellschaftlichen Arbeit darstellt.[85] Wenn auch die Kategorie des

[85] Diese These wird besonders von A. I. Notkin in seinem Artikel Obščestvenny produkt i nacional'nyj dochod v sisteme ekonomičeskich kate-

Nettoproduktes einen allgemeinen Inhalt hat, der verschiedenen gesellschaftlichen Formen der Produktion eigen ist, so werden in den antagonistischen Formationen die spezifisch ökonomischen Beziehungen jedoch durchaus nicht in diesem allgemeinen Inhalt fixiert, sondern in jenen spezifischen Formen, in denen die einzelnen Bestandteile des Nettoproduktes (des notwendigen und des Mehrproduktes) in Erscheinung getreten sind. Deshalb ist die Kategorie Nettoprodukt für die antagonistischen Produktionsformen als eine Abstraktion in Erscheinung getreten, die nicht die Spezifik der ökonomischen Struktur dieser gesellschaftlichen Organismen widerspiegelte. Wenn man das Einkommen der gesamten kapitalistischen Gesellschaft betrachtet, bemerkte Marx, dann „... besteht das Nationaleinkommen aus Arbeitslohn plus Profit plus Rente, also aus dem Roheinkommen. Indes ist auch dies insofern Abstraktion, als die ganze Gesellschaft, auf Grundlage der kapitalistischen Produktion, sich auf den kapitalistischen Standpunkt stellt und daher nur das in Profit und Rente sich auflösende Einkommen als Reineinkommen betrachtet".[86]

In den antagonistischen Gesellschaftsformen tritt das Nettoprodukt insgesamt als abstrakte Kategorie auf, weil seine konstituierenden Elemente als antagonistische Gegensätze auftreten, die die Klassengegensätze zwischen Ausbeutern und Ausgebeuteten kennzeichnen. Die realen ökonomischen Beziehungen werden nicht durch diese Kategorie, sondern durch die Kategorie des notwendigen und des Mehrproduktes und ihre Wechselbeziehungen gekennzeichnet. Eben in diesem Sinne tritt uns das Nettoprodukt, wenn man es im nicht untergliederten Zustand betrachtet, als Abstraktion entgegen, die nur die allgemeinsten Momente des materiellen Produktionsprozesses vom Standpunkt seiner Ergebnisse zum Ausdruck bringt.

gorij socializma begründet. (In: Voprosy ekonomiki, Nr. 9/1962) Nach unserer Meinung grenzt der Autor jedoch nicht genügend klar das Ausgangsproduktionsverhältnis und das grundlegende Produktionsverhältnis voneinander ab. Er hebt außerdem in den Eigentumsverhältnissen das grundlegende Produktionsverhältnis nicht hervor, wenn er, wie es offensichtlich ist, die Eigentumsverhältnisse als Ganzes darstellt.

86 K. Marx, Das Kapital, Dritter Band, in: Marx/Engels, Werke, Bd. 25, S. 848.

Unter den Bedingungen der kommunistischen Formation erhält die Kategorie Nettoprodukt als Ganzes einen konkreten ökonomischen Sinn; sie wird zu einer spezifischen ökonomischen Kategorie, die real existierende Produktionsverhältnisse widerspiegelt. Wenngleich das Nettoprodukt auch aus dem notwendigen Produkt und dem Mehrprodukt gebildet wird, widerspiegelt es jedoch die realen ökonomischen Beziehungen nicht in dieser differenzierten Form. Um das Wesen der letzteren zu verstehen, hat nicht der Umstand bestimmte Bedeutung, daß das Nettoprodukt aus verschiedenen Elementen besteht, sondern daß diese Elemente als Einheit auftreten und gerade damit die charakteristischen Kennzeichen der ökonomischen Struktur der kommunistischen Formation als Ganzes zum Ausdruck bringen.

Das Nettoprodukt ist eine Kategorie, die das grundlegende Produktionsverhältnis der kommunistischen Formation ausdrückt, weil in ihm die sozial-ökonomische Gleichheit zwischen den Produzenten im Hinblick auf die notwendigen Bedingungen der Produktion und ihre Ergebnisse am konzentriertesten und unmittelbarsten verkörpert ist. Die Produktion des Nettoproduktes durchdringt alle Seiten der ökonomischen Beziehungen der kommunistischen Formation und bildet jenen inneren Zusammenhang, der alle Phasen der gesellschaftlichen Produktion vereinigt und deren innere Einheit bestimmt.

Die Spezifik des Ausgangsproduktionsverhältnisses und des grundlegenden Produktionsverhältnisses der kommunistischen Formation im Sozialismus

Bei der Charakterisierung des Ausgangsproduktionsverhältnisses und des grundlegenden Produktionsverhältnisses der kommunistischen Formation haben wir diese noch abstrakt, d. h. einseitig und unvollständig, bestimmt. Die Spezifik des Sozialismus hat noch keine Widerspiegelung gefunden. Deshalb ist es notwendig, die Besonderheiten zu bestimmen, in denen sich das Ausgangsproduktionsverhältnis und das grundlegende Produktionsverhältnis der kommunistischen Formation in der sozialistischen Entwicklungsphase ausdrücken. Dazu wollen wir, wenn auch nur in allgemeiner

Form, die Natur jener materiellen Faktoren erklären, die sie bestimmen.

Der Inhalt der ökonomischen Beziehungen der einen oder anderen Entwicklungsphase der Formation wird letzten Endes durch den Zustand der sachlichen und persönlichen Faktoren der Produktion sowie durch das auf dieser Grundlage erzielte Niveau der Produktivität der gesellschaftlichen Arbeit bestimmt. Das trifft in vollem Umfange auch auf den Sozialismus zu. Um die Spezifik der ökonomischen Struktur des sozialistischen Stadiums zu verstehen, wenden wir uns jener materiellen Grundlage zu, auf der diese beruht.

Die materielle Basis der kommunistischen Formation ist das höchstentwickelte System der Großproduktion. Wenn man den Inhalt des Begriffes Großproduktion unter dem Gesichtspunkt der sachlichen Faktoren betrachtet, dann bedeutet er vor allem eine allgemeine Verbreitung von maschinellen Arbeitsmitteln, d. h. die Herrschaft von Maschinensystemen, die nicht nur den technologischen Prozeß selbst umfassen, sondern auch die Transport- und Hilfsarbeiten sowie eine Reihe von Operationen, die mit der Kontrolle, der Regulierung und der Leitung verbunden sind. Anders ausgedrückt, die Großproduktion als Charakteristikum der sachlichen Bedingungen des Produktionsprozesses bedeutet eine solche Stufe der Verbreitung maschineller Arbeitswerkzeuge, daß alle Seiten der menschlichen Tätigkeit davon erfaßt werden.

Die allgemeine Verbreitung von Maschinensystemen bedingt die entsprechenden gesellschaftlichen Formen der Organisation des Produktionsprozesses: einen hohen Grad von Spezialisierung und Konzentration, eine breite Entwicklung der Kooperation und Kombination. Ein entwickeltes und voll zur Entfaltung gekommenes System der Großproduktion erfordert die allgemeine Verbreitung wissenschaftlicher Technologien, was gleichbedeutend ist mit der Überwindung traditioneller Methoden der Produktion in allen Gliedern des Produktionsprozesses.

Das System der Großproduktion schließt die zentrale Leitung von Produktionsprozessen, einen hohen Grad von Typisierung und Standardisierung, eine maximal mögliche Verkürzung der Zeit zwischen wissenschaftlichen und technischen Entdeckungen und ihrer Einführung in die Produktion sowie eine entwickelte Industriestruktur als unabdingbare Elemente ein.

Die Großproduktion bedeutet auch einen ganz bestimmten Grad der Vollkommenheit des unmittelbaren Arbeiters. Sie erfordert die Überwindung seiner engen beruflichen Spezialisierung, eine breite allgemeinbildende und technische Ausbildung des Arbeiters, Kenntnis der Grundlagen technologischer Prozesse in entscheidenden Zweigen der Produktionstätigkeit. Die Großproduktion kann nur dann normal funktionieren, wenn der Arbeiter fähig ist, mehr oder minder rasch die Tätigkeit zu wechseln, was durch die Natur der Großproduktion selbst bedingt ist. Das ist aber ohne polytechnische Ausbildung, ohne die Überwindung der aus der Vergangenheit überkommenen Formen der Spezialisierung von Arbeitsprozessen nicht möglich.

Die Großproduktion verlangt die breite Einbeziehung der Frauen in den unmittelbaren Produktionsprozeß. Das ist wiederum nur durch ihre entsprechende allgemeinbildende und technische Ausbildung möglich und erfordert auch die Verwandlung der Hauswirtschaft in einen Zweig der Großproduktion.

Die Grundlage des Systems der Großproduktion entsteht im Kapitalismus. Der Kapitalismus ist jedoch nicht nur nicht imstande, den Prozeß der Formierung der Großproduktion zum Abschluß zu bringen, sondern er gerät in einer bestimmten Etappe in einen unlösbaren Widerspruch mit den bestimmenden Entwicklungstendenzen dieses Prozesses. Sogar in den am weitesten entwickelten kapitalistischen Ländern sind zahlreiche Überreste der Kleinproduktion erhalten geblieben (das wurde bereits in vorhergehenden Abschnitten der Arbeit entwickelt). Die sozialistische Gesellschaft übernimmt vom Kapitalismus die in seinem Schoß entwickelten Elemente des Systems der Großproduktion, entwickelt sie weiter, überwindet gleichzeitig die Reste der Kleinproduktion, besonders der Kleinbetriebe. Die Grundlagen des Systems der Großproduktion, das seine weitere Festigung, Ausweitung und Vervollkommnung im Sozialismus erfährt, bilden die materielle Basis für die Beziehungen unmittelbarer Zusammenarbeit, die die ökonomische Gleichheit gewährleisten, in der die Großproduktion die ihr adäquate Form des Funktionierens findet.

Der Formierungsprozeß aller Elemente des Systems der maschinellen Großproduktion wird jedoch mit dem Übergang zum Sozialismus nicht endgültig zum Abschluß gebracht. Er erfaßt nicht nur die Periode, in der der Sozialismus vollständig und endgültig zum Siege gelangt, sondern auch die ganze Periode des allmählichen Überganges vom Sozialismus zum Kommunismus. Als bestimmender Abschnitt tritt in dieser Beziehung die Schaffung der materiell-technischen Basis des Kommunismus auf. Das bedeutet, daß im Verlaufe dieser ganzen Periode in diesem oder jenem Maße noch Elemente der Kleinproduktion erhalten bleiben, die unausweichlich ihren Einfluß auf das System der ökonomischen Beziehungen ausüben und dessen Spezifik bedingen.

So ist eines ihrer wichtigen Elemente, das den Zustand der sachlichen Elemente der Produktivkräfte charakterisiert, immer noch eine bedeutende Verbreitung von Handwerkzeugen, von Handarbeitsgängen und Handarbeitsmethoden. Sogar in den am höchsten mechanisierten Zweigen der Industrie ist der spezifische Anteil an Handarbeit noch immer erheblich. Über 40 Prozent der Industriearbeiter verrichten noch Handarbeit. Hoch ist der spezifische Anteil von Handarbeit in der Landwirtschaft.

Zu den wichtigsten Überbleibseln der Kleinproduktion gehören die kleinen Wirtschaften. Das sind vor allem die kleinen Nebenwirtschaften der Kolchosbetriebe und die Nebenwirtschaften von Arbeitern und Angestellten. Eine große Rolle spielt auch die Kleinproduktion in der Hauswirtschaft.

Der erhebliche spezifische Anteil an Handarbeit bedingt eine unzureichende Entwicklung der gesellschaftlichen Formen der Produktionsorganisation, insbesondere der Spezialisierung und Kooperation. Im gegenwärtigen Entwicklungsstadium der maschinellen Produktion kann der Produktionsprozeß nur auf der Grundlage einer bedeutenden Entwicklung der Werkzeugspezialisierung und der technologischen Spezialisierung effektiv funktionieren. Dabei ist der Prozeß der Spezialisierung, insbesondere der Werkzeugspezialisierung und der technologischen Spezialisierung, in der Industrie noch ungenügend entwickelt.

Die Industriebetriebe sind nicht selten geschlossene Produktionseinheiten, die mit eigenen Kräften Werkzeuge, Ausrüstungen, Guß, Zahnräder u. dgl. herstellen. 75 Prozent des Bedarfs an Werkzeugen und Ausrüstungen werden durch die Betriebe selbst befriedigt. Die zentralisierte Stahlgußherstellung beträgt 3 Prozent und die zentralisierte Herstellung von Grauguß 1 Prozent der Gesamtproduktion an Gußteilen. Von je 100 Betrieben erzeugen 71 mit eigenen Kräften Grauguß, 76 Schmiedeteile, 99 Kettenräder und 51 Zahnräder. Infolge der unzureichenden Spezialisierung der Hilfsproduktion und der Hilfsdienste entfallen auf 100 Produktionsgrundarbeiter ungefähr 85 Hilfsarbeiter.

Das Vorhandensein von Überbleibseln der Kleinproduktion, insbesondere von Handarbeitswerkzeugen und Handarbeitsmethoden, erzeugt eine erhebliche Differenzierung im technischen Aufbau der Produktion, der Arbeitsorganisation, der Bedingungen und Ergebnisse der wirtschaftlichen Tätigkeit einzelner Betriebe. Das bedeutet, daß im unmittelbaren Produktionsprozeß Faktoren existieren, die eine bestimmte Isoliertheit einzelner Produktionsglieder und einzelner Betriebe im System der materiellen Produktion hervorrufen. Dabei geht es nicht nur und nicht so sehr um die technisch-organisatorische Seite der Sache. Eine bestimmte Isoliertheit einzelner Glieder der materiellen Produktion ist ein spezifischer Zug des Systems der ökonomischen Beziehungen, ein bestimmendes Kennzeichen, das die ökonomische Struktur des sozialistischen Stadiums der kommunistischen Produktionsweise charakterisiert. Das Wesen der Sache besteht darin, daß die Elemente der Kleinproduktion die materielle Basis für die Erhaltung von Überbleibseln der alten gesellschaftlichen Arbeitsteilung bilden, die aus den vergangenen Epochen überkommen sind. Sie kennzeichnen sowohl den Entwicklungsgrad des unmittelbaren Arbeiters wie auch die Besonderheiten jener Beziehungen, die sich zwischen den einzelnen Gruppen von Arbeitern unmittelbar im Produktionsprozeß ergeben.

Die gesellschaftliche Arbeitsteilung war ein mächtiger Hebel für die Entwicklung der Gesellschaft bis zum Aufkommen der maschinellen Großindustrie. Die maschinelle Produktion schafft die technischen Voraussetzungen für die Überwindung der gesellschaftlichen Arbeitsteilung. Sie zerlegt den Produktionsprozeß in bewußt und planmäßig systematisch aufgegliederte Gebiete, in Abhängigkeit vom Nutzeffekt der angewandten Naturwissenschaften. Infolgedessen schafft die maschinelle Produktion die allgemeinen Grundlagen für die technologischen Prozesse und die allgemeinen Bedingungen zur Kontrolle und Regulierung in allen Sphären der Produktionstätigkeit. Daher verwischen sich die Unterschiede zwischen den einzelnen Arbeitsarten, und es erweitert sich die Gesamtheit an technischen Grundlagen für die verschiedenen Berufe.

Die materiell-technischen Voraussetzungen jedoch, die in der Natur der maschinellen Produktion selbst liegen und die die Grundlagen des Systems der gesellschaftlichen Arbeitsteilung untergraben, geraten im Kapitalismus, wie bereits festgestellt wurde, in einen unlösbaren Widerspruch zu den ökonomischen Verhältnissen. Der Kapitalismus ist nicht imstande, das entstandene System der gesellschaftlichen Arbeitsteilung zu überwinden. Er vertieft die Gegensätze und Antagonismen zwischen der geistigen und der körperlichen Arbeit und bringt die Einseitigkeit in der Entwicklung der Persönlichkeit des Produzenten hervor. Auf diese Weise untergräbt die maschinelle Produktion technisch das alte System der Arbeitsteilung, aber das Kapital reproduziert und vertieft es ständig als Mittel zur Ausbeutung der Arbeiter.

Weil die kommunistische Produktionsweise ursprünglich nicht auf ihrer eigenen materiellen Grundlage entsteht, sondern auf einer Grundlage, die durch den Kapitalismus vorbereitet wurde, übernimmt sie von ihm auch die materiell-technische Basis, die der Kapitalismus geschaffen hat, mit den Überresten der Handarbeit und insbesondere der Kleinwirtschaften. Der Kommunismus übernimmt in der ersten Zeit auch das menschliche Potential, das vom Kapitalismus geschaffen wurde, er übernimmt das in Jahrhunderten entstandene System der gesellschaftlichen Arbeitsteilung mit seinen beruflichen und eng spezialisierten Einseitigkeiten, mit der Hierarchie in der Qualifikation, mit den Gegensätzen zwischen geistiger und körperlicher Arbeit, zwischen Stadt und Land. Lenin schrieb: „Der Kapitalismus hinterläßt dem Sozialismus unvermeidlich einerseits die alten, in Jahrhunderten herausgebildeten beruflichen und gewerblichen Unterschiede zwischen den Arbeitern und andrerseits die Gewerkschaften. Diese können und werden sich nur sehr langsam, im Laufe vieler Jahre zu breiteren, weniger zünftlerischen Produktionsverbänden (die ganze Produktionszweige und nicht nur einzelne Branchen, Gewerbe und Berufe umfassen) entwickeln und erst dann dazu übergehen, vermittels dieser Produktionsverbände die Arbeitsteilung unter den Menschen aufzuheben und *allseitig entwickelte* und *allseitig* geschulte Menschen, die *alles machen können*, zu erziehen, zu unterweisen und heranzubilden. Dahin steuert der Kommunismus, dahin muß und *wird* er gelangen, aber erst nach einer langen Reihe von Jahren."[87]

Das konstituierende Moment der gesellschaftlichen Arbeitsteilung als sozial-ökonomische Kategorie stellt die Bindung bestimmter Gruppen von Menschen an verschiedene Arten von Tätigkeiten dar, in deren Folge diese Gruppen sich in besondere soziale Gebilde verwandeln, die voneinander isoliert sind. Die gesellschaftliche Arbeitsteilung ist ihrem sozial-ökonomischen Sinne nach mit der Isolierung verschiedener Gruppen von Mitgliedern der Gesellschaft identisch. Wie jedoch bereits festgestellt wurde, untergräbt die maschinelle Großindustrie die Grundlagen für die gesellschaftliche Arbeitsteilung und damit auch die Isolierung einzelner Gruppen von Mitgliedern der Gesellschaft. Maschinelle Großproduktion bedeutet das Vorhandensein einer solchen materiellen Basis, die eine Veränderung der Arbeit, die Überwindung der beruflichen Einseitigkeit und Isolierung, notwendig macht.

Womit muß man, so fragt sich, erklären, daß die Arbeitsteilung im sozialistischen Stadium der sozialistischen Produktionsweise erhalten bleibt? Wie bekannt, wird der Formierungsprozeß des Systems der Großproduktion im Sozialismus nicht vollendet. Das findet seinen Ausdruck im erreichten Niveau der Produktivität der gesellschaftlichen Arbeit, das dadurch charakterisiert ist, daß der unmittelbare Produzent immer noch der Hauptagent des materiellen Produktionsprozesses und die unmittelbare lebendige Arbeit die Hauptquelle des gesellschaftlichen Reichtums bleibt.

Die unmittelbare lebendige Arbeit der Individuen war nicht immer die Hauptquelle des gesellschaftlichen Reichtums. In den vorkapitalistischen Formationen, als die natürlichen Arbeitsmittel noch eine erstrangige Bedeutung hatten und deshalb die Haupttätigkeitssphäre die Landwirtschaft war, konnte die unmittelbar lebendige Arbeit noch nicht die einzige Quelle

[87] V. I. Lenin, Werke, Bd. 31, Berlin 1959, S. 34f.

des gesellschaftlichen Reichtums sein. Neben ihr spielte die Natur eine gewaltige Rolle bei der Produktion von Lebensmitteln. Erst als künstliche Arbeitsmittel erstrangige Bedeutung erlangten und die Industrie zur hauptsächlichen Tätigkeitssphäre wurde, konnte die unmittelbare lebendige Arbeit zum Hauptfaktor für den gesellschaftlichen Reichtum werden. Mit der maschinellen Produktion erfährt die Schaffung gesellschaftlichen Reichtums auch eine immer stärkere Abhängigkeit von der Leistung der Maschine.

Weil jedoch die maschinelle Großproduktion ursprünglich als materielle Grundlage der kapitalistischen Produktionsweise entsteht und sich entwickelt, deren hauptsächlicher Sinn in der Produktion von Mehrwert besteht, wobei die Quelle des letzteren nur die lebendige Arbeit ist, deshalb bleibt sie unter diesen Bedingungen nach wie vor die Hauptquelle des bürgerlichen Reichtums. Solange maschinelle Arbeitsmittel als Werkzeuge dienen, deren Hauptbestimmung darin besteht, lebendige Arbeit auszupressen, wird diese die Hauptquelle des Reichtums bleiben. Dieser Umstand zieht seinerseits enge Grenzen für die Entwicklung der maschinellen Produktionsmittel, und zwar Grenzen für das Wachstum der gesellschaftlichen Produktivität der lebendigen Arbeit. Gerade deshalb kann die gesellschaftliche Arbeitsteilung als Zuordnung einzelner Gruppen von Produzenten zu besonderen Tätigkeitsarten auch nicht auf der Grundlage der kapitalistischen Verhältnisse überwunden werden. Sie verbleibt dem Sozialismus als Erbe, der die Ausbeutung und die antagonistische Klassenstruktur der Gesellschaft beseitigt und den Gegensatz zwischen der lebendigen Arbeit und ihren sachlichen Bedingungen, der dem Kapitalismus eigen ist, an seiner Wurzel untergräbt.

Der Sozialismus ermöglicht allseitig die Entwicklung jener Tendenz, deren Träger die maschinelle Großindustrie ist, nämlich der Tendenz zur Abschwächung der Rolle der lebendigen Arbeit als Hauptquelle des gesellschaftlichen Reichtums. Er bringt mächtige Arbeitsmittel hervor, die sich nach und nach zum entscheidenden Faktor der Produktion entwickeln. Jedoch auch im sozialistischen Entwicklungsstadium erreichen die sachlichen Elemente der Produktivkräfte noch nicht jenen Grad der Vollkommenheit, bei dem die lebendige Arbeit der Individuen aufhört, entscheidende Quelle des Reichtums zu sein.

Weil die lebendige Arbeit immer noch als Hauptfaktor des gesellschaftlichen Reichtums erhalten bleibt, bleibt auch ihre Unterteilung, d. h. die Isoliertheit einzelner Sphären der menschlichen Tätigkeit, einzelner Gruppen und Kollektive von Produzenten erhalten. In dem Maße, wie der Übergang vom

Sozialismus zum Kommunismus auf der Grundlage der Schaffung und Vervollkommnung der maschinell-technischen Basis des Kommunismus erfolgt, „... hört die *unmittelbare Arbeit* als solche auf, die Grundlage der Produktion zu sein, weil sie sich dergestalt in eine Tätigkeit umwandelt, die hauptsächlich auf die Beobachtung der Produktion und auf deren Regulierung gerichtet ist; außerdem aber auch deshalb, weil das Produkt aufhört, ein Produkt der einzelnen unmittelbaren Arbeit zu sein und, umgekehrt, in der Rolle des Produzenten die *Zusammenfassung* der gesellschaftlichen Tätigkeit zutage tritt."[88]

Die Vereinigung der gesellschaftlichen Tätigkeit als Quelle des gesellschaftlichen Reichtums unterstellt die endgültige Überwindung der aus vorangegangenen Epochen übernommenen Elemente der Kleinproduktion und der durch sie bedingten Reste der alten gesellschaftlichen Arbeitsteilung sowie der Isoliertheit verschiedener Gruppen, die an verschiedene Tätigkeitsarten von Mitgliedern der Gesellschaft gebunden sind. Die Vereinigung der gesellschaftlichen Tätigkeit führt zu allseitig gebildeten Individuen, die über eine breite polytechnische Ausbildung verfügen. Das bedeutet eine neue Quelle des Reichtums, die in Form entwickelter Produktivkräfte aller Individuen existiert. Sie stellt damit den wirklichen, hauptsächlichen Reichtum der Gesellschaft dar.[89]

Die Reste der alten gesellschaftlichen Arbeitsteilung finden ihren Ausdruck darin, daß die Arbeit die einzige Möglichkeit zur Erlangung bestimmter materieller Güter bietet, die für den Ersatz der Arbeitskraft des Produzenten und für die Entwicklung seiner physischen und geistigen Fähigkeiten notwendig sind. Anders gesagt, tritt die Arbeit in der sozialistischen Gesellschaft als Tätigkeit auf, die vornehmlich durch äußere Zweckmäßigkeit diktiert ist und nicht durch ein inneres Bedürfnis des Individuums, d. h., sie ist Mittel zum Leben für jedes Mitglied der Gesellschaft.

Unter den Bedingungen der vorsozialistischen Produktionsformen, die auf Ausbeutung gegründet waren, war die Arbeit

[88] Aus unveröffentlichten Handschriften von Marx, in: Bol'sevik, Nr. 11, 12/1939, S. 64.

[89] Siehe ebenda.

nicht allgemein Mittel zum Leben, weil sie es für die herrschenden Klassen nicht war. Die Arbeit war nur für die Werktätigen Mittel zum Leben. Der Sozialismus hat die klassenantagonistische Struktur der Gesellschaft liquidiert und alle Mitglieder der Gesellschaft in Werktätige verwandelt. Die Festlegung einer allgemeinen Pflicht zur Arbeit bedeutete die faktische Beseitigung der Ausbeutung und die Befreiung der Arbeit. Das war eines der wichtigsten Momente, das die Gleichheit aller Mitglieder der Gesellschaft in Beziehung zu den Produktionsmitteln kennzeichnet. Weil jedoch Überreste der alten gesellschaftlichen Arbeitsteilung erhalten bleiben und die Arbeit für jeden als Mittel zum Leben dient, deshalb bleiben auch Elemente der gesellschaftlichen Ungleichheit erhalten. Unter diesen Bedingungen muß der Werktätige, um einen bestimmten Anteil des gesellschaftlichen Produktes zu erhalten, der Gesellschaft eine bestimmte Menge seiner Arbeit zur Verfügung stellen.

Das bedeutet, daß der in der Verfügung des Arbeiters befindliche bestimmte Anteil am gesellschaftlichen Produkt nicht die Ausgangsbedingung für die Verausgabung von Arbeit durch den Werktätigen ist, sondern das Resultat dieser Verausgabung, die Entlohnung für faktisch bereits verausgabte Arbeit. Zu Beginn muß die Verausgabung von Arbeit stehen, und danach folgt die Entlohnung dafür in Gestalt eines bestimmten Anteiles am gesellschaftlichen Produkt.

Folglich ist die Arbeit als Mittel zum Leben ökonomisch vor allem dadurch gekennzeichnet, daß der Arbeiter seine Arbeit der Gesellschaft vorschießt. Das bedeutet, daß zwischen dem einzelnen Arbeiter und der Gesellschaft Beziehungen nicht im Hinblick auf die Arbeit als Tätigkeit, sondern im Hinblick auf die vergegenständlichte Arbeit, d. h. im Hinblick auf die Ergebnisse der Arbeit entstehen. Die Gesellschaft interessiert nicht die Verausgabung von Arbeit an sich, sondern nur die Verausgabung mit einem bestimmten Ergebnis. Die Entlohnung der Arbeit erfolgt durch ein Produkt der Arbeit, und zwar in der Regel durch ein anderes Produkt als das, welches die Arbeit des betreffenden Werktätigen vergegenständlicht enthält. Somit erfolgt faktisch ein Austausch von Arbeit, die in einer Naturalform vergegenständlicht ist, gegen Arbeit in einer anderen Naturalform. Das bedeutet, daß die Arbeit nicht als lebendige Tätigkeit, sondern in materieller Form, d. h. in Form des Produktes, die Beziehungen zwischen dem Arbeiter und der Gesellschaft und damit auch zwischen verschiedenen Arbeitern vermittelt.

Die gegenständliche Form der Arbeit vermittelt sowohl die Beziehungen zwischen einzelnen Kollektiven von Arbeitern wie auch zwischen verschiedenen Betrieben. Daher muß die Feststellung des gesellschaftlichen Wertes der Arbeit notwendigerweise die Form der Bewegung von Produkten der Arbeit, d. h. die Form ihres Austauschs annehmen. In verschiedenen Produkten ist aber unterschiedliche komplizierte Arbeit enthalten. Deshalb setzt der Ersatz von Arbeitsaufwand durch ein Produkt den Ersatz von Arbeit eines ganz bestimmten Kompliziertheitsgrades, einer bestimmten Qualifikation voraus. Die Unterschiede in der Arbeit, in ihrer Kompliziertheit und unterschiedlichen Qualifikation, die Unterschiede in den konkreten Bedingungen der Produktionstätigkeit in einzelnen Betrieben, werden befestigt, d. h., sie werden ständig reproduziert. Infolgedessen treten einzelne sozialistische Betriebe als in bestimmtem Umfange isolierte Glieder der gesellschaftlichen Produktion auf, deren Verbindung untereinander in bestimmtem Maße durch die Bewegung der Ergebnisse ihrer Arbeitstätigkeit bestimmt wird.

Die Arbeit als Mittel zum Leben – was unmittelbar durch die Erhaltung von Überresten der alten Arbeitsteilung bedingt ist – fixiert einen bestimmten Grad der Produktivität, daß nämlich die Tätigkeit des Arbeiters noch nicht genügend effektiv ist, um auf die jeweils für die Herstellung der Produkte verausgabte Zeit, d. h. auf die Berücksichtigung dieser Tatsache durch die Gesellschaft, verzichten zu können. Damit die Arbeit aufhört, Mittel zum Leben zu sein, muß die Produktivität der durchschnittlichen gesellschaftlichen Arbeit zur Herstellung von Produkten genügend groß sein, um einen Überfluß zu erzeugen. Solange jedoch ein solcher Grad der Produktivität noch nicht erreicht ist, muß die Gesellschaft streng auf das Maß der Arbeit und auf das Maß des Verbrauchs achten und darf die Aufwendungen an Arbeit nur in dem Maße ersetzen (unter Abrechnung des Teils des Produktes, das ohnehin nicht individuell konsumiert werden kann), wie das durch die Gesellschaft als notwendig erachtet wird. Weil jedoch die Aufwendungen an Arbeit nicht unmittelbar nach der Zeit bestimmt werden, sondern nach ihrem Ergebnis, das für die Gesellschaft unterschiedliche Bedeutung hat in Abhängigkeit davon, welche Arbeit darin vergegenständlicht ist, sind die Unterschiede der Arbeit in unterschiedlich hohen Löhnen fixiert. Dieses Verfahren der ungleichen Verteilung, das nur ein anderer Ausdruck der Ungleichheit in der Arbeit ist, befestigt diese Ungleichheit ökonomisch und isoliert einzelne Glieder der Arbeitsteilung voneinander.

Damit kommen wir zu der Schlußfolgerung, daß die Überbleibsel der alten gesellschaftlichen Arbeitsteilung, die sich im sozialistischen Entwicklungsstadium noch erhalten haben, das Vorhandensein bestimmter sozial-ökonomischer Beziehungen im System der ökonomischen Struktur des Sozialismus widerspiegeln, und zwar von Beziehungen einer relativen ökonomischen Isoliertheit.

Infolge der Besonderheiten, die den Produktionsverhältnissen des Sozialismus eigen sind, treten sowohl das Ausgangsproduktionsverhältnis wie auch das grundlegende Produktionsverhältnis der kommunistischen Formation in besonderen Ausdrucksformen auf. Beginnen wir mit dem Ausgangsproduktionsverhältnis.

Wie bereits festgestellt wurde, ist die Form des unmittelbar gesellschaftlichen Zusammenhangs das Ausgangsproduktionsverhältnis der kommunistischen Formation. Jedoch kann diese Form der Beziehungen weder in der Übergangsperiode vom Kapitalismus zum Sozialismus noch im Sozialismus ihren Reifezustand erreichen. Unter Bedingungen, unter denen die Überbleibsel der alten Arbeitsteilung erhalten bleiben und deshalb auch Elemente der Isolierung einzelner Glieder der Produktion, verwirklicht sich die Verbindung zwischen diesen Gliedern in Form der Bewegung des Produkts der Arbeit und seiner einzelnen Elemente. Das ist schon keine Waren- oder Wertbeziehung mehr, aber auch noch keine vollentwickelte unmittelbar gesellschaftliche Beziehung. Hier hat sich der unmittelbare gesellschaftliche Zusammenhang noch nicht soweit entwickelt, um in einer Form realisiert zu werden, die seiner inneren Natur adäquat ist. Er drückt sich einstweilen noch in Sachform aus.

Im Stadium des Sozialismus schlägt sich das Ausgangsproduktionsverhältnis der kommunistischen Formation in einer Form nieder, die anscheinend keine unmittelbare gesellschaftliche, sondern eine Wertbeziehung ausdrückt, d. h., die seiner inneren Natur nach fremd ist. Dadurch ist es möglich, es als Ausgangsproduktionsverhältnis zu bestimmen, das die Spezifik des sozialistischen Stadiums des Kommunismus widerspiegelt, und zwar als abgewandelte Form des unmittelbar gesellschaftlichen Zusammenhanges. Diese Kategorie bringt den besonderen historischen Übergangszustand der Gesellschaft zum Ausdruck, der auf der einen Seite durch das Aufkommen und die Festigung der allgemeinen Grundlagen der kommunistischen Formation gekennzeichnet ist und auf der anderen Seite durch die Beibehaltung von „Muttermalen" der Gesellschaft, aus der sie hervorgeht.

Hier zeigt sich der unmittelbare gesellschaftliche Zusammenhang in einer ihm fremden Form, immanent einer solchen Ordnung von Beziehungen, die einen Antipoden zum unmittelbar gesellschaftlichen Zusammenhang bildet. Das zum ersten. Zum zweiten tritt die sachliche Form hier in ihrer neuen Rolle auf und wird gerade deshalb zur Ausdrucksform des Inhalts, dessen Entwicklung sie letzten Endes überwindet; sie tritt als spezifische Übergangsform sowie als historisch begrenzte Form auf. Daneben ist aber die sachliche Ausdrucksform des unmittelbar gesellschaftlichen Zusammenhangs bei weitem kein formales Moment. Sie ist objektiv begründet durch die ungenügende Reife der materiellen Produktionsbedingungen und bedeutet, daß die Gesellschaft noch nicht über die Grenzen hinaus gelangt, die den Wertbeziehungen als solchen gesetzt sind; und zwar insoweit die Bedeutung der lebendigen Arbeit als Hauptfaktor des Reichtums erhalten bleibt, und daher auch ihre Maßstäbe, und als die Verbindung zwischen den Produktionsgliedern in bestimmtem Maße durch die Bewegung der sachlichen Resultate der Arbeitstätigkeit hergestellt wird.

Die angeführte Art und Weise des unmittelbar gesellschaftlichen Zusammenhanges ist deshalb das Ausgangsproduktionsverhältnis des Sozialismus, weil dessen materielle Voraussetzungen noch vor dem Sieg der sozialistischen Revolution entstanden sind. Unter den Bedingungen entwickelter Formen der sozialistischen Produktion bleibt diese Art und Weise als notwendiges inneres Moment aller Produktionsverhältnisse, der Verteilung und des Austausches, erhalten. Auch das grundlegende Produktionsverhältnis der kommunistischen Formation ist im sozialistischen Stadium durch eine besondere Ausdrucksform gekennzeichnet. Erstens entsteht die unmittelbare Zusammenarbeit aller Mitglieder der Gesellschaft erst hier, weil die Beziehungen zwischen den einzelnen Gruppen von Mitgliedern der Gesellschaft noch in bestimmtem Umfange durch die Form der Bewegung von Ergebnissen ihrer Arbeitstätigkeit vermittelt werden. Zweitens kann diese Form der Zusammenarbeit noch nicht die Beziehung einer völligen sozialökonomischen Gleichheit aller Mitglieder der Gesellschaft verwirklichen.

Das Wesen der Sache besteht darin, daß der konstituierende Wesenszug der ökonomischen Struktur der kommunistischen Produktionsweise sich im Sozialismus unvollständig und begrenzt ausdrückt, weil er sich in Formen zeigt, die die Überreste von Sachbeziehungen widerspiegeln. Diese modifizieren die Beziehungen der ökonomischen Gleichheit. Die Beziehungen der Gleichheit zeigen sich vornehmlich in der allgemeinen Pflicht zur Arbeit und der gleichen Entlohnung für gleiche Arbeit. Weil aber die Arbeit sozial unterteilt ist, kann sie auch nicht gleich sein, und auch ihre Bezahlung ist nicht gleich. Deshalb zeigt sich die sozial-ökonomische Gleichheit im Stadium des Sozialismus in bedeutendem Maße als Gleichheit, deren Hauptinhalt darin besteht, daß die Monopolstellung einzelner Personen und Klassen gegenüber den sachlichen Produktionsbedingungen und damit auch bezüglich der Ergebnisse der Produktion aufgehoben ist, sowie in der Verwandlung aller Mitglieder der Gesellschaft in Werktätige. Weil sie Handelnde des Gesamtarbeiters sind, erfüllen die Mitglieder der Gesellschaft sozial ungleichartige Arbeit und erhalten ungleiche Anteile aus dem Gesamtkonsumtionsfonds. In dieser Form zeigt sich vornehmlich das grundlegende Produktionsverhältnis der kommunistischen Formation im Stadium des Sozialismus.

Die unmittelbare Zusammenarbeit als Methode zur Verwirklichung der sozial-ökonomischen Gleichheit (in Gestalt des grundlegenden Produktionsverhältnisses der kommunistischen Produktionsweise) ist die primäre Beziehung dieser Produktionsweise. Im Anfangsstadium zeigt sich jedoch diese Zusammenarbeit in modifizierten Formen. Eine vollständige

Gleichheit kann es nicht geben, solange die Arbeit als Mittel zum Leben betrachtet wird, worauf Marx und Lenin hingewiesen haben. Solange die Arbeit Mittel zum Leben bleibt und deshalb auch Maßstab für den Reichtum und den Anteil an der Konsumtion, kann es keine vollständige Gleichheit geben. Deshalb kann die Form, in der das grundlegende Produktionsverhältnis des Kommunismus zutage tritt, mit voller Berechtigung zu den abgewandelten Formen gerechnet werden.

Es geht jedoch nicht nur darum, daß sich das grundlegende Produktionsverhältnis des Kommunismus im Sozialismus in einer spezifischen Form zeigt. Diese Spezifik erstreckt sich auch auf die Kategorien, in der sich dieses Verhältnis niederschlägt.

Wie bereits festgestellt wurde, ist das Nettoprodukt die ökonomische Form, in der sich das grundlegende Produktionsverhältnis der kommunistischen Formation als Ganzes realisiert. Diese Form drückt die Beziehungen unmittelbarer Zusammenarbeit als Methode zur Realisierung der sozial-ökonomischen Gleichheit adäquat aus, weil dieses Verhältnis durch die bereits völlig ausgereifte gesamtvolkswirtschaftliche Kooperation der Arbeit bestimmt wird. Unter den Bedingungen einer solchen Kooperation treten verschiedene Arten der Tätigkeit in einer sozial einheitlichen Form auf, d. h., sie sind verschiedene Arten der Lebenstätigkeit des Gesamtarbeiters, der die gesamte Gesellschaft umfaßt. Die soziale Gleichartigkeit aller Tätigkeitsarten bedeutet die Überwindung und das Verschwinden jener sozial-ökonomischen Unterschiede, auf deren Grundlage die Einteilung in produktive und nichtproduktive Arbeit erfolgt. Das bedeutet, daß die gesamte Arbeit der Gesellschaft nur in verschiedenen Arten produktiver Tätigkeit auftritt. In diesem Falle verschwinden die sozialökonomischen Kriterien, die die Teilung der Arbeit in notwendige und in Mehrarbeit bestimmen. Anders gesagt, vom sozial-ökonomischen Standpunkt aus tritt alle Arbeit als notwendige Arbeit auf, weil alle Bedürfnisse der Gesellschaft sich als sozial gleichwertig erweisen. Es ist natürlich, daß unter solchen Bedingungen das gesamte Nettoprodukt die ökonomische Form ist, in der sich das grundlegende Produktionsverhältnis realisiert.

Anders ist es unter den Bedingungen des Sozialismus. Hier entsteht erst die gesamtgesellschaftliche Kooperation der Arbeit. Es existiert eine gruppenweise Kooperation der Arbeit. Die Gesamtarbeit der Gesellschaft kann noch nicht in einer einheitlichen sozial-ökonomischen Form auftreten; sie erscheint als produktive und nicht produktive Arbeit. Das findet weiter seine Widerspiegelung darin, daß es eine Teilung der Arbeit in notwendige und in Mehrarbeit gibt, was die sozialökonomische Bestimmung des einen Teils der Gesamtarbeit als produktive Arbeit und des anderen Teils als nichtproduktive Arbeit ausdrückt.

Weil jedoch im Stadium des Sozialismus sich die Elemente der gesamtgesellschaftlichen Kooperation formieren, erweitern sich die Grenzen des produktiven Prozesses und wirkt die Tendenz zur Verwandlung aller Tätigkeitsarten in produktive Arbeit. Dieser Prozeß entfaltet sich jedoch erst. Deshalb wird die Spezifik des Sozialismus auf der einen Seite durch die Kategorie Nettoprodukt als Ganzes bestimmt und auf der anderen Seite durch jene Elemente, die das Nettoprodukt bilden, weil jedes davon eine relativ eigenständig ökonomische Bedeutung hat, die die Besonderheiten der sozialistischen Entwicklungsphase zum Ausdruck bringt.

Die Trennung des Produktes in das notwendige und in das Mehrprodukt, die den bekannten Widerspruch zwischen produktiver und nichtproduktiver Arbeit zum Ausdruck bringt, wird gleichzeitig von der sozial-ökonomischen Seite in verschiedenen Bewegungsformen der Bestandteile des Nettoproduktes fixiert. Diese Unterschiede drücken sich darin aus, daß, erstens, das notwendige Produkt selbst verschiedene Formen hat, die sich in ihrer Bewegung verschiedenen Gesetzen unterordnen, und zweitens, daß der Teil des Mehrproduktes, der in den Konsumtionsfonds eingeht, die Bedürfnisse zur Reproduktion der Arbeitskraft befriedigt und deshalb seiner ökonomischen Funktion nach sich dem notwendigen Produkt annähert. Das bedeutet, daß schon im Stadium des Sozialismus ein bestimmter Teil des Nettoproduktes sich im Prozeß der Umwandlung vom Mehrprodukt in das notwendige Produkt befindet und deshalb nicht ökonomisch fixiert werden kann, weil dieser Prozeß noch nicht abgeschlossen ist.

Der Inhalt des ökonomischen Grundgesetzes der kommunistischen Formation und seine Ausdrucksformen

Das Problem des grundlegenden Produktionsverhältnisses der kommunistischen Formation ist organisch verbunden mit dem Problem ihres Grundgesetzes.[90]

In diesem Gesetz findet das eigentliche Wesen des grundlegenden Produktionsverhältnisses seinen Ausdruck. Daher ist die Untersuchung des Grundgesetzes wirklich das abschließende Stadium der Untersuchung des grundlegenden Produktionsverhältnisses der kommunistischen Formation.

In der ökonomischen Literatur gibt es noch keine einheitliche Meinung in bezug auf den Inhalt des ökonomischen Grundgesetzes der kommunistischen Formation. Lange Zeit wurde das Modell des Grundgesetzes der Formation als Einheit vom Ziel der gesellschaftlichen Produktion und der Mittel zu dessen Realisierung angesehen. Die Anhänger dieses Modells versuchten, den objektiven Charakter des Ziels der gesellschaftlichen Produktion und dessen Unabhängigkeit vom Bewußtsein der Menschen zu beweisen. In den Arbeiten von Karl Marx finden sich solche Aussagen, in denen Termini enthalten sind wie „Ziel der Produktion und Mittel zu ihrer Verwirklichung".[91] Es wäre jedoch fehlerhaft, Marx eine Vorstellung von Ziel und Mitteln seiner Realisierung als von ökonomischen Beziehungen oder ökonomischen Kategorien zu unterschieben, die unmittelbar die materiellen Beziehungen widerspiegeln. Eine solche These widerspricht dem Wesen der Methodologie des Marxismus, die auf die Anerkennung des Primats der materiellen Beziehungen der Produktion gegründet ist, die unabhängig vom Bewußtsein des Menschen und der Menschheit existieren. Unserer Ansicht nach hat Ja. Kronrod sehr recht, wenn er annimmt, daß „die Konstruktion eines ökonomischen Gesetzes als Einheit von Ziel und Mitteln vom Standpunkt der Methodologie der marxistischen politischen Ökonomie keine Grundlage hat"[92]. Ein anderer wesentlicher

[90] Das bedeutet jedoch nicht, daß es möglich ist, beide gleichzusetzen.

[91] Siehe K. Marx, Das Kapital, Dritter Band, in: Marx/Engels, Werke, Bd. 25, S. 260.

[92] Ja. A. Kronrod, Zakony političeskoj ekonomii socializma, S. 344. Im gleichen Sinne äußert sich auch A. Rumjancev, wenn er behauptet,

Nachteil in der Ausarbeitung des ökonomischen Grundgesetzes ist die Zusammenfassung seines Inhalts im Wechselverhältnis von Produktion und Konsumtion. So beschränken sich z. B. einige Ökonomen darauf, den konkreten Inhalt des ökonomischen Grundgesetzes der kommunistischen Formation im Sozialismus als direkten Zusammenhang zwischen Produktion und Konsumtion nachzuweisen.

Es muß vor allem festgestellt werden, daß das Bestreben, die Spezifik einer gegebenen Ordnung von ökonomischen Beziehungen auf der Grundlage des Wechselverhältnisses von Produktion und Konsumtion zu ermitteln, kaum positive Resultate erbringen kann. Wenn von den Wechselbeziehungen grundlegender Momente des Reproduktionsprozesses die Rede ist, dann wird damit nicht nur nicht die Aufgabe gelöst, die Spezifik der verschiedenen Produktionsweisen zu bestimmen, sie wird sogar noch nicht einmal gestellt. Wenn z. B. festgestellt wird, daß im Kapitalismus kein unmittelbarer Zusammenhang zwischen Produktion und individueller Konsumtion besteht, dann ist das unzureichend für die Aussage, daß dieser mittelbare Zusammenhang kapitalistisch ist. Ein mittelbarer Zusammenhang zwischen Produktion und Konsumtion kann auch solche Strukturen kennzeichnen, die sich wesentlich von der kapitalistischen Struktur unterscheiden. Gleichzeitig trägt das Vorhandensein eines direkten Zusammenhanges zwischen Produktion und Konsumtion in der kommunistischen Gesellschaft wenig zum Verständnis der Spezifik ihrer ökonomischen Struktur bei, weil ein direkter Zusammenhang dieser Momente z. B. auch in der Naturalwirtschaft vorhanden ist.

Daher darf man bei der Untersuchung des ökonomischen Grundgesetzes nicht von der Wechselbeziehung der gemein-

daß das Ziel die Widerspiegelung objektiver Produktionsverhältnisse im Bewußtsein darstellt, daß es aber von sich aus um so weniger deren Inhalt bilden kann. „Die Verhältnisse des ökonomischen Grundgesetzes der Formation und das Ziel der Produktion — das sind Verhältnisse auf objektiver Grundlage und ihrer subjektiven Meisterung. Das Ziel bildet sich nur im Bewußtsein der Menschen und kann sich nicht außerhalb des Bewußtseins befinden." (A. Rumjancev, Osnovnoj ekonomičeskij zakon socializma, in: Voprosy ekonomiki, Nr. 10/1968, S. 14).

samen Momente des Reproduktionsprozesses, sondern man muß unbedingt von der Spezifik der konkreten ökonomischen Struktur ausgehen, weil das Grundgesetz deren tiefstes Wesen widerspiegelt.

Große Bedeutung hat die Bestimmung der Spezifik der Erscheinungsform des ökonomischen Grundgesetzes, weil es hier um das sozialistische Entwicklungsstadium des Kommunismus geht. Hierzu hat sich die Meinung herausgebildet, daß sowohl bei der Untersuchung des Ausgangsproduktionsverhältnisses und des grundlegenden Produktionsverhältnisses wie auch des ökonomischen Grundgesetzes unbedingt von den gemeinsamen Grundlagen des Kommunismus auszugehen ist. Die Untersuchung des ökonomischen Grundgesetzes lediglich auf die allgemeinen Grundlagen der kommunistischen Formation zu beschränken, heißt im Stadium einer höchst abstrakten Analyse stehenzubleiben. In diesem Falle übersieht man hinter der Einheit und Allgemeinheit beider Phasen der kommunistischen Formation deren Unterschiede, die wesentliche Bedeutung haben, weil es um die Gesetzmäßigkeiten des Hinüberwachsens des ersten Stadiums in das höchste Stadium und um die Mechanismen dieses Prozesses geht.

Wenn man jedoch in unzulässiger Weise von den Besonderheiten des sozialistischen Entwicklungsstadiums bei der Bestimmung des Inhalts des ökonomischen Grundgesetzes der kommunistischen Formation abstrahiert, so besteht noch weit weniger Anlaß, ein für die gesamte kommunistische Formation geltendes ökonomisches Grundgesetz in Abrede zu stellen. Dabei behaupten einige Ökonomen, daß dem Sozialismus ein besonderes ökonomisches Grundgesetz eigen sei, das sich wesentlich vom ökonomischen Grundgesetz des reifen Kommunismus unterscheidet.

Es ist klar, daß zwischen dem Sozialismus und dem Kommunismus qualitative Unterschiede bestehen. Wenn man jedoch anerkennt, daß Sozialismus und Kommunismus durch verschiedene Gesetze gekennzeichnet sind, die ihre Bewegung bestimmen, d. h. durch verschiedene Grundgesetze, dann ist das gleichbedeutend damit, daß der Sozialismus selbst keine Phase der kommunistischen Formation darstellt, sondern eine selbständige sozial-ökonomische Formation. Unserer Ansicht nach kann jede sozial-ökonomische Formation nur ein ökonomisches Grundgesetz haben. Man kann lediglich von verschiedenen Ausdrucksformen eines für die ganze kommunistische Formation geltenden ökonomischen Grundgesetzes sprechen.

Oft läßt man sich von der Vorstellung über das ökonomische Grundgesetz der Formation als einer Form des wechselseitigen Zusammenhanges zwischen Produktion und Konsumtion leiten und behandelt den Inhalt des Grundgesetzes der kommunistischen Formation als maximale Befriedigung der materiellen und kulturellen Bedürfnisse als Folge der Entwicklung der sozialistischen Produktion auf der Grundlage der höchsten Technik. An der Richtigkeit dieser These ist natürlich nicht zu zweifeln. Sie kann jedoch kaum den Inhalt des Bewegungsgesetzes der kommunistischen Formation als Gesetz wiedergeben, das das Wesen ihres grundlegenden Produktionsverhältnisses widerspiegelt, nämlich das Verhältnis der unmittelbaren Zusammenarbeit als Methode zur Verwirklichung der ökonomischen Gleichheit aller Mitglieder der Gesellschaft.

Erstens führt auch im Kapitalismus die Entwicklung der Produktion zu einem Wachstum des Konsums.[93] Zweitens, was heißt maximale Befriedigung der Bedürfnisse? Wenn gemeint ist, im Maße der Möglichkeiten der Produktion, dann ist das wiederum nicht eindeutig in sozial-ökonomischer Beziehung bestimmt. Von welchen Bedürfnissen ist außerdem die Rede? A. Rumjancev schließt z. B. in die Bedürfnisse, die voll befriedigt werden sollen, auch die Bedürfnisse der Gesellschaft an Produktionsmitteln ein.[94] In diesem Falle geht es um die gesamten Bedürfnisse der Gesellschaft, sowohl um die produktiven als auch die individuellen. Jede Gesellschaft erfüllt jedoch ihre Bedürfnisse vollständig, weil diese Bedürfnisse durch die gegebene Gesellschaft hervorgebracht werden und ihre Befriedigung eine Hauptbedingung für die Existenz und die Entwicklung der Gesellschaft darstellt. Daher kann nicht von der maximalen Befriedigung der Bedürfnisse die Rede

93 V. I. Lenin schrieb, „daß die Entwicklung des Kapitalismus unvermeidlich eine Zunahme der Bedürfnisse der gesamten Bevölkerung und des Arbeiterproletariats zur Folge hat". (V. I. Lenin, Werke, Bd. 1, S. 98).

94 Siehe A. M. Rumjancev, O kategorijach i zakonach političeskoj ekonomii kommunističeskoj formacii, Moskau 1966, S. 137.

sein, sondern vom Enthüllen ihrer spezifischen Natur in der kommunistischen Gesellschaft. Und das bildet ja gerade den Inhalt des ökonomischen Grundgesetzes der kommunistischen Formation. Folglich muß man die Aufmerksamkeit nicht auf quantitative Charakteristika im Hinblick auf eine Vollständigkeit bei der Befriedigung der Bedürfnisse lenken, sondern auf eine qualitative Bestimmung des Charakters dieser Bedürfnisse, die durch die Natur der kommunistischen Produktionsweise begründet sind. Welchen Charakter diese Bedürfnisse jedoch auch haben mögen, die der kommunistischen Ordnung der Produktionsverhältnisse entsprechen, es geht vor allem um ökonomische Bedürfnisse, die durch die Ergebnisse der Produktion befriedigt werden müssen. Folglich hat die Frage des unmittelbaren materiellen Inhalts bei der Bestimmung des Inhalts des ökonomischen Grundgesetzes der kommunistischen Formation große Bedeutung.

Innerhalb der Periode, in deren Verlauf der sachliche Reichtum die Hauptform des gesellschaftlichen Reichtums bildet, ist dieser die Hauptquelle zur Befriedigung der Bedürfnisse der Gesellschaft. Der sachliche Reichtum aber entsteht durch Produktion und Reproduktion des gesellschaftlichen Produkts. Deshalb muß das Grundgesetz innerhalb der Produktion und Reproduktion eines bestimmten Teils des gesellschaftlichen Produktes betrachtet werden. Weil die ökonomischen Beziehungen jeder Gesellschaft sich aus Beziehungen der Produktion, der Verteilung, des Austauschs und der Konsumtion materieller Güter zusammensetzen, wobei die letzteren das Ergebnis der Arbeitstätigkeit, d. h. ihre Produkte sind, deshalb sind auch ihre wesentlichen Beziehungen durch die Bewegung dieser ihrer Arbeitsergebnisse begründet.

Der bestimmende Teil des Produktes, dessen Produktion, Verteilung und Austausch den Hauptinhalt der ökonomischen Struktur der vorsozialistischen Gesellschaft bildet, war das Mehrprodukt. Deshalb erfordert der Übergang zu einer qualitativ neuen Struktur der Produktionsbeziehungen vor allem eine grundsätzliche Veränderung der Bewegungsform des Mehrproduktes. Gerade darin sah V. I. Lenin den wesentlichsten Zug, der den Übergang vom Kapitalismus zum Sozialismus kennzeichnet. Eine grundsätzliche Veränderung der gesellschaftlichen Bewegungsform des Mehrproduktes konnte jedoch keine prinzipiellen Veränderungen der sozialen Natur anderer Elemente des Produkts und deren Wechselbeziehungen hervorrufen. Die Gesamtheit dieser Veränderungen bildet den materiellen Inhalt aller ökonomischen Kategorien, die das System der objektiv existierenden Produktionsverhältnisse des Sozialismus widerspiegeln.

Eine Grundforderung, der die Formel vom ökonomischen Grundgesetz der kommunistischen Formation entsprechen muß, besteht in den folgenden Bedingungen: Erstens muß sie das Wesen des grundlegenden Produktionsverhältnisses ausdrücken. Zweitens muß sie die materielle Form bestimmen, in der dieses Gesetz realisiert wird. Drittens ist es notwendig, den allgemeinen Inhalt des Gesetzes und seine Erscheinungsform im sozialistischen Entwicklungsstadium zu unterscheiden.

Das Wesen des grundlegenden Produktionsverhältnisses als Verhältnis der unmittelbaren Zusammenarbeit, als Methode zur Realisierung einer vollen sozial-ökonomischen Gleichheit, kann durch die Formel von der allseitigen Entwicklung der menschlichen Persönlichkeit ausgedrückt werden, weil gerade dadurch die unmittelbare Zusammenarbeit von in sozialökonomischer Hinsicht völlig gleichen Individuen realisiert wird. Karl Marx hob besonders die Entwicklung der Persönlichkeit, die Individualität der Mitglieder der Gesellschaft, als bestimmende Säule der Produktion und des Reichtums hervor, als er die grundlegenden Besonderheiten der ökonomischen Beziehungen der kommunistischen Gesellschaft bestimmte. Er schrieb: „In fact aber, wenn die bornierte bürgerliche Form abgestreift wird, was ist der Reichtum anders, als die im universellen Austausch erzeugte Universalität der Bedürfnisse, Fähigkeiten, Genüsse, Produktivkräfte etc. der Individuen? Die volle Entwicklung der menschlichen Herrschaft über die Naturkräfte, die der sogenannten Natur sowohl, wie seiner eigenen Natur? Das absolute Herausarbeiten seiner schöpferischen Anlagen, ohne andre Voraussetzung als die vorangegangne historische Entwicklung, die diese Totalität der Entwicklung, d. h. der Entwicklung aller menschlichen Kräfte als solcher, nicht gemessen an einem *vorhergegebenen* Maßstab, zum Selbstzweck macht? wo er sich nicht reproduziert in einer Bestimmtheit, sondern seine Totalität reproduziert? Nicht irgend etwas Gewordnes zu bleiben sucht, sondern in der absoluten Bewegung des Werdens ist?"[95]

Bei der Charakterisierung der wesentlichen Veränderungen von Platz und Rolle des Menschen im Produktionsprozeß schrieb Marx: „Er reiht sich ein in den Produktionsprozeß, um dessen Hauptagent zu werden. In dieser Veränderung weder der unmittelbaren Arbeit, die vom Menschen selbst ausgeführt wird, noch jener Zeit, die er tätig ist, sondern die Aneignung seiner eignen, allgemeinen Produktivkraft, sein Verständnis und die Aneignung der Natur dank seinem Dasein als gesellschaftlicher Körper, mit einem Wort, die Entwicklung des gesellschaftlichen Individuums – das ist es, was als Grundpfeiler der Produktion und des Reichtums in Erscheinung tritt."[96]

So tritt die allseitige Entwicklung der Persönlichkeit in der Qualität des ökonomischen Grundgesetzes der kommunistischen Formation auf. Dies sowohl gleichzeitig im „Ziel" als auch im „Mittel" zur Entwicklung dieser Ordnung. Die Unerschöpflichkeit dieser Quelle der Bewegung bedeutet grenzenlose Entwicklungsmöglichkeiten des Kommunismus selbst.

Auf diese Weise abstrahieren wir bei der Bestimmung des ökonomischen Grundgesetzes der kommunistischen Ordnung von den Besonderheiten der Produktionsverhältnisse des sozialistischen Stadiums. Eine solche Formulierung des Bewegungsgesetzes der ökonomischen Beziehungen drückt, angewendet auf die Bedingungen des Sozialismus, nur die Haupttendenz seiner Entwicklung aus, und nicht jenes spezifische Wesen, das den Sozialismus gerade als erste Phase der kommunistischen Gesellschaft charakterisiert. Bei der Untersuchung des ökonomischen Grundgesetzes der kommunistischen Formation ist es daher nicht ausreichend, sich auf eine Bestimmung zu beschränken, die das allgemeine Wesen des Kommunismus kennzeichnet. Den verschiedenen Stadien des Kommunismus entsprechen spezifische Wesen, die mit seinem allgemeinen Wesen nur in dem Maße zusammenfallen, wie vom höchsten Stadium der Entwicklung der kommunistischen Gesell-

95 K. Marx, Grundrisse der Kritik der Politischen Ökonomie, S. 387.

96 Aus dem handschriftlichen Nachlaß von Marx, in: Bol'ševik, Nr. 11, 12/1939, S. 62.

schaft die Rede ist. Deshalb hat die Bestimmung der Ausdrucksformen eines für die ganze Formation geltenden Grundgesetzes große Bedeutung, in der das spezifische Wesen des sozialistischen Stadiums seine Widerspiegelung finden könnte.

Bestimmender Faktor der Bewegung der sozialistischen Produktionsverhältnisse ist der sich ständig erweiternde Umfang der materiellen Bedingungen, die die Reproduktion der Mitglieder der Gesellschaft als Werktätige gewährleisten, die eine bestimmte Arbeitsart ausführen, sowie auf dieser Grundlage die Vorbereitung der notwendigen Voraussetzungen zu deren allseitiger Entwicklung. Gerade diese These wird im Rechenschaftsbericht des ZK der KPdSU an den XXIV. Parteitag der Kommunistischen Partei der Sowjetunion unterstrichen, wo es heißt, „daß die maximale Befriedigung der materiellen und kulturellen Bedürfnisse der Menschen das höchste Ziel der gesellschaftlichen Produktion im Sozialismus ist“[97].

Die materiellen Bedingungen der Produktion und der ihnen entsprechende Zustand der ökonomischen Beziehungen können unter dem unmittelbaren Einfluß gerade dieses zuletzt genannten Faktors funktionieren, weil der Sozialismus eine Gesellschaft darstellt, in der die unmittelbare lebendige Arbeit die Hauptquelle des Reichtums und deren hauptsächlichen Maßstab darstellt. Im Rahmen dieser Beziehungen besteht jedoch der tiefe Wesenszusammenhang der Produktion in der Gewährleistung eines Wohlstandes an materiellen und geistigen Gütern für alle. Das ist jedoch noch nicht die freie, allseitige Entwicklung der Persönlichkeit, sondern nur deren unabdingbare Voraussetzung. Unter diesen Bedingungen ist die Ausdrucksform des Grundgesetzes das mögliche Mehr an Produktion des Nettoprodukts. Dabei geht es gerade um das Nettoprodukt und nicht um eine bestimmte Größe seines Wertes.

Das bedeutet, daß nicht die abgearbeitete Arbeitszeit, sondern die unmittelbare Wirksamkeit der Arbeit, deren Produktivität, den Umfang des Nettoproduktes als Gesamtheit von

[97] Rechenschaftsbericht des Zentralkomitees der Kommunistischen Partei der Sowjetunion, Referat von L. I. Brežnev, Moskau-Berlin 1971. S. 57.

Gebrauchswerten bestimmt, in der eine bestimmte gesellschaftliche Arbeit ihre Vergegenständlichung gefunden hat. Die Steigerung der Produktivität der gesellschaftlichen Arbeit wird zur Hauptbedingung, die den Sieg des Sozialismus gewährleistet und den Übergang zum Kommunismus vorbereitet. Nicht die Steigerung der Menge an gesellschaftlicher Arbeit unmittelbar, sondern die Steigerung ihrer Produktivität ist die Voraussetzung und die Bedingung für die Entwicklung des Sozialismus. Wird die zur Erzeugung der Güter und zur Sicherung des Wohlstandes der Werktätigen erforderliche Zeit so unbedeutend, daß sie als Maß der Verteilung und des Verbrauchs ihre Bedeutung verliert, dann bleibt die Produktion von Nettoprodukt nur mehr als allgemeine materielle Grundlage der gesellschaftlichen Entwicklung erhalten. Die Entwicklung der menschlichen Persönlichkeit wird zur unmittelbaren Ausdrucksform des ökonomischen Bewegungsgesetzes des Kommunismus.

KAPITEL 4

Über den Charakter der Proportionalität in der sozialistischen Gesellschaft

Die Proportionalität als Gesetz der gesellschaftlichen Produktion. Allgemeine und spezifische Gesetze

Unabhängig davon, in welchem Zustand sich die Elemente der gesellschaftlichen Produktion befinden, existieren zwischen ihnen immer bestimmte Zusammenhänge und Wechselbeziehungen, die sowohl eine quantitative als auch eine qualitative Charakteristik haben. Die qualitative Charakteristik bestimmt die Handlungsfähigkeit und die Struktur der Elemente der Produktion und charakterisiert den Effektivitätsgrad bei der Einwirkung der Arbeit auf die Natur, der jene quantitativen Wechselbeziehungen ausdrückt, die sich zwischen den einzelnen Faktoren der Produktion herausbilden. Weil der Arbeitsprozeß in der Gesellschaft immer ein Zusammenspiel und eine Vereinigung seiner Momente – der Arbeitsmittel, Arbeitsgegenstände und der Arbeitskraft – darstellt, befinden sich diese immer in bestimmten quantitativen Wechselbeziehungen sowohl innerhalb des einzelnen Produktionsprozesses als auch im Maßstab der gesamten Gesellschaft.

Es ist klar, daß einer bestimmten Menge von Arbeitskraft eine bestimmte Menge von sachlichen Arbeitselementen entsprechen muß. Ohne diese Übereinstimmung kann der Arbeitsprozeß nicht vonstatten gehen. Es ist ein bekanntes quantitatives Wechselverhältnis zwischen den sachlichen Elementen der Produktion, den Arbeitsmitteln und den Arbeitsgegenständen erforderlich. Deshalb muß einer bestimmten Menge von Arbeitsmitteln eine entsprechende Menge von Arbeitsgegenständen entsprechen und umgekehrt. Die Steigerung der

Effektivität der Arbeitsmittel ist von einem Anwachsen des Umfangs an Arbeitsgegenständen begleitet, die auf je eine Einheit von Arbeitsmitteln entfallen. Ein bestimmtes quantitatives Wechselverhältnis bildet sich auch zwischen den einzelnen Elementen innerhalb der Arbeitsmittel heraus, zum Beispiel zwischen den mechanischen Arbeitsmitteln und jenen Arbeitsmitteln, die das Gefäßsystem der Produktion bilden.

Die Zusammenhänge und Abhängigkeiten der einzelnen Elemente der Produktion verstärken sich besonders unter den Bedingungen der maschinellen Produktion. Mit ihrem Aufkommen geht eine gewaltige Entwicklung spezialisierter Produktionsprozesse einher, die von der Schaffung neuer Produktionsverbindungen begleitet sind, die die Entwicklung der Kooperation erfordern. Unter diesen Bedingungen verstärkt sich die Notwendigkeit zur Kombinierung der verschiedenen Arbeitsarten, damit ein Nutzeffekt erreicht wird, ganz erheblich. Damit aber verbreitert sich auch die Basis für bestimmte quantitative Beziehungen von lebendiger und vergegenständlichter Arbeit, die in verschiedenen Gliedern der gesellschaftlichen Produktion herrschen.

Auf der Grundlage des technischen Fortschritts und der wachsenden Differenzierung der Produktionszweige vollzieht sich die Bildung von zwei großen Abteilungen der gesellschaftlichen Produktion – der Produktion von Produktionsmitteln und der Produktion von Konsumtionsmitteln. Zwischen diesen entstehen feste und beständige Beziehungen, die durch streng bestimmte quantitative Wechselbeziehungen charakterisiert sind. Die Entwicklung der Technik ist von einer Verstärkung der Rolle jener Zweige der gesellschaftlichen Produktion begleitet, die Produktionsmittel herstellen. Infolgedessen verstärken und vertiefen sich die Produktionsbeziehungen zwischen den einzelnen Zweigen, die die sachlichen Elemente füreinander herstellen. Die Verstärkung der Rolle der Abteilung I in der gesellschaftlichen Produktion, die Steigerung ihres spezifischen Anteils am gesellschaftlichen Gesamtprodukt wird durch ein bedeutendes Wachstum der Anzahl von Werktätigen begleitet, die mit der Herstellung von Produktionsmitteln beschäftigt sind. Dieser Umstand bedingt eine verstärkte Abhängigkeit der Abteilung I von der Abteilung II. Auf der anderen Seite muß der relativ geringer werdende Anteil von Arbeitern in der Abteilung II die ständig wachsenden Bedürfnisse der Arbeiter der Abteilung I an Konsumtionsmitteln befriedigen. Das erfordert seinerseits eine Steigerung der Effektivität der Arbeit in dieser Abteilung, was durch die Anwendung vervollkommneter Produktionsmittel erreicht wird. Infolgedessen verstärkt sich die Abhängigkeit der Abteilung II von der Abteilung I.

Unterstellen wir, daß die Produktion von Konsumtionsmitteln sich um 5 Prozent erhöhen soll. Damit das Produkt der Abteilung II um 5 Prozent wachsen kann, muß man sie mit Produktionsmitteln, Arbeitsmitteln und Arbeitsgegenständen versorgen. In welchem Umfang muß die Produktion von Arbeitsgegenständen, Arbeitsmitteln und anderem gesteigert werden? Es ist offensichtlich, daß die Produktion von Arbeitsgegenständen, die von der Abteilung II benötigt werden, in einem Umfang wachsen muß, der unmittelbar dem geforderten Wachstum der Produktion der Abteilung II entspricht, nämlich um 5 Prozent. Es ist selbstverständlich, daß dieses Wachstum in früheren Perioden im Vergleich zu der Periode erfolgen muß, in der sich das 5prozentige Wachstum des Produktes der Abteilung II vollzieht. Anders liegen die Dinge mit dem Wachstum des Umfangs der Produktion von Arbeitsmitteln für die Abteilung II. Natürlich muß sich die Menge der in der Abteilung II eingesetzten Arbeitsmittel um 5 Prozent vergrößern. Aber der Produktionsumfang in den Zweigen, die Arbeitsmittel herstellen, muß bedeutend rascher wachsen. Unterstellen wir, daß die Verschleißzeit der Arbeitsmittel 5 Jahre und die Menge an Arbeitsmitteln 5000 Einheiten beträgt. In diesem Falle sind für die einfache Reproduktion der Arbeitsmittel jährlich 1000 Einheiten erforderlich. Zur Steigerung der Produktion in der Abteilung II um 5 Prozent muß die Produktion an Arbeitsmitteln jedoch um die besagten 5 Prozent, d. h. um weitere 250 Einheiten, gesteigert werden. Das bedeutet, daß die Produktion von Arbeitsmitteln um 1250 Einheiten, d. h. um 25 Prozent gesteigert werden muß.

Die Abhängigkeiten zwischen der Abteilung I und der Abteilung II erschöpfen sich jedoch nicht in Beziehungen der materiell-sachlichen Elemente der Produktion dieser Abteilungen. Die Hauptrichtung bei der Verwirklichung der Proportionalität im Schnitt der beiden Abteilungen ist die Gewährleistung der Einheit von materiell-sachlicher und wertmäßiger Struktur des gesellschaftlichen Produktes. Diese Einheit bildet im wesentlichen den Hauptinhalt der Proportionen bei der Reproduktion im Rahmen der gesamten Gesellschaft und der verschiedenen Formen ihrer gesellschaftlichen Organisation.

In jeder beliebigen Gesellschaft existiert ein bekanntes quantitatives Wechselverhältnis zwischen jenem Teil an Produktionsmitteln, der unmittelbar in der Produktionssphäre fungiert, und jenem, der die Kontinuität des Produktionsprozesses gewährleistet und in Vorräten und Reserven besteht. Die Entwicklung der gesellschaftlichen Produktion als Ganzes ist von einer Differenzierung dieser einzelnen Phasen begleitet, durch die das Produkt vom Moment seiner Schaffung bis zum Moment seiner endgültigen Nutzung hindurchgeht. In jedem entwickelten gesellschaftlichen Produktionsorganismus vollziehen sich isolierte Phasen der Produktion, der Verteilung, des Austausches und des Verbrauchs. In der Produktionsphase erfolgt die Bildung des Produktes als Ergebnis der Einwirkung der Arbeit auf die Stoffe und Kräfte der Natur. In der Verteilungsphase werden sowohl das Produkt als Ganzes wie auch seine einzelnen Bestandteile der Einwirkung eines besonderen gesellschaftlichen Mechanismus unterworfen, mit dessen Hilfe sie ihre spezifische Bestimmung erhalten, die die weitere Richtung ihrer Bewegung bestimmt. Im Prozeß des Austausches unterliegt das Produkt der Zirkulation, es wird durch andere Produkte ersetzt. Im Konsumtionsprozeß schließlich wird das Produkt endgültig genutzt und auf der einen Seite als Produkt realisiert sowie auf der anderen Seite aus dem gesellschaftlichen Zirkulationsprozeß als Produkt ausgeschieden.

In Übereinstimmung mit der Isolierung der einzelnen Momente der Reproduktion bilden sich spezifische Sphären des Reproduktionsprozesses – die Sphäre der Produktion, der Distribution und des Austausches sowie die Konsumtionssphäre. Ungeachtet dessen, daß sich sowohl die Phasen des Reproduktionsprozesses wie auch seine Sphären in einer organischen Einheit und in Wechselwirkung bei bestimmendem Einfluß der Produktion befinden, verfügt jede von ihnen über eine relative Selbständigkeit und gewisse Isoliertheit, hat ihre besonderen Funktionen und wird durch die der gegebenen Form spezifischen Gesetzmäßigkeiten gelenkt.

Die qualitative Einheit und gegenseitige Bedingtheit der unterschiedlichen Sphären der Reproduktion bestimmen einerseits die Notwendigkeit bestimmter quantitativer Abhängigkeiten zwischen den Massen an lebendiger Arbeit, die in den einzelnen Sphären der Reproduktion eingesetzt sind, sowie andererseits den Umfang der sachlichen Faktoren, die in diesen Sphären fungieren.

Die Entwicklung der gesellschaftlichen Produktion wird begleitet durch deren territoriale Aufteilung, durch die Spezialisierung einzelner ökonomischer Gebiete auf die Produktion eines bestimmten Produktes oder einzelner Gruppen von Produkten. In diesem Zusammenhang entstehen komplizierte ökonomische Beziehungen und Abhängigkeiten zwischen einzelnen ökonomischen Gebieten und Ländern. Damit aber entsteht auch die Notwendigkeit einer quantitativen Kombinierung zwischen den einzelnen Produktionsgebieten auf der einen Seite und zwischen der Produktion von Gütern und deren Transport auf der anderen Seite.

Wenn man daher den gesellschaftlichen Produktionsprozeß als solchen, d. h. unabhängig von einer besonderen sozialen Form, betrachtet, so findet man, daß dessen einzelne Elemente sich immer in streng bestimmten inneren Zusammenhängen und Beziehungen vorfinden, die von der Natur der Produktion selbst diktiert sind. Diese Zusammenhänge und Beziehungen von Faktoren der Produktion setzen ihre quantitative Bestimmung und Kombinierung voraus. Anderenfalls können sie überhaupt nicht als Elemente der Produktion realisiert werden.

Die Notwendigkeit zur Bestimmung der quantitativen Wechselbeziehungen im Prozeß der gesellschaftlichen Produktion wird auch dadurch diktiert, daß das Vorhandensein von gesellschaftlichen Produktionsbeziehungen, der gemeinschaftliche Charakter der Arbeitsanstrengungen vieler Individuen, einen der wichtigsten qualitativen Faktoren der materiellen Produktion darstellt. Gewöhnlich hat man eine bestimmte spezifisch historische Form der Produktionsverhältnisse im Auge, wenn man über die Rolle dieser Verhältnisse und deren Einfluß auf den unmittelbaren Prozeß der Schaffung materieller Güter spricht. Die Frage ist damit jedoch nicht erschöpft.

Erstens. Wenn die materielle Produktion in ihrer allgemeinen Form betrachtet wird, so ist sie die Einheit von zwei Seiten von Beziehungen, der Beziehungen zwischen dem Menschen und der Natur und der gegenseitigen Beziehungen der Menschen zueinander im Prozeß ihrer gemeinschaftlichen Tätigkeit.

Insofern kann man von der Rolle der Produktionsverhältnisse allgemein, unabhängig von ihrer spezifischen Form sprechen. Gerade die Einheit dieser beiden Seiten der Produktion gewährleistet den materiellen Produktionsprozeß in allen historischen Stadien seiner Entwicklung. Und gerade dank dessen, daß die Produktionsverhältnisse, in allgemeiner Form betrachtet, eine bestimmende Rolle in der Produktion materieller Güter spielen, können sie diese Rolle in ihrer spezifisch historischen Form spielen. Die letztere ist nur eine Form der ersteren.

Zweitens. Bei allen Unterschieden der historischen Formen der Produktionsverhältnisse gibt es zwischen ihnen auch die bekannte Aufeinanderfolge, und mehr noch, gewisse allgemeine Züge als Faktoren der materiellen Produktion, die durch einen bestimmten Zustand ihrer sachlichen Elemente bedingt sind sowie durch Besonderheiten der Arbeitsmittel. Dadurch existieren feste und beständige innere Zusammenhänge der Produktivkräfte und der Produktionsverhältnisse, die in solchen allgemeinen Gesetzen der gesellschaftlichen Produktion fixiert sind wie in dem Gesetz von der Übereinstimmung der Produktionsverhältnisse mit dem Charakter der Produktivkräfte.

Weil der materielle Produktionsprozeß sich generell nicht in der Kombinierung der einfachen Elemente des Arbeitsprozesses erschöpft, sondern auch das Vorhandensein bestimmter Produktionsverhältnisse voraussetzt – Organisation der Arbeit innerhalb des einzelnen Produktionsgliedes, einen bestimmten Zusammenhang zwischen den Werktätigen verschiedener Betriebe, der durch Spezialisierung und Konzentration der Produktionsprozesse bedingt ist –, deshalb gibt es die Notwendigkeit einer quantitativen Bestimmung, die durch die Einheit der Beziehungen zur Natur und der gegenseitigen Beziehungen der Werktätigen in der Produktion bedingt ist.

Vor allem muß eine quantitative Abhängigkeit zwischen den Teilnehmern der Produktion innerhalb einzelner Produktionsglieder bestehen. Diese Notwendigkeit ergibt sich aus dem gemeinschaftlichen Charakter der Arbeit, der, wie bekannt, den verschiedensten historischen Stadien der materiellen Produktion eigen ist.

Mit der Differenzierung der gesellschaftlichen Produktion und der Spezialisierung ihrer verschiedenen Zweige erweitert sich die Kooperation der unmittelbaren Produzenten, was die Tendenz erkennen läßt, die gesamte gesellschaftliche Produktion als Ganzes zu erfassen. Damit ergeben sich bestimmte quantitative Wechselbeziehungen zwischen den Werktätigen verschiedener Berufe im Rahmen der gesamten Gesellschaft, weil nur unter dieser Bedingung eine entsprechende Menge an Produkten hergestellt werden kann, die die verschiedenen Bedürfnisse der gesellschaftlichen Produktion befriedigt. Die Entwicklung der gesellschaftlichen Produktivkraft der Arbeit bedingt eine gewisse Isolierung der Sphäre der materiellen Produktion von der nichtproduktiven Sphäre. Gleichzeitig bilden sich bestimmte quantitative Wechselbeziehungen zwischen diesen Sphären heraus.

Auf diese Weise ist die Notwendigkeit bestimmter quantitativer Beziehungen verschiedener Faktoren der Produktion durch die Natur der materiellen Produktion selbst gegeben und stellt ein unabdingbares Gesetz für das Funktionieren der Produktion dar. Karl Marx unterstrich, „. . . daß die den verschiednen Bedürfnismassen entsprechenden Massen von Produkten verschiedne und quantitativ bestimmte Massen der gesellschaftlichen Gesamtarbeit erheischen. Daß diese *Notwendigkeit der Verteilung* der gesellschaftlichen Arbeit in bestimmten Proportionen durchaus nicht durch die *bestimmte Form* der gesellschaftlichen Produktion aufgehoben, sondern nur *ihre Erscheinungsweise* ändern kann, ist selbstverständlich. Naturgesetze können überhaupt nicht aufgehoben werden. Was sich in historisch verschiednen Zuständen ändern kann, ist nur die *Form*, worin jene Gesetze sich durchsetzen. Und die Form, worin sich diese proportionelle Verteilung der Arbeit durchsetzt in einem Gesellschaftszustand, worin der Zusammenhang der gesellschaftlichen Arbeit sich als *Privataustausch* der individuellen Arbeitsprodukte geltend macht, ist eben der *Tauschwert* dieser Produkte."[98]

Marx formulierte das Gesetz der Proportionalität, d. h. die Notwendigkeit quantitativer Wechselverhältnisse zwischen

98 Karl Marx an L. Kugelmann vom 11. 7. 1868, in: Marx/Engels, Werke, Bd. 32, Berlin 1965, S. 552f.

verschiedenen Massen an Bedürfnissen und verschiedenen Massen an Gesamtarbeit, deren Produkte die Bedürfnisse befriedigen. Er betrachtete es als allgemeines Gesetz jeder Produktion, unabhängig von ihren historisch konkreten Formen und verglich es mit Naturgesetzen, die überhaupt nicht außer Kraft gesetzt werden können. Dabei hatte Marx die Notwendigkeit quantitativer Wechselbeziehungen solcher Elemente der gesellschaftlichen Produktion im Auge, die im gleichen Maße jeder materiellen Produktion eigen sind. Er abstrahierte von den spezifisch historischen Formen der Produktion und damit auch von den historischen Formen, in denen sich die Notwendigkeit der Proportionalität realisiert. Doch sind die allgemeinen Gesetze der Produktion auch deshalb allgemeine Gesetze, weil sie die wesentlichen Zusammenhänge allgemeiner Momente jedes materiellen Produktionsprozesses fixieren.

Unter den Bedingungen des privatkapitalistischen Eigentums herrschen die Anarchie der Produktion, die, Anarchie des Marktes und der Konkurrenzkampf. Deshalb setzen sich bestimmte quantitative Verhältnisse zwischen den einzelnen Faktoren der materiellen Produktion über fehlende Realisierungsmöglichkeit, über ständige Schwankungen, Störungen, Disproportionen und Überproduktionskrisen durch. Das alles bedeutet natürlich nicht, daß das Gesetz der Proportionalität zu wirken aufhört. Es hat als allgemeines Gesetz der Produktion die allgemeinen Bedingungen jeglicher Produktion zur Grundlage, d. h. solche Bedingungen, ohne die es überhaupt unmöglich ist, daß die Gesellschaft existiert. Deshalb ist offenkundig: Insoweit die kapitalistische Form nur eine bestimmte historische Form des Funktionierens der materiellen Produktion darstellt, sind ihr auch jene allgemeinen Bestimmungen eigen, durch die jedwede Produktion charakterisiert wird. Marx wies darauf hin, daß der kapitalistische Arbeitsprozeß nicht die allgemeinen Bedingungen des Arbeitsprozesses beseitigt. Wenn aber diese allgemeinen Bedingungen erhalten bleiben, bleiben damit auch die inneren Ursache-Folge-Beziehungen der Elemente erhalten, die sich in ihnen widerspiegeln, d. h. die allgemeinen Gesetze der Produktion. Wenn aber die kapitalistische Form nicht die allgemeinen Bedingungen der Produktion und die objektiv zwischen ihnen entstandenen Beziehungen verändert, so behält das Gesetz der Proportionalität damit seine Wirkung, und es sind folglich auch die Möglichkeiten für sein Wirken als allgemeines Gesetz der Produktion gegeben. Unter kapitalistischen Bedingungen wirken jedoch Faktoren, die durch den antagonistischen Charakter der kapitalistischen Eigentumsverhältnisse bedingt sind und die sich im Widerspruch zu dem Gesetz der Proportionalität befinden. Deshalb erweist sich, „... daß innerhalb der kapitalistischen Produktion die Proportionalität der einzelnen Produktionszweige sich als beständiger Prozeß aus der Disproportionalität darstellt, indem hier der Zusammenhang der gesamten Produktion als blindes Gesetz den Produktionsagenten sich aufzwingt, nicht als von ihrem assoziierten Verstand begriffnes und damit beherrschtes Gesetz den Produktionsprozeß ihrer gemeinsamen Kontrolle unterworfen hat"[99].

Die kapitalistischen Eigentumsbeziehungen beseitigen nicht die Wirkung des allgemeinen Gesetzes der Proportionalität, sondern verleihen ihm eine spezifische Form. Es wird den Akteuren der kapitalistischen Produktion als blindes Gesetz gewaltsam aufgezwungen, das außerhalb ihres Willens und ihres Bewußtseins wirkt. Deshalb stellen sich bestimmte quantitative Beziehungen zwischen den verschiedenen Elementen der gesellschaftlichen Produktion nur als eine mittlere Größe, als eine Reihe ständiger Schwankungen, Störungen und Disproportionen ein. Folglich realisieren sich die allgemeinen Bedingungen der Produktion und die allgemeinen Zusammenhänge ihrer Elemente im Kapitalismus in widersprüchlicher, antagonistischer Form.

Weil aber der Prozeß der materiellen Produktion die ewige natürliche Grundlage für die Existenz jeglicher Gesellschaft ist und vermittels bestimmter objektiv existierender Faktoren abläuft, befinden sich letztere untereinander in bestimmten quantitativen Wechselbeziehungen und können gerade deshalb als Faktoren der Produktion zur Wirkung kommen. Deshalb ist das Gesetz der Proportionalität ein allgemeines Gesetz jeglicher Produktion, unabhängig von ihrer spezifisch historischen Form.

Die Wechselwirkung allgemeiner Faktoren der Produktion erschöpft jedoch nicht den Prozeß der materiellen Produktionstätigkeit unter den Bedingungen einer gegebenen konkrethistorischen Produktionsform. Jede historische Form der Produktion ist auch durch das Vorhandensein solcher Bedingungen gekennzeichnet, die gerade ihr eigen sind. Wenn die konkreten Bedingungen der Produktion auch die allgemeinsten Beziehungen einschließen, so sind beide jedoch nicht identisch. Außer dem allgemeinen Wesen der Produktion existiert auch ihr spezifisches Wesen; zwischen beiden treten bestimmte Wechselbeziehungen und Wechselwirkungen auf.

[99] K. Marx, Das Kapital, Dritter Band, in: Marx/Engels, Werke, Bd. 25, S. 267.

Um die Frage nach dem Charakter und den Formen der Wirkung des Gesetzes der Proportionalität in der sozialistischen Produktion zu klären, betrachten wir daher das Problem der Wechselbeziehungen allgemeiner und spezifischer Gesetze der ökonomischen Entwicklung.

In der ökonomischen und in der philosophischen Literatur gibt es zu dieser Frage mehrere Meinungen. Eine davon besagt, daß die spezifischen Gesetze der gegebenen Formation die Erscheinungsform allgemeiner Gesetze sind, weil die letzteren niemals außerhalb dieser Erscheinungsform auftreten. Dieser Gesichtspunkt führt jedoch erstens zur Identifizierung allgemeiner und spezifischer Gesetze, d. h. zur Verneinung jenes realen Inhalts, der sich in diesen beiden Gruppen von Gesetzen niederschlägt. Zweitens entfällt bei einer solchen Auffassung vom Verhältnis allgemeiner und spezifischer Gesetze das Problem der Wechselwirkung zwischen ihnen. Drittens, wenn die spezifischen Gesetze nur die Form der Wirkungsweise allgemeiner Gesetze darstellen, dann wird die Veränderung des Systems spezifischer Gesetze unverständlich. Und schließlich, viertens, existieren solche spezifischen Gesetze, die durchaus nicht eine Erscheinungsform eines allgemeinen Gesetzes sind. Wenn man aber von der genannten Konzeption ausgeht, so erweist sich das als unerklärbar.

Einige Autoren unterstellen, daß man die spezifischen Gesetze nicht auf Erscheinungsformen allgemeiner Gesetze zurückführen kann, weil sich das Verhältnis zwischen allgemeinen und spezifischen Gesetzen wesentlich vom Verhältnis zwischen dem Gesetz und seiner einzelnen Erscheinung unterscheidet. Sie meinen, daß spezifische Gesetze „den Wert eben solcher wesentlichen charakteristischen Beziehungen haben wie auch allgemeine Gesetze"[100]. Das ist ohne Zweifel richtig. In Zusammenhang damit unterstreichen sie jedoch, daß spezifische Gesetze überhaupt nicht die Erscheinungsform allgemeiner Gesetze sein können. Der Umstand aber, daß spezifische Gesetze hinsichtlich charakteristischer Beziehungen den gleichen Wert haben wie allgemeine Gesetze, bedeutet durch-

100 V. P. Tugarinov, O vzaimootnošenii ob'ektivnych zakonov obščestvennogo razvitija, in: Vestnik Leningradskogo univ., Nr. 9/1954, S. 47.

aus nicht, daß die allgemeinen Gesetze neben den spezifischen auftreten, daß sie ihre besondere Ausdrucksform haben müssen, die neben den spezifischen Gesetzen existiert.

Wie in der Natur, so existieren auch in der Gesellschaft eine Reihe spezifischer Gesetze, die Formen darstellen, in denen sich die allgemeinen Gesetze offenbaren. Das bedeutet natürlich nicht, daß damit die allgemeinen Gesetze ihre selbständige Bedeutung verlieren. Die These, daß spezifische Gesetze überhaupt nicht die Erscheinungsform allgemeiner Gesetze annehmen können, schließt die Möglichkeit des Verständnisses der inneren Beziehungen sowie der Wechselbeziehungen allgemeiner und spezifischer Gesetze aus und führt zu der Vorstellung einer rein mechanischen Wechselwirkung zwischen ihnen. Geht man nicht davon aus, daß spezifische Gesetze gleichzeitig auch Erscheinungsformen allgemeiner Gesetze sind, wie ist dann die oben angeführte Aussage von Marx verständlich, daß die Aufteilung der Arbeit in bestimmten Proportionen nicht durch eine bestimmte Form der gesellschaftlichen Produktion beseitigt wird, daß sich nur die Erscheinungsform dieses Gesetzes verändern kann und daß seine Erscheinungsform in der kapitalistischen Warenwirtschaft der Tauschwert ist?

Einige Autoren entwickeln eine Konzeption, nach der auf der einen Seite die spezifischen ökonomischen Gesetze Erscheinungsformen allgemeiner Gesetze sind, während auf der anderen Seite beide ihre selbständige Existenz und Bedeutung behalten. L. Ljubošic schreibt: „Das Allgemeine und das Besondere sind im Inneren untrennbar miteinander verbunden. Das eine existiert nicht ohne das andere. Daraus folgt jedoch durchaus nicht, daß das Allgemeine dadurch seine selbständige Bedeutung verliert und daß man es im Besonderen auflösen kann. Man kann auch dem Besonderen nicht die selbständige Bedeutung absprechen, wie das geschieht, wenn man es nur auf eine besondere Erscheinungsform des Allgemeinen zurückführt. Das Allgemeine und das Besondere sind verschiedene Momente, verschiedene Seiten der Wirklichkeit selbst ..."[101] Es ist unschwer zu erkennen, daß L. Ljubošic sich bemüht, die Einseitigkeit seiner Vorgänger bei der Be-

[101] L. J. Ljubošic, Obščie i specifičeskie ekonomičeskie zakony, S. 49.

handlung des Verhältnisses allgemeiner und spezifischer Gesetze zu überwinden, und daß ihm das teilweise gelingt. Seine Betrachtungen, daß die spezifischen Gesetze Erscheinungsformen allgemeiner Gesetze sind und daß gleichzeitig die einen wie die anderen ihre selbständige Bedeutung behalten, sind für sich genommen richtig, erweisen sich jedoch bei der Analyse konkreten ökonomischen Materials als in sich widersprüchlich.

Wenn wir z. B. die Wirkung eines solchen allgemeinen Entwicklungsgesetzes wie des Gesetzes der Übereinstimmung der Produktionsverhältnisse mit dem Charakter der Produktivkräfte betrachten, dann erweist sich, daß, wenn auch das Gesetz unter den konkret-historischen Bedingungen seine Besonderheiten hat, diese Wirkungsweise jedoch nicht dadurch in Erscheinung tritt, daß es die Form spezifischer ökonomischer Gesetze der gegebenen Formation annimmt. Bezüglich dieses Gesetzes können wir mit Recht annehmen, daß es sich nicht unmittelbar in spezifischen ökonomischen Gesetzen ausdrückt, d. h., daß letztere nicht Erscheinungsformen dieses allgemeinen Gesetzes sind. Damit wird aber die These, daß die spezifischen Gesetze Erscheinungsformen allgemeiner Gesetze sind, als allgemeine Formel gegenstandslos, die das Wechselverhältnis allgemeiner und spezifischer Gesetze kennzeichnet, und zwar um so mehr, als außer dem Gesetz der Übereinstimmung von Produktionsverhältnissen mit dem Charakter der Produktivkräfte auch andere allgemeine Gesetze existieren, die analog wirken.

Wenn man andererseits als Ausgangspunkt annimmt, daß allgemeine und spezifische Gesetze ihre selbständige Bedeutung und ihren selbständigen Inhalt behalten, und gleichzeitig folgerichtig zu der Behauptung gelangt, daß spezifische Gesetze Erscheinungsformen allgemeiner Gesetze sind, dann müßte man für eine gegebene Produktionsweise die Anzahl der ökonomischen Gesetze verdoppeln.[102] Der Hauptmangel der angeführten theoretischen Modelle besteht in dem Versuch, eine allgemeine, universelle Formel zur Bestimmung des

[102] Siehe A. I. Paškov, O vseobščich i specifičeskich zakonach pri socializme, in: Problemi političeskoj ekonomii socializma (Sammelband), Moskau 1961.

Verhältnisses allgemeiner und spezifischer Gesetze der ökonomischen Entwicklung ausfindig zu machen. Dabei gibt es eine solche Formel nicht. Alle universellen Formeln sind gleichzeitig in höchstem Maße abstrakt. Daher kann man sie ohne vermittelnde Glieder nicht unmittelbar für die Lösung konkreter Probleme anwenden.

Karl Marx hat seinerzeit David Ricardo kritisiert, daß dieser sich bemühte, alle ökonomischen Kategorien des Kapitalismus aus dem Wertgesetz, unter Umgehung vermittelnder Glieder, abzuleiten. Diese methodologische Fehlrechnung liegt bedauerlicherweise auch der oben angeführten theoretischen Position zugrunde. Die allgemeinen Gesetze sind doch bei weitem nicht gleichwertig. Deshalb kann auch das Verhältnis allgemeiner und spezifischer Gesetze nicht durch eine einheitliche Formel erfaßt werden. Folglich muß eine Aufgliederung, eine bestimmte Gruppierung der allgemeinen Gesetze der erste Schritt zur Lösung dieser Frage sein

In der Tat, manche allgemeinen Gesetze finden ihren Niederschlag darin, daß sie in Abhängigkeit von den konkret-historischen Bedingungen ihre Erscheinungsform in der Weise ändern, daß diese Erscheinungsform zum spezifischen ökonomischen Gesetz wird, wenngleich die allgemeinen Gesetze dabei nicht ihren selbständigen Inhalt und ihre selbständige Bedeutung verlieren. Andere allgemeine Gesetze verändern unter verschiedenen Bedingungen nur den Charakter ihres Wirkens, ohne dabei die Form spezifischer Gesetze anzunehmen. Deshalb muß man die spezifische Erscheinungsform eines allgemeinen Gesetzes im Sinne des spezifisch historischen Charakters seines Wirkens von seiner Erscheinungsform unterscheiden, bei der der spezifisch historische Charakter seines Wirkens die besondere Form eines spezifischen Gesetzes annimmt. Es muß geklärt werden, welche allgemeinen Gesetze nur die Form ihres Wirkens ändern und welche sich in Abhängigkeit von den Umständen in diesen oder jenen spezifischen Gesetzen verkörpern.

Worin aber besteht nun das Kriterium für die Gruppierung der allgemeinen Gesetze? Es liegt im Charakter der Beziehungen begründet, die das Verhältnis der Elemente der materiellen Produktion widerspiegeln. Die materielle Produktion ist vor allem eine unlösbare innere Einheit zweier Seiten –

der Produktivkräfte und der Produktionsverhältnisse. Verschiedene Momente des Zusammenhangs dieser zwei Seiten finden in verschiedenen Gesetzen ihren Niederschlag, die die Bedeutung allgemeiner Gesetze der gesellschaftlichen Produktion haben, wie z. B. das Gesetz der Einheit von Produktivkräften und Produktionsverhältnissen, das Gesetz der Übereinstimmung der Produktionsverhältnisse mit dem Charakter der Produktivkräfte. Folglich bilden die allgemeinen Gesetze, die die wesentlichen Zusammenhänge beider Seiten der Produktion widerspiegeln, deren erste Gruppe.

Die Gesetze dieser Gruppe erfassen jedoch nicht alle wesentlichen Zusammenhänge im System der materiellen Produktion. Eine besondere Form des Zusammenhangs existiert zwischen den materiellen Produktivkräften und jener Seite der Produktionsverhältnisse, die die allgemein-ökonomische Seite der Produktionsverhältnisse darstellt, nämlich die Organisation der Arbeit in den einzelnen Betrieben, die Formen der gemeinschaftlichen Tätigkeit in der Gesellschaft, die Zusammenhänge, die auf der Grundlage der Spezialisierung und Konzentration der Produktion entstehen. Zu den ökonomischen Gesetzen, die diese Seite des Zusammenhangs charakterisieren, wäre es unserer Ansicht nach möglich, solche zu zählen wie das Gesetz der steigenden Produktivität der gesellschaftlichen Arbeit oder das Gesetz der Ökonomie der Zeit, das Gesetz der gesellschaftlichen Arbeitsteilung nach bestimmten Proportionen, das Gesetz der Einheit und der Wechselbeziehungen verschiedener Phasen und Sphären der Reproduktion. Das ist die zweite Gruppe der allgemeinen Gesetze. Zur dritten Gruppe müßte man die Gesetze zählen, die die inneren Zusammenhänge verschiedener Elemente der Produktivkräfte kennzeichnen, weil die Produktivkräfte über die bekannte relative Selbständigkeit verfügen. Dazu gehören solche Gesetze wie das Gesetz der bestimmenden Bedeutung der Arbeitsmittel gegenüber anderen sachlichen Elementen der Produktivkräfte, das Gesetz der vorrangigen Entwicklung von Produktionsmitteln, das Gesetz der Vergütung nach Arbeitsleistung.

Es versteht sich, daß jede Klassifizierung stets in bestimmtem Maße bedingten Charakter trägt. Das trifft in vollem Umfang auch auf die Gruppierung der allgemeinen Gesetze zu.

Sie gestattet es jedoch, das Verhältnis allgemeiner und spezifischer Entwicklungsgesetze der materiellen Produktion konkreter darzustellen. Darüber hinaus widerspiegelt diese Gruppierung in gewissem Maße objektive Zusammenhänge verschiedener Elemente im System der Produktion materieller Güter.

Die vorliegende Gruppierung erfaßt nur die sogenannten allgemeinen Gesetze der materiellen Produktion, d. h. solche, die auf allen möglichen Stufen der gesellschaftlichen Entwicklung wirken. Darüber hinaus gibt es noch allgemeine Gesetze, die nur einigen Formationen eigen sind, wie z. B. die Gesetze der Warenproduktion. Diese stellen jedoch einen besonderen Gegenstand dar, der jenseits der hier behandelten Fragen liegt.

Wodurch sind die Beziehungen der allgemeinen Gesetze, die die Zusammenhänge der beiden Seiten der gesellschaftlichen Produktion zum Ausdruck bringen, zu den spezifischen ökonomischen Gesetzen charakterisiert? Untersuchen wir das am Beispiel des Gesetzes von der Übereinstimmung der Produktionsverhältnisse mit dem Charakter der Produktivkräfte. Dieses Gesetz wirkt immer unter konkret-historischen Bedingungen, bei Vorhandensein eines bekannten Niveaus der Produktivkräfte und eines bestimmten Standes der Produktionsverhältnisse. Sein Hauptinhalt ist die Übereinstimmung der Produktionsverhältnisse mit dem Charakter der Produktivkräfte, d. h. ein solcher Zustand beider, der die Bedingungen für die Entwicklung der Produktion schafft. Wie muß man das jedoch verstehen? In welchem Zustand die Produktionsverhältnisse sich auch immer befinden, so oder so schaffen sie doch in gewissem Maße Bedingungen für die Entwicklung der materiellen Produktion. In keinem Fall können die Produktionsverhältnisse jemals eine absolute Bremse für die Bewegung und Entwicklung der Produktivkräfte darstellen. Die Entwicklung der Produktivkräfte kann jedoch auf verschiedene Weise vonstatten gehen.

Im Charakter der Produktivkräfte selbst liegen bestimmte objektive Potenzen zur Entwicklung der gesellschaftlichen Produktion – ein bestimmtes Akkumulationstempo, ein bestimmtes Tempo des absoluten und relativen Zuwachses des gesellschaftlichen Produkts, des Wachstums der gesellschaftlichen Arbeitsproduktivität usw. Es ist offensichtlich, daß die Übereinstimmung der Produktionsverhältnisse mit dem Charakter der Produktivkräfte einen solchen Zustand kennzeichnet, bei dem optimal jene objektiven Möglichkeiten zum Tragen kommen, die in den Produktivkräften selbst enthalten sind. Wenn diese Möglichkeiten aber nicht in vollem Maße ausgeschöpft werden können, wenn das Entwicklungstempo der Produktion nicht den Möglichkeiten entspricht, die in den Produktivkräften enthalten sind, dann bedeutet das, daß die Produktionsverhältnisse nicht mehr dem Charakter der Produktivkräfte entsprechen.

Das Gesetz der Übereinstimmung der Produktionsverhältnisse mit dem Charakter der Produktivkräfte wirkt immer unter bestimmten historischen Bedingungen und nimmt niemals die Form spezifischer ökonomischer Gesetze der gegebenen Formation an. Die spezifischen ökonomischen Gesetze bilden die konkret-historische Grundlage, auf der dieses allgemeine Gesetz seine Wirkung entfaltet. Sie bestimmen damit dessen spezifische Erscheinungsform. Das bedeutet jedoch nicht, daß es keine inneren Zusammenhänge zwischen der Wirkung des Gesetzes der Übereinstimmung der Produktionsverhältnisse mit dem Charakter der Produktivkräfte und den spezifischen ökonomischen Gesetzen der gegebenen Produktionsweise gibt. In den antagonistischen Produktionsweisen drückt sich dieser Zusammenhang besonders darin aus, daß im progressiven Stadium ihrer Entwicklung die Wirkung spezifischer ökonomischer Gesetze mit der Wirkungsrichtung dieses allgemeinen Gesetzes übereinstimmt, während im Stadium ihres Zerfalls die Wirkungsrichtung dieses Gesetzes der Wirkungsrichtung der spezifischen Gesetze der gegebenen Produktionsweise entgegengesetzt ist.

Auf diese Weise wirkt das Gesetz der Übereinstimmung der Produktionsverhältnisse mit dem Charakter der Produktivkräfte immer unter bestimmten historischen Bedingungen und hat seine spezifische Erscheinungsform. Es nimmt jedoch nicht die Form spezifischer ökonomischer Gesetze an, wenngleich zwischen ihm und den Gesetzen der gegebenen Produktionsweise innere Zusammenhänge und Wechselwirkungen bestehen. Das bezieht sich nicht nur auf das Verhältnis des Gesetzes der Übereinstimmung der Produktionsverhältnisse mit dem Charakter der Produktivkräfte zu den spezifischen ökonomischen Gesetzen, sondern auch auf andere allgemeine Gesetze, die wesentliche Zusammenhänge beider Seiten der gesellschaftlichen Produktion zum Ausdruck bringen. Anders verhält es sich mit allgemeinen Gesetzen, die Zusammenhänge der Produktivkräfte mit jenem Teil der Produktionsverhältnisse widerspiegeln, die die allgemein-ökonomische Seite dieser Beziehungen charakterisieren. Eben zu dieser Gruppe allgemeiner Gesetze gehört das Gesetz der Proportionalität. Im Unterschied zu den allgemeinen Gesetzen der ersten Gruppe wirkt es in Form spezifischer ökonomischer Gesetze und behält dabei seine selbständige Bedeutung und seinen eigenständigen Inhalt in allen historischen Stadien der Entwicklung der Produktion bei. Das bedeutet, daß es in Abhängigkeit von den konkret-historischen Bedingungen verschiedene Formen spezifischer ökonomischer Gesetze annimmt.

Dabei ist charakteristisch, daß auch die spezifischen ökonomischen Gesetze, in denen sich in Abhängigkeit von den historischen Umständen die Forderungen des Gesetzes der Proportionalität niederschlagen, ihren spezifischen Inhalt behalten. Dieser wird durch die Gesamtheit von Verhältnissen bestimmt, die die ökonomische Struktur der gegebenen Formation bilden. Alle die spezifischen ökonomischen Gesetze aber, in denen in Abhängigkeit von den konkreten Umständen das Gesetz der Proportionalität seine Wirkung offenbart, wirken nur in dem Maße in Richtung dieses allgemeinen Gesetzes, wie die spezifischen ökonomischen Verhältnisse der gegebenen Produktionsweise einen normalen Ablauf der materiellen Produktionstätigkeit überhaupt gewährleisten. Deshalb ist es natürlich, daß diejenigen spezifischen ökonomischen Gesetze in den antagonistischen Produktionsweisen, die Funktionen des Gesetzes der Proportionalität erfüllen, diesen Forderungen nur unvollkommen, relativ und begrenzt entsprechen. Deshalb entstehen sogar im progressiven Stadium der Entwicklung dieser Produktionsweisen unausweichlich Widersprüche und Konflikte zwischen dem Gesetz der Proportionalität und diesen spezifischen Gesetzen.

Das zeugt einerseits davon, daß auch das Gesetz der Proportionalität und die spezifischen ökonomischen Gesetze, über die sich dies Gesetz durchsetzt, ihr besonderes Wesen haben und daß andererseits das Gesetz der Proportionalität sich so oder so durchsetzt, weil es eine objektive Notwendigkeit ausdrückt, die von der Natur der materiellen Produktion selbst diktiert ist.

Was die allgemeinen Gesetze der dritten Gruppe und deren Verhältnis zu den spezifischen ökonomischen Gesetzen betrifft, so stellt das einen besonderen Gegenstand dar, der über die Grenzen des hier behandelten Problems hinausreicht.

Die Wertform als die Form, in der sich das Gesetz der Proportionalität realisiert

Das Gesetz der Proportionalität gehört, wie bereits vermerkt wurde, zu jenen allgemeinen Gesetzen, die sich in Abhängigkeit von den konkret-historischen Umständen in besonderen ökonomischen Formen durchsetzen, die die Bedeutung spezifischer ökonomischer Gesetze erlangen und die gegebene soziale Ordnung der Produktion kennzeichnen. Diese Formen treten immer als qualitativ eigenständige Formen von Beziehungen auf, die zwischen verschiedenen wirtschaftlichen Gliedern der gesellschaftlichen Produktion bestehen.

Manchmal werden sie unter der Rubrik Austausch von Tätigkeiten behandelt und mit dem Austausch überhaupt (als einem besonderen ökonomischen Prozeß) gleichgesetzt. Im Zusammenhang damit werden z. B. die Ware-Geld-Beziehungen als deren bestimmte Form behandelt.[103] Uns scheint jedoch, daß eine solche Identifizierung unbegründet ist. Wie bekannt, unterschied Marx, wenn er von Austausch sprach, erstens, den Austausch von Tätigkeiten und Fähigkeiten, der sich in der Produktion selbst vollzieht, unmittelbar mit ihr in Verbindung steht und deren wesentliche Seite bildet; zweitens, den Austausch von Produkten, die Mittel für die Her-

[103] „Der Austausch von Tätigkeiten im Sozialismus", schrieb S. Tureckij, „tritt in Form der Ware-Geld-Beziehungen auf, deren Erweiterung unvermeidlich mit der Festigung und Entwicklung der sozialistischen Produktionsverhältnisse verknüpft ist." (Siehe S. Tureckij, Očerki planovogo cenoobrazovanija, Moskau 1959, S. 3).

stellung des fertigen Produktes sind, das im voraus für die unmittelbare Konsumtion bestimmt ist; drittens den gegenseitigen Austausch zwischen den Unternehmern, der völlig durch die Produktion bestimmt ist.[104] Folglich ist der Austausch von Tätigkeiten durchaus nicht gleichbedeutend mit Austausch überhaupt und bildet nur eines seiner möglichen Momente neben dem Austausch zwischen Unternehmern. Offenbar gibt es keinerlei Grund zu der Annahme, die Ware-Geld-Beziehungen stellten eine Seite des Austauschs von Tätigkeiten dar. Der Austausch von Tätigkeiten unterstellt das Vorhandensein bestimmter spezialisierter Arbeitsarten, deren Produkte in sachlicher Form oder in Form von Dienstleistungen untereinander ausgetauscht werden. Dadurch vollzieht sich auch der gesellschaftliche Prozeß der Produktion. Der Austausch in Form von Ware-Geld-Beziehungen unterstellt darüber hinaus nicht nur die Spezialisierung einzelner Arbeiten, sondern auch die ökonomische Isolierung der Produzenten, die sie ausführen.

Wenn man von besonderen historisch-begründeten Formen der Realisierung des Gesetzes der Proportionalität spricht, so hat man Formen im Auge, die gegenseitige Beziehungen einzelner ökonomischer Zellen zum Ausdruck bringen sowie deshalb auch Beziehungen zwischen einzelnen Mitgliedern der Gesellschaft hinsichtlich Produktion und Konsumtion materieller Güter. Diese werden unter dem Gesichtspunkt des Austausches als eines spezifischen ökonomischen Prozesses betrachtet, der sich vom eigentlichen Produktionsprozeß unterscheidet.

Die Verbreitung von Arbeitswerkzeugen, die durch die Arbeit selbst hervorgebracht werden, führt zur Differenzierung einzelner Produktionsglieder und zum Entstehen voneinander unabhängiger Wirtschaftseinheiten, die sich auf die Herstellung verschiedener Produkte spezialisiert haben. In diesem Falle nehmen die gegenseitigen Beziehungen zwischen den Produzenten die Form des Austauschs von Arbeitsprodukten an. Es entwickelt sich die sachliche Form der Beziehung und damit auch die sachliche Form der Abhängigkeit zwischen den Menschen. Diese Form der Beziehung bildet den Inhalt der

[104] K. Marx, Grundrisse der Kritik der Politischen Ökonomie, S. 20.

Ware-Geld-Beziehungen. Unter den Bedingungen der Warenproduktion erhält „... die Gleichheit der menschlichen Arbeiten ... die sachliche Form der gleichen Wertgegenständlichkeit der Arbeitsprodukte, das Maß der Verausgabung menschlicher Arbeitskraft durch ihre Zeitdauer erhält die Form der Wertgröße der Arbeitsprodukte, endlich die Verhältnisse der Produzenten, worin jene gesellschaftlichen Bestimmungen ihrer Arbeit bestätigt werden, erhalten die Form eines gesellschaftlichen Verhältnisses der Arbeitsprodukte"[105].

Die Warenform des Produktes war das Ergebnis des sich entwickelnden Widerspruches zu seiner gesellschaftlichen Bestimmung, weil es einerseits durch ein bestimmtes spezialisiertes Glied der gesellschaftlichen Produktion sowie andererseits unmittelbar durch ökonomisch unabhängige, isolierte Produzenten hergestellt wird. In der Warenwirtschaft tritt das gesellschaftliche Sein jedes gegebenen Arbeitsaufwandes als Ergebnis einer allseitigen Verfremdung der Produkte in Erscheinung. Die allgemeine Eigenschaft der Waren, Produkte menschlicher Tätigkeit überhaupt zu sein, wird von all jenen konkreten Formen abstrahiert, in denen diese real existiert und faktisch realisiert wird. Sie erhält selbständige sinnlich-wahrnehmbare Existenz im Geld. Infolgedessen steht die Welt der realen Beziehung zwischen den Menschen auf dem Kopf. Marx schrieb:

„Indem die relative Wertform einer Ware, z. B. der Leinwand, ihr Wertsein als etwas von ihrem Körper und seinen Eigenschaften durchaus Unterschiednes ausdrückt, z. B. als Rockgleiches, deutet dieser Ausdruck selbst an, daß er ein gesellschaftliches Verhältnis birgt. Umgekehrt mit der Äquivalentform ... Der Körper der Ware, die zum Äquivalent dient, gilt stets als Verkörperung abstrakt menschlicher Arbeit und ist stets das Produkt einer bestimmten nützlichen, konkreten Arbeit. Diese konkrete Arbeit wird also zum Ausdruck abstrakt menschlicher Arbeit."[106]

[105] K. Marx, Das Kapital, Erster Band, in: Marx/Engels, Werke, Bd. 23, S. 86.

[106] K. Marx, Das Kapital, Erster Band, in: Marx/Engels, Werke, Bd. 23, S. 71, 72.

Die Wiederherstellung einer Ordnung wahrhaft menschlicher Beziehungen in der Produktion besteht darin, daß jede einzelne menschliche Tätigkeit so verwandelt wird, daß sie in gleichem Maße die Eigenschaft des Allgemeingültigen besitzt. Das bedeutet, daß das Allgemeine aufhört, an eine bestimmte konkrete Form menschlicher Tätigkeit gebunden zu sein, deren Produkt der Gebrauchswert „allgemeines Äquivalent" ist. Jede einzelne Tätigkeitsart wird in den Rang des Allgemeingültigen erhoben. Erst nach Vollendung dieses Prozesses verschwindet der mystische Zusammenhang in der ökonomischen Tätigkeit der Menschen, und ihre Beziehungen werden klar und durchsichtig. Folglich geschieht dies nur in dem Maße, wie eine Umwandlung aller Arten menschlicher Arbeit – mit all ihrer Vielfalt konkreter Erscheinungen – in einheitliche, unmittelbar gesellschaftlich wirksame Formen menschlichen Seins erfolgt.

In der Ausdrucksform des Wertes wird die Herrschaft des Allgemeinen über das Einzelne fixiert. Die Arbeit des einzelnen Produzenten, die an der Oberfläche als etwas völlig Konkretes und Unabhängiges auftritt, befindet sich in innerer Abhängigkeit von gesellschaftlichen Kräften, die sich – als Kräfte der Produzenten selbst – von jenen befreit haben und nunmehr über sie herrschen. „Diese *sachlichen* Abhängigkeitsbeziehungen im Gegensatz zu den *persönlichen* treten auch so auf (die sachlichen Abhängigkeitsbeziehungen – das ist nichts anderes, als gesellschaftliche Verhältnisse, die dem Anschein nach dem unabhängigen Individuum selbständig gegenüberstehen, d. h. ihren Wechselbeziehungen in der Produktion, die sich ihnen gegenüber verselbständigen), daß über die Individuen jetzt *Abstraktionen* herrschen, während sie früher voneinander abhingen." [107]

Die Warenproduktion ist auch durch völlig eindeutige ökonomische Formen gekennzeichnet. Dazu gehören der Warenumlauf, die Preise und der Geldumlauf. Wenn diese Formen selbst auch keine wesentlichen Merkmale der einzelnen Produktionsweisen kennzeichnen, so treten sie doch als äußere Attribute der Warenproduktion in Erscheinung, außerhalb der sie nicht existent sind.

[107] Marx-Engels-Archiv, Bd. IV, S. 103 (russ.).

Das System der Ware-Geld-Beziehungen ist durch einen nur ihm eigenen Funktionsmechanismus gekennzeichnet, der dem Inhalt dieses Systems entspricht und es realisiert. Das ist die Konkurrenz, d. h. ein bestimmtes System von Marktbeziehungen, das durch Schwankungen von Angebot und Nachfrage sowie von Preisen, durch ständige Veränderungen der Arbeitsaufwendungen in verschiedenen Zweigen der Arbeitsanwendung, durch Differenzierung der Produzenten u. a. m. gekennzeichnet ist. Weil unter den Bedingungen der Warenproduktion die Bestimmung gesellschaftlicher Bedürfnisse nicht die Voraussetzung der Produktion von Erzeugnissen bildet, wird die Arbeitszeit, die für ihre Herstellung verausgabt wird, nur als Folgegröße über die Schwankungen von Angebot und Nachfrage bestimmt. „Es ist nicht der Verkauf irgendeines Produktes zu seinem Kostenpreise, der das ‚Proportionalitätsverhältnis' von Angebot und Nachfrage, d. h. die verhältnismäßige Quote dieses Produktes gegenüber der Gesamtheit der Produktion konstituiert; es wird vielmehr die *Schwankungen von Angebot und Nachfrage*, die den Produzenten die Menge angeben, in welcher eine gegebene Ware produziert werden muß, um im Austausch wenigstens die Produktionskosten erstattet zu erhalten . . ." [108]

Deshalb ist eine vorausgehende Bestimmung der Menge an Arbeitszeit, die für die Produktion irgendeines Gegenstandes verbraucht wird, nicht imstande, ein richtiges Verhältnis von Angebot und Nachfrage, d. h. den Umfang der Produktion und des Gesamtbedarfs entsprechender Mengen an Produkten zu regulieren. Andererseits schließen die Bedingungen der Warenproduktion selbst die Möglichkeit aus, die Arbeitszeit zu bestimmen, die für die Produktion eines bestimmten Produktes notwendig ist, weil die Messung des Aufwandes an menschlicher Arbeitskraft und deren Dauer die Form der Wertgröße für die Arbeitsprodukte annimmt. Das Maß für die Bestimmung der Wertgröße ist nicht die Arbeitszeit, sondern der Gebrauchswert der Ware, der die Funktion des Äquivalents ausübt.

Wie bekannt, ist die einzig mögliche Methode, um sowohl den Wert als auch dessen Größe auszudrücken, die Wert-

[108] K. Marx, Das Elend der Philosophie, in: Marx/Engels, Werke, Bd. 4, S. 93.

beziehung mindestens zweier verschiedener Waren. In diesem Verhältnis drückt die eine Ware ihren Wert (qualitativ und quantitativ) in einer anderen, von ihr unterschiedenen Ware aus, d. h. im Gebrauchswert der anderen Ware. Damit wird die Arbeitszeit oder die Menge an gesellschaftlich notwendiger Arbeit, die für die Herstellung der Ware verbraucht wurde und die ihren Wert ausdrückt, nicht in Einheiten bestimmt, die deren Dauer angeben, sondern in Einheiten des Gebrauchswertes der Ware, die als Material für den Wertausdruck auftritt.

Wenn uns z. B. bekannt ist, daß $xA = yB$, d. h., daß eine bestimmte Menge der Ware B gegen eine bestimmte Menge der Ware A ausgetauscht wird, dann ist aus diesem Ausdruck in keiner Weise zu schließen, welche Menge an Arbeit die Produktion jeder dieser Waren erfordert hat. Unterstellen wir, daß jene Menge der Ware A nunmehr gegen $2yB$ ausgetauscht wird. Bedeutet das, daß für die Herstellung der Ware B jetzt nur die Hälfte der Arbeit gegenüber vorher aufgewandt wurde? Nein, für eine solche einseitige Schlußfolgerung gibt es keinen Grund, weil die Veränderung des Tauschverhältnisses ($xA = yB$) auch auf eine Ursache zurückgehen kann, die auf seiten der Ware A liegt: deren Herstellung erforderte es, die Menge an Arbeit im Vergleich zu früher zu verdoppeln.

Folglich drückt sich die Größe der Arbeitszeit, die für die Produktion tauschfähiger Waren erforderlich ist, im Wert der Ware relativ aus. Deshalb ist die Bestimmung der Arbeitsmenge, die für die Produktion von Waren erforderlich ist, in Einheiten von Arbeitszeit unmöglich. Gleichzeitig bedeutet das, daß selbst dann, wenn es eine technische Möglichkeit für eine solche Bestimmung gäbe, die Arbeitszeit nicht zur unmittelbaren Grundlage für die Bestimmung des Tauschwertes oder des Preises der Ware herangezogen werden könnte.[109]

Damit ist die Warenproduktion ein System von Beziehungen mit einem eigenen Wesen, mit eigenen Formen, die das zum

109 Gerade hieraus folgt die Haltlosigkeit von Versuchen einiger Ökonomen, die in jüngster Vergangenheit den Wert zu berechnen versuchten.

Ausdruck bringen, sowie mit einem eigenen Funktionsmechanismus. Jedes Element dieses Systems setzt andere Elemente voraus und ist seinerseits durch diese determiniert.

Wenn aber das System der Warenproduktion über all jene Züge verfügt, die bereits oben behandelt wurden, in welcher Form wirkt hier das Gesetz der Proportionalität, das die Verteilung der Produktionsbedingungen in Proportionen verlangt, die den Proportionen der verschiedenen gesellschaftlichen Bedürfnisse entsprechen? Diese Formen sind die Gesetze der Warenproduktion, vor allem das Wertgesetz, das das Wesen der Warenproduktion, ihre Erscheinungsformen, aber auch den ihr eigenen Funktionsmechanismus zum Ausdruck bringt. Das Wertgesetz verwirklicht freilich die Forderungen des allgemeinen Gesetzes der Proportionalität in Formen, die auf den ersten Blick mit Proportionalität nichts gemein haben. Das bedeutet jedoch nur, daß unter den Bedingungen der Warenproduktion die Proportionalität höchst relativ, bedingt, angenähert, widersprüchlich erreicht wird. Aber Widersprüchlichkeit der Bewegung bedeutet durchaus nicht Unmöglichkeit.

Unter den Bedingungen einer isolierten Verausgabung an Arbeit können die verschiedenen gesellschaftlichen Bedürfnisse nur im Durchschnitt, nur im Prozeß ständiger Störungen, Schwankungen, im Prozeß der Nichtübereinstimmung, nur in der Tendenz, aber nicht in jedem einzelnen Falle als unmittelbare Übereinstimmung befriedigt werden. Folglich besteht zwischen dem Gesetz der Proportionalität und dem Wertgesetz, in dem es sich historisch realisiert, ein innerer Widerspruch. Dieser schließt jedoch weder die Wirkung dieser Gesetze aus noch die Tatsache, daß gerade dieser Widerspruch eben auch als reale Daseinsform der Proportionalität unter den Bedingungen der Warenproduktion auftritt.

Es wäre falsch anzunehmen, daß die Proportionalität selbst außerhalb der ökonomischen Formen realisiert werden kann, die der gegebenen historisch-bestimmten Sozialstruktur der Produktion adäquat sind. In den Forderungen nach Proportionalität schlagen sich die allgemeinsten Bedingungen der Produktionstätigkeit nieder, die unabhängig sind von jenen historischen Formen, in denen sie sich verwirklichen. In der Wirklichkeit existieren diese allgemeinen Bedingungen jedoch nicht unabhängig von diesen Formen. Eben deshalb bedeutet der Versuch, die Proportionalität ohne Berücksichtigung der konkreten sozialen Struktur der Produktion herstellen zu wollen, sie in eine Abstraktion zu verwandeln, die des realen Inhalts beraubt ist, weil nur diese soziale Struktur ihre konkret historische Form der Verwirklichung sein kann. Karl Marx kritisierte bekanntlich Proudhon, der versuchte, ein Gleichgewicht zwischen Angebot und Nachfrage herzustellen, d. h. die Proportionalität über eine Bestimmung der Arbeitszeit zu erreichen, die für die Herstellung der Produkte verbraucht wurde. „Anstatt mit jedermann zu sagen: Wenn das Wetter schön ist, sieht man viele Leute spazieren gehen, läßt Herr Proudhon seine Leute spazieren gehen, um ihnen gutes Wetter zusichern zu können."[110]

Die Proportionalität, konkret betrachtet, ist jene besondere Art der Durchsetzung der jeweiligen historischen Ordnung der gesellschaftlichen Produktion und dieser immanent. Diese Methode bringt jene Verhältnisse zum Ausdruck, unter denen die allgemeinen Bedingungen der materiellen Produktionstätigkeit mit den spezifischen ökonomischen Bedingungen zusammenwirken, die der gegebenen Form der ökonomischen Verhältnisse entsprechen. Die allgemeinen und die spezifischen Bedingungen befinden sich jedoch immer in einem bestimmten Widerspruch. Zu unterstellen, daß die allgemeinen Bedingungen dergestalt den spezifischen entsprechen, daß beide sich völlig decken, bedeutet einen Zustand der Gesellschaft anzunehmen, in dem die inneren Quellen seiner Entwicklung verschwinden.

Wenngleich das Wertgesetz die Durchsetzung des Gesetzes der Proportionalität nur höchst relativ gewährleistet, gibt es somit doch in der Warenproduktion keine einzige andere Methode zur Durchsetzung dieses Gesetzes.

Unter den Bedingungen des Kapitalismus, der die absolute Form der Warenproduktion darstellt, erhält der Widerspruch zwischen dem Wertgesetz und den Forderungen nach Proportionalität ein breites Wirkungsfeld. Die disproportionale Form, in der sich die Proportionalität herstellt, nimmt nicht einfach

110 K. Marx, Das Elend der Philosophie, in: Marx/Engels, Werke, Bd. 4, S. 90.

nur den Charakter einer bestimmten Störung einzelner Verhältnisse zwischen den Zweigen bei der Verteilung des Kapitals an, sondern erfaßt die gesamte Volkswirtschaft eines Landes oder vieler Länder. Auf der einen Seite verwandelt der Kapitalismus die vereinzelten Produktionsprozesse in ein einheitliches Ganzes und verstärkt damit in ungeheurem Maße die Notwendigkeit zur Proportionalität. Auf der anderen Seite vermindert er die Möglichkeit zur Durchsetzung dieser Notwendigkeit, weil zum Motiv der Produktion nicht einfach die Schaffung gesellschaftlicher Gebrauchswerte wird, die Wert enthalten, sondern die Produktion einer bestimmten Masse an Mehrwert je Einheit des angelegten Kapitals. Anders ausgedrückt, die Verwandlung der einfachen Warenproduktion in die kapitalistische Warenproduktion und die damit einhergehende Umwandlung des Wertgesetzes in ein Gesetz der Produktionspreise vertieft den Widerspruch zwischen den allgemeinen Funktionsbedingungen der Produktion und jenen spezifischen ökonomischen Formen, die dem kapitalistischen System der Produktionsverhältnisse entsprechen.

Die Entwicklung der kapitalistischen Produktion ist begleitet von bedeutenden Fortschritten im System der gesellschaftlichen Bedürfnisse, die einerseits durch die materielle Grundlage der maschinellen Produktion und andererseits durch die antagonistische Klassenstruktur der bürgerlichen Gesellschaft begründet sind. Das findet seinen Ausdruck darin, daß in der Zusammensetzung des gesellschaftlichen Produktes der spezifische Anteil der Produktionsmittel sehr stark wächst; in der Zusammensetzung der Produkte der Abteilung II vollzieht sich die Aussonderung einer besonderen Untergruppe der Produktion – der Luxusgüter. Auch die Struktur der Konsumtionsmittel, die für die Befriedigung der Bedürfnisse der Werktätigen bestimmt sind, verändert sich. Insbesondere wächst der spezifische Anteil der Produkte, deren Produktion geringere Kosten verursacht.

Während die kapitalistische Produktionsweise den Widerspruch zwischen den allgemeinen Bedingungen der Produktion und den ökonomischen Formen, unter denen sich diese Bedingungen realisieren, verschärft, schafft sie gleichzeitig die materiellen Voraussetzungen für die Lösung dieses Widerspruches.

Der hohe Grad der Vergesellschaftung des Produktionsprozesses, der auf der Grundlage eines hohen Niveaus seiner Konzentration erreicht wird, die Notwendigkeit zur Gewährleistung beweglicher Proportionen infolge technischer Umwälzungen führen dazu, daß die Wertformen außerstande sind, weiterhin Regulierungsfunktionen zu erfüllen. Anders ausgedrückt: Die reale Vergesellschaftung der Produktion wächst faktisch über die ökonomische Struktur hinaus, innerhalb derer und vermittels derer sie bisher funktionierte. Das drückt sich besonders deutlich in der Periode der Herrschaft der Monopole aus. Unter diesen Bedingungen beginnen die traditionellen Marktmechanismen zur Regulierung der Ökonomik nach und nach ihre Wirksamkeit zu verlieren; der Wertmechanismus, der die gesellschaftliche Produktion lenkt, ist immer weniger in der Lage, die Rolle des Regulators zu spielen. Das ist im besonderen dadurch bedingt, daß auf der Grundlage einer hohen Konzentration und Monopolisierung der Produktion die ökonomische Isolierung der einzelnen Wirtschaftsglieder nach und nach überwunden wird.

Eine im Massenumfang durchgeführte Vorausberechnung gesellschaftlicher Bedürfnisse, die Eroberung und Aufteilung von Rohstoffressourcen und Absatzmärkten, Preisabsprachen sowie die Festlegung von Monopolpreisen und ähnliches führen dazu, daß der Markt-Wert-Mechanismus mit seinen Preisschwankungen aufhört, das einzige Mittel zur Information bezüglich der Struktur und des Umfangs der verschiedenen gesellschaftlichen Bedürfnisse zu sein, d. h., daß er beginnt, seine grundlegende ökonomische Funktion zu verlieren. Damit jedoch hören die Wertformen auf, die einzig möglichen Formen zur Durchsetzung des Gesetzes der Proportionalität zu sein. Auf der Grundlage eines hohen Niveaus der Entwicklung der Produktivkräfte im Stadium des monopolistischen Kapitalismus beginnen sich Elemente eines neuen ökonomischen Funktionsmechanismus der gesellschaftlichen Wirtschaft herauszubilden. Sie sind, wie bereits festgestellt wurde, durch das Eingreifen des bürgerlichen Staates in den Prozeß der kapitalistischen Reproduktion, durch eine Verstärkung der zentralen Regulierung der kapitalistischen Produktion, die alle hauptsächlichen Wirtschaftsprozesse umfaßt, gekennzeichnet. Das bedeutet, daß neben dem anarchischen

Marktmechanismus zur Regulierung der gesellschaftlichen Produktion Elemente eines neuen Mechanismus entstehen, der sich wesentlich von diesem unterscheidet. Obgleich der Funktionsmechanismus der modernen kapitalistischen Produktion eine Verflechtung von anarchischen Marktmethoden mit Methoden der zentralen staatlichen Regulierung darstellt (wobei die Marktmethoden nach wie vor die Grundlage bilden, die innerhalb der kapitalistischen Produktionsweise nicht überwunden werden können), ist es in diesem Zusammenhang außerordentlich wichtig, diese und andere Elemente unter dem Gesichtspunkt jener historischen Tendenzen zu bestimmen, die innerhalb der kapitalistischen Wirtschaft heranreifen und große Bedeutung für das Verständnis der konkreten ökonomischen Formen haben, die die Funktion des Gesetzes der Proportionalität in der sozialistischen Gesellschaft erfüllen.

Über die Art und Weise des ökonomischen Zusammenhanges im Sozialismus

In der ökonomischen Literatur wird die Frage nach der spezifischen Form, in der sich das Gesetz der Proportionalität in der sozialistischen Gesellschaft durchsetzt, vornehmlich durch die Bestimmung des Charakters der sozialistischen Produktion beantwortet. Letztere wird unter dem Gesichtspunkt der inneren, dem Sozialismus gegebenen Art und Weise des Zusammenhanges seiner verschiedenen ökonomischen Glieder betrachtet.

Es existieren mindestens zwei Konzeptionen. Dabei werden die Unterschiede zwischen ihnen im wesentlichen auf eine verschiedene Bewertung der Rolle und des Platzes der Ware-Geld-Beziehungen in der ökonomischen Struktur der sozialistischen Gesellschaft zurückgeführt. Die eine Gruppe von Ökonomen ist der Ansicht, daß die Ware-Geld-Beziehungen ein notwendiges Wesenselement der sozialistischen Produktionsverhältnisse bilden, daß der Sozialismus einen besonderen Typ der Warenproduktion darstellt.[111] Andere Ökonomen gehen

[111] So bestimmt z. B. L. Leont'ev die sozialistische Produktion als neuen Typ der Warenproduktion (siehe L. Leont'ev, Chozjajstvennogo re-

davon aus, daß die sozialistische Produktion ihrem Wesen nach unmittelbar gesellschaftliche Produktion ist. Was die Ware-Geld-Beziehungen betrifft, so bilden sie nach dieser Auffassung kein Wesenselement der sozialistischen Produktion, die unmittelbar gesellschaftliche, aber keine Warenproduktion ist.[112]

Betrachten wir vor allem die Behauptung, daß der Sozialismus einen besonderen Typ der Warenproduktion darstellt.

Bei dieser Lösung der Frage stoßen wir sogleich auf eine Reihe von Erschwernissen und Widersprüchen. Erstens, wie ist eine solche Lösung mit der völlig eindeutigen Position der Klassiker des Marxismus zu vereinbaren, wonach der Sozialismus mit der Warenproduktion nicht zu vereinbaren ist? Zweitens, wie ist die Anerkennung des Warencharakters der sozialistischen Produktion mit der Anerkennung der alle Werktätigen umfassenden Kooperation der Arbeit und ihres unmittelbar gesellschaftlichen Charakters in Einklang zu bringen? Drittens, wie ist die Anerkennung des Warencharakters der sozialistischen Produktion mit der Anerkennung der Notwendigkeit und Möglichkeit einer bewußt im Maßstab der gesamten Gesellschaft vorzunehmenden Planung der Entwicklung der ökonomischen Beziehungen in Einklang zu bringen?

forma i nekotorye voprosy ekonomičeskoj teorii, Moskau 1969, S. 9). Ja. Kronrod geht davon aus, daß „die sozialistische Produktion unbedingt eine besondere Gattung von Warenproduktion darstellt" (Ja. A. Kronrod, Zakony političeskoj ekonomii socializma, S. 387).

112 Diese Position ist am klarsten in dem Artikel von N. Cagolov, Die Methode des „Kapitals" von Marx und die Grenzen der Abstraktion in der politischen Ökonomie des Sozialismus (in: Sammelband: Metod „Kapitala" i voprosy političeskoj ekonomii socializma, Moskau 1968) zum Ausdruck gebracht. Einige der entschiedensten Anhänger dieser Konzeption behaupten, daß „für die Warenproduktion kein Platz mehr im logischen System der Gesetze und Kategorien der politischen Ökonomie des Sozialismus bleibt" und „daß es keinerlei Notwendigkeiten gibt, zur Erklärung von Erscheinungen unseres Lebens ihre Existenz zu behaupten. Die Konzeption der sozialistischen Warenproduktion erschwert uns das Verständnis der Fakten" (Siehe Ekonomičeskie nauki, Nr. 2/1966, S. 42ff.).

Die erste Schwierigkeit wird gewöhnlich dadurch überwunden, daß man auf die Notwendigkeit eines schöpferischen, aber nicht dogmatischen Verhältnisses zum theoretischen Erbe der Klassiker des Marxismus hinweist. Dagegen ließe sich kaum etwas einwenden, denn zum theoretischen Erbe von Marx, Engels und Lenin muß man sich tatsächlich schöpferisch verhalten. Worin muß jedoch dieses schöpferische Verhältnis bestehen? Nach Meinung einiger Ökonomen besteht es darin, daß man die Position der Klassiker überhaupt nicht berücksichtigt und einen solchen Zug der sozialistischen Produktionsverhältnisse wie den Warencharakter der Produktion bestreitet. In einer Arbeit lesen wir: „... Karl Marx und Friedrich Engels konnten vor fast 100 Jahren nicht im voraus alle Besonderheiten der ersten Phase des Kommunismus übersehen. Ja sie stellten sich, wie V. I. Lenin erklärte, eine solche Aufgabe selbst nicht."[113] Die Praxis der sozialistischen Umgestaltung, so behaupten einige Ökonomen, „trug wesentlich Neues zum Begriff und zu den Methoden der sozialistischen Vergesellschaftung der Produktion bei und warf das Problem der Vereinbarkeit der unmittelbar gesellschaftlichen und der Warenproduktion und ihrer Einheit auf"[114]. Das sind in allgemeiner Form jene Argumente, die gewöhnlich im Zusammenhang mit der Notwendigkeit genannt werden, die Widersprüche zwischen der These vom Warencharakter der sozialistischen Produktion und der Position der Klassiker des Marxismus-Leninismus in dieser Frage zu lösen.

Natürlich konnten Karl Marx und Friedrich Engels weder die konkreten Besonderheiten des Übergangs vom Kapitalismus zum Sozialismus, weder die Spezifik des Aufbaus der sozialistischen Wirtschaft in einzelnen Ländern noch die konkreten Besonderheiten der sozialistischen Gesellschaft voraussehen. Jedoch die Frage nach dem Verhältnis von ökonomischer Struktur der Gesellschaft, die durch den wissenschaftlichen Begriff des Sozialismus bestimmt ist, und dem System von Beziehungen, das durch den wissenschaftlichen Begriff der

[113] A. P. Belousova, Dialektika proizvodstvennyx otnošenij socializma, Moskau 1970, S. 58.

[114] G. A. Džavadov, Struktura socialističeskich proizvodstvennyx otnošenij, S. 84.

„Warenproduktion" bestimmt ist, betrifft nicht konkrete Besonderheiten des Sozialismus, die durch die Spezifik der historischen Bedingungen begründet sind, sondern die Bestimmung seiner Grundzüge, d. h. solcher Merkmale, die den Inhalt des wissenschaftlichen Begriffes Sozialismus bilden. Zu behaupten, daß die Begründer des wissenschaftlichen Sozialismus die Wechselbeziehungen von Sozialismus und Warenproduktion nicht gelöst hätten, ist gleichbedeutend mit der Behauptung, daß sie den wissenschaftlichen Begriff Sozialismus nicht ausgearbeitet hätten oder daß dieser Begriff, der von ihnen ausgearbeitet wurde, einer wesentlichen Präzisierung bedarf.

V. I. Lenin untersuchte die Wege, um das Fundament der sozialistischen Wirtschaft zu errichten, d. h. die konkreten Methoden der sozialistischen Umgestaltung unter den Bedingungen einer vielschichtigen Wirtschaft. Gerade für diese Bedingungen hielt er es für möglich und notwendig, in einem bestimmten Rahmen die Warenproduktion zu nutzen.

Bei der Ausarbeitung der Neuen Ökonomischen Politik ging Lenin zunächst von der Möglichkeit der Ausnutzung des Warenaustausches zwischen der staatlichen Industrie und der bäuerlichen Wirtschaft aus. Er schrieb im Oktober 1921: „Es wurde vorausgesetzt, daß im ganzen Staat die Industrieerzeugnisse gegen landwirtschaftliche Produkte mehr oder minder sozialistisch ausgetauscht werden und daß durch diesen Warenaustausch die Großindustrie als die einzige Grundlage der sozialistischen Organisation wiederaufgebaut wird."[115]

Die Orientierung auf die Entfaltung des Warenaustausches war ein bestandsbildendes Element im System der Maßnahmen, die die wesentlichen Veränderungen in der ökonomischen Politik des Sowjetstaates kennzeichneten. In der vorhergehenden Periode ging die ökonomische Politik von der Vorstellung aus, daß ein unmittelbarer Aufbau der Grundlagen des Sozialismus möglich ist. Es erwies sich jedoch, daß der unmittelbare Übergang zur Schaffung der Grundlagen der sozialistischen Ökonomie ohne eine einleitende Periode der Anpassung der alten Ökonomik an die sozialistische Ökonomik nicht möglich ist. V. I. Lenin schrieb: „Gegen Frühjahr 1921

[115] V. I. Lenin, Werke, Bd. 33, Berlin 1961, S. 76f.

wurde es klar, daß wir bei dem Versuch, ‚im Sturmangriff', d. h. in der kürzesten, raschesten, unmittelbarsten Weise zu den sozialistischen Grundlagen der Produktion und Verteilung überzugehen, eine Niederlage erlitten hatten." [116] Eine nüchterne Berechnung der objektiven ökonomischen und politischen Bedingungen zeigte, daß zur Verwirklichung der ökonomischen Voraussetzungen des Übergangs zu den Grundlagen des Sozialismus ein Rückzug auf die Positionen des Staatskapitalismus notwendig war. Lenin schrieb: „... nicht unmittelbarer sozialistischer Aufbau, sondern auf einer ganzen Reihe von Wirtschaftsgebieten Rückzug zum Staatskapitalismus, nicht Sturmangriff, sondern die sehr schwere, mühevolle und unangenehme Aufgabe einer langwierigen Belagerung, verbunden mit einer ganzen Reihe von Rückzügen." [117]

Folglich muß man den Warenaustausch, der ein organisches Glied des neuen Kurses der ökonomischen Politik bildet, unbedingt als einen Bestandteil dieses strategischen Rückzuges ansehen. Jedoch zum Herbst des Jahres 1921 wurde klar, daß der Warenaustausch als Methode, „mehr oder minder sozialistisch die Industrieerzeugnisse im ganzen Staat gegen Produkte des Ackerbaus zu tauschen", sich nicht bewährte, weil er sich praktisch in ein gewöhnliches Kaufgeschäft verwandelte. Das bedeutete jedoch, daß der Rückzug auf den Staatskapitalismus sich als unzureichend erwies. Lenin schrieb: „Wir müssen erkennen, daß sich der Rückzug als unzureichend erwiesen hat, daß wir einen zusätzlichen Rückzug antreten müssen, noch weiter zurück, indem wir vom Staatskapitalismus zur staatlichen Regelung des Kaufs und Verkaufs und des Geldumlaufs übergehen. Der Warenaustausch war ein Fehlschlag, der Privatmarkt hat sich als stärker erwiesen als wir, und statt des Warenaustausches ist gewöhnlicher Kauf und Verkauf, ist Handel zustande gekommen.

Man muß sich dem Handel anpassen, sonst wird die Flutwelle des Kaufs und Verkaufs, des Geldumlaufs über uns zusammenschlagen!" [118]

Die Unvermeidlichkeit des Überganges vom Warenaustausch zum Kaufgeschäft, zum Handel, war begründet, erstens

[116] V. I. Lenin, Werke, Bd. 33, S. 74.
[117] Ebenda, S. 75.
[118] Ebenda, S. 77.

durch die Notwendigkeit der Festigung der Beziehungen zur Bauernschaft, zur Befriedigung ihrer Bedürfnisse an Erzeugnissen der Industrie und, zweitens, durch die Zerstörung der Großindustrie. Lenin schrieb: „Es gibt eben die Masse der Kleinbauern, und der Übergang eines solchen Landes zum Sozialismus erfordert entweder die rascheste Wiederherstellung der Großindustrie, ihr Aufblühen, um das Bedürfnis der Bauern nach Produkten zu befriedigen, oder den *Zusammenschluß*, die *Verbindung*, die *ökonomische Union* des proletarischen Staates mit der kleinbäuerlichen Masse durch den Handel.“ [119]

Folglich betrachtete Lenin den Handel als Methode des Zusammenschlusses, einer ökonomischen Union mit der Bauernschaft, als weniger entwickelte Form der ökonomischen Beziehung im Vergleich zum Warenaustausch. Deshalb charakterisierte er auch den Übergang vom Warenaustausch zum Handel als weiteren Rückzug.

Einige Ökonomen, die über die Ansichten V. I. Lenins zur Warenproduktion im Sozialismus schreiben, beziehen sich auf die folgende These aus dem „Plan zur Broschüre ‚Über die Natursteuer‘“: „Weder Ablieferungspflicht noch Steuer, sondern Austausch der Erzeugnisse der (‚sozialisierten‘) Großindustrie gegen bäuerliche Erzeugnisse, das ist das ökonomische *Wesen* des Sozialismus, seine Basis.“ [120] Nun ist aber der Austausch von Produkten der Großindustrie gegen bäuerliche Produkte durchaus nicht identisch mit Warenproduktion. Überhaupt muß unterstrichen werden, daß der Austausch als besonderer ökonomischer Prozeß das Vorhandensein spezialisierter Glieder der gesellschaftlichen Arbeit voraussetzt. Daher wird der Austausch auch unter den Bedingungen des voll ausgereiften Kommunismus stattfinden. Die Warenform des Austausches unterstellt dabei jedoch die ökonomische Isoliertheit jener Produzenten, die sich auf die Produktion verschiedener Arten von Erzeugnissen spezialisiert haben.

In den Arbeiten V. I. Lenins ist daher von der Ausnutzung der Ware-Geld-Form in bestimmten Grenzen nur unter den

[119] V. I. Lenin, Werke, Bd. 44, S. 487 (russ.). (Nichtautorisierte Übersetzung nach dem russischen Original. – d. Ü.)

[120] V. I. Lenin, Werke, Bd. 32, Berlin 1961, S. 333.

Bedingungen des Übergangs vom Kapitalismus zum Sozialismus die Rede.

Betrachten wir nunmehr jene Argumente, mit deren Hilfe ihre Anhänger sich bemühen, die sozialistische Produktion als Abart der Warenproduktion zu behandeln und diese Ansichten mit der Anerkennung der gesamtgesellschaftlichen Kooperation der Arbeit und ihres unmittelbar gesellschaftlichen Charakters in der sozialistischen Gesellschaft in Einklang zu bringen. Ja. Kronrod schreibt zum Beispiel: „Die Erfahrungen beim Aufbau des Sozialismus offenbarten, daß, obwohl seine Festigung zugleich die Festigung der Herrschaft des gesellschaftlichen Eigentums an Produktionsmitteln und damit im Zusammenhang des unmittelbar gesellschaftlichen Charakters der Produktion und der Arbeit zur Folge hatten, die Notwendigkeit von Warenbeziehungen, von Wert und Wertgesetz nicht entfällt. Die Geschichte hat eine solche widersprüchliche Situation geschaffen, die von der Theorie nicht vorausgesehen wurde: Die Vereinigung der unmittelbar gesellschaftlichen Produktion mit Ware-Geld-Beziehungen, Wert und Wertgesetz."[121]

Damit ist die Arbeit unmittelbar gesellschaftlich; aber das Produkt dieser Arbeit tritt als Ware auf. Die Situation ist in der Tat widersprüchlich. Wir sind jedoch der Ansicht, daß dies ein Widerspruch der Konzeption und nicht der Wirklichkeit selbst ist. Der Versuch, die unmittelbar gesellschaftliche Produktion mit der Warenproduktion zu verbinden, bezieht sich auf Widersprüche der Gattung, die Marx als Widerspruch in sich (contradictio in subjecto) charakterisierte. Wenn man die Möglichkeit einer Vereinigung unmittelbar gesellschaftlicher Produktion und Warenproduktion zu einem einheit-

[121] Ja. A. Kronrod, Zakon stoimosti i socialističeskaja ekonomika, Moskau 1970, S. 26. Die gleiche Ansicht vertritt auch G. Džavadov. Er schreibt: „Die prinzipielle Unvereinbarkeit der unmittelbar gesellschaftlichen Produktion mit der Warenproduktion anerkannten auch Marx, Engels, Lenin und ihre Schüler zu Beginn der sozialistischen Vergesellschaftung der Produktion in Rußland. Jedoch die Praxis erbrachte wesentlich Neues zum Begriff und in den Methoden der sozialistischen Vergesellschaftung der Produktion und warf die Frage der Übereinstimmung von unmittelbar gesellschaftlicher Produktion und Warenproduktion, ihrer Einheit, auf." (Siehe Struktura socialističeskich proizvodstvennych otnošenij, S. 84).

lichen System von Beziehungen anerkennt, das den Sozialismus charakterisiert, dann entschwindet jene Bestimmtheit wissenschaftlicher Kategorien überhaupt, die für die logische Reproduktion der konkreten Wirklichkeit erforderlich ist.

Wie bekannt, bedeutet der Übergang zur sozialistischen Organisation der Produktion die Formierung und Festigung des im Maßstab der gesamten Gesellschaft gemeinschaftlichen Charakters der Arbeit, d. h. der gesamtgesellschaftlichen Kooperation der Arbeit. In dem Maße jedoch, in dem diese Kooperation entsteht, wird die Isoliertheit der Arbeitsaufwendungen in den einzelnen Produktionsgliedern überwunden, die Arbeit jedes einzelnen verwandelt sich in unmittelbar gesellschaftliche Arbeit. Der unmittelbar gesellschaftliche Charakter der Arbeit unterscheidet sich von der Arbeit, die die Ware schafft, dadurch, daß im ersten Falle die Arbeit als Element aller gesellschaftlichen Gesamtarbeit vor dem Erscheinen des Produktes auftritt, während im zweiten Falle der Aufwand an Arbeit jedes Produzenten oder jeder Assoziation von Produzenten seinen gesellschaftlichen Charakter nur in Form des Produktes und vermittels des Austauschs der Produkte offenbart. Im ersten Falle zeigt sich die gesellschaftliche Bedeutung der Arbeit in Form der konkreten Arbeit, im zweiten Falle in Form der abstrakten Arbeit. Folglich ist die Anerkennung der Arbeit als unmittelbar gesellschaftliche Arbeit gleichbedeutend mit der Verneinung der Warennatur des Arbeitsproduktes. Ungeachtet dessen verneinen die Anhänger dieses Standpunktes nicht den unmittelbar gesellschaftlichen Charakter der sozialistischen Arbeit und unterstreichen, daß das Produkt der sozialistischen Produktion eine Ware ist.

Warum aber werden unter den Bedingungen unmittelbar gesellschaftlichen Charakters der Arbeit die Produkte der Arbeit zu Waren? Es erweist sich, daß die Teilnehmer der sozialistischen Produktion sich untereinander in Verhältnissen faktischer ökonomischer Ungleichheit bei der Aneignung und Nutzung der gesellschaftlichen Produktionsmittel befinden. Das bedeutet, daß die Arbeit noch sozial ungleich bleibt und materiell stimuliert werden muß.

Das wiederum bedingt seinerseits eine relative ökonomische Isoliertheit der einzelnen sozialistischen Betriebe, die sich im besonderen in der Notwendigkeit eines äquivalenten Austausches zwischen ihnen ausdrückt.[122] Alle diese Charakteristika der sozialistischen Produktion bedeuten jedoch ihrem Wesen nach, daß die Arbeit noch nicht unmittelbar gesellschaftlich geworden ist, weil sie sozial ungleich ist und weil die Verbindung zwischen den einzelnen Gliedern der Arbeit auf dem Grundsatz eines äquivalenten Ersatzes der Aufwendungen basiert. Anders gesagt, die einzelnen Produktionsglieder treten als ökonomisch isolierte Wirtschaftseinheiten auf. Gerade das aber ist auch die Ordnung der Warenproduktion. Worin besteht nun aber in diesem Falle der unmittelbar gesellschaftliche Charakter der Produktion?

Bei der Bestimmung der grundlegenden Momente, die den unmittelbar gesellschaftlichen Charakter der sozialistischen Produktion und die durch ihn bedingte vorherrschende Bedeutung der direkten, äquivalentlosen Form des ökonomischen Zusammenhanges in der sozialistischen Produktion kennzeichnen, werden gewöhnlich folgende Umstände genannt.

Erstens: Die Faktoren der sozialistischen Produktion, die Arbeitskraft, der Boden, die Grundfonds der staatlichen Betriebe, sind keine Waren, weil sie nicht verkauft und nicht gekauft werden. Zweitens: Die Hauptmasse des Mehrproduktes, die zur Erweiterung der Produktion und zur Befriedigung der unmittelbaren Bedürfnisse der Gesellschaft bestimmt ist, wird unmittelbar, nicht auf Grundlage eines Äquivalents umverteilt. Drittens: Die allgemeine Regulierung der Verteilung der gesellschaftlichen Arbeit auf die Zweige der gesellschaftlichen Produktion erfolgt ebenfalls direkt durch die Gesellschaft.[123] All diese Charakteristika der sozialistischen Produktion erweisen sich jedoch als unvereinbar mit den Thesen, mit denen man den Warencharakter der sozialistischen Produktion begründet. In der Tat, wenn die Faktoren der sozialistischen Produktion keine Waren sind, warum treten dann deren Produkte, die im Ergebnis der Wirkung dieser Faktoren entstehen, als Waren auf? Die Ware ist doch eine ökonomische Kategorie, die bestimmte Produktionsverhältnisse charakterisiert. Kann man sich eine Situation vorstellen, in der hin-

[122] Siehe Ja. A. Kronrod, Zakon stoimosti i socialističeskaja ekonomika, S. 27f.

[123] Ebenda, S. 28.

sichtlich der Form der Produktion sich bestimmte Beziehungen ergeben, hinsichtlich der Ergebnisse der Produktion aber andere, prinzipiell unterschiedliche Beziehungen?

Ferner ist der äquivalente Ersatz von Arbeitsaufwendungen auch in den Wechselbeziehungen zwischen den einzelnen Betrieben ausgeschlossen, wenn die Bewegung der Hauptmasse des Mehrprodukts auf äquivalentloser Grundlage erfolgt, weil das Mehrprodukt ebenfalls, wie man annehmen muß, einen gewissen Teil dieser Aufwendungen in sich verkörpert. Schließlich wird in der Warenproduktion die Verteilung der gesellschaftlichen Arbeit auf die einzelnen Zweige durch das Wertgesetz bestimmt und nicht direkt durch die Gesellschaft. Daraus folgt, daß wir sofort auf unlösbare logische Widersprüche stoßen, sobald wir beginnen, den Inhalt der These zu untersuchen, nach der die sozialistische Produktion eine Warenproduktion besonderer Art ist, d. h. gleichzeitig als unmittelbar gesellschaftliche Produktion und als Warenproduktion auftritt. Diese Widersprüche zeugen davon, daß diese These nicht haltbar ist.

In letzter Zeit fand eine Auffassung Verbreitung, wonach der Sozialismus planmäßig organisierte Warenproduktion darstellt, eine Synthese der Vorteile, die einerseits durch die Planmäßigkeit gegeben sind sowie andererseits durch die positiven Züge, die der Warenproduktion innewohnen. Dabei wird als selbstverständlich unterstellt, daß die „negativen" Seiten der Warenproduktion nicht in Erscheinung treten.

Unserer Ansicht nach ist die These von der planmäßig organisierten Warenproduktion eine Vereinigung von Begriffen, die direkt Gegensätzliches enthalten, und zwar sich gegenseitig ausschließende Systeme von Beziehungen. Wie bekannt, ist Planmäßigkeit die Abstraktion eines solchen Systems, das die vollständige Informiertheit der Gesellschaft über Umfang und Struktur ihrer Bedürfnisse als Ausgangsbedingung für die Organisation des Produktionsprozesses voraussetzt. Im Gegensatz dazu ist die Warenproduktion, wie bereits gesagt, eine Organisation der Produktion, bei der Umfang und Struktur der gesellschaftlichen Bedürfnisse vorher nicht bekannt sind und deshalb erst mit Hilfe der Marktbeziehungen, durch die Bewegung der Ergebnisse bereits vergegenständlichter Arbeit, aufgedeckt werden. Folglich ist der planmäßige Zusammenhang der Antipode zur Warenbeziehung. Deshalb kann man sich kaum eine solche Organisation der Gesellschaft vorstellen, bei der Umfang und Struktur der gesellschaftlichen Bedürfnisse vor Beginn der Produktion gleichzeitig sowohl bekannt als auch nicht bekannt sind. Die Anhänger der These von der planmäßig organisierten Warenwirtschaft bemühen sich aber gerade darum, ein solches ökonomisches System zu konstruieren.

Die genannten Unzulänglichkeiten der Warenvariante für die Form ökonomischer Beziehungen, die dem Sozialismus gegeben sind, waren ohne Zweifel die Ursache für die Suche nach anderen Lösungen. Als Gegengewicht zu der soeben angeführten theoretischen Position, die die sozialistische Produktion als eine Warenproduktion besonderer Art behandelt, entstand die Konzeption, nach der die sozialistische Produktion ihrem Wesen nach unmittelbar gesellschaftliche Produktion ist.[124] Ihre Anhänger unterstreichen, daß man die ökonomischen Gesetzmäßigkeiten der sozialistischen Gesellschaft untersuchen muß, indem man zunächst von der Warenproduktion abstrahiert. N. A. Cagolov schreibt: „Eine abstrakt theoretische Betrachtung der Planwirtschaft im Maßstab der Gesellschaft erfordert eine völlige Abkehr von der Warenform des Produktes und von dem Ziel, das der Warenform entspricht, nämlich Tauschwert. Als einheitliche gesellschaftliche Produktion ist die Planwirtschaft unmittelbar gesellschaftliche Produktion, und ihr Ziel kann nichts Gemeinsames mit den Zielen der Warenproduktion haben und hat nichts Gemeinsames mit ihr. Weil die Warenproduktion die Isoliertheit der Produzenten unterstellt, deshalb gilt auch das Ziel der Warenproduktion nur für isolierte Produzenten. Die planmäßige Produktion jedoch ist deshalb planmäßig, weil sie nicht isoliert, sondern vereinigt ist."[125]

Die Anhänger dieses Standpunktes begründen die Notwendigkeit, die Produktionsverhältnisse des Sozialismus un-

[124] Den konsequentesten Ausdruck fand diese Konzeption in den Arbeiten von N. Cagolov, N. Chessin, G. Džavadov, und anderen Autoren.

[125] N. A. Cagolov, Metod „Kapitala" K. Marksai vopros o predelach abstrakcii v političeskoj ekonomii socializma, in: Sammelband: Metod „Kapitala" i voprosy političeskoj ekonomii socializma, S. 18.

abhängig von der Warenform zu analysieren, damit, daß als bestimmender Zug der sozialistischen Produktion das Wirtschaften im Maßstab der Gesellschaft und unter den Bedingungen der Warenproduktion das Wirtschaften in den Grenzen einzelner isolierter Betriebe zutage tritt. Sie unterstellen, daß die Produktionsverhältnisse in der sozialistischen Gesellschaft verschiedene Niveaustufen haben. Anfangs durchläuft das Produkt der sozialistischen Produktion „die Produktionsverhältnisse, die den unmittelbaren gesellschaftlichen Charakter der sozialistischen Produktion ausdrücken . . . Darauf ist jedoch die Bewegung des Produkts nicht beschränkt: Es durchläuft weiter die Ordnung der Produktionsverhältnisse, die für die Warenproduktion charakteristisch sind. Die Ergebnisse des Produktionsprozesses, die wertmäßigen Resultate, sind das Objekt der Aneignung durch die Gesellschaft."[126] Folglich sind die Ausgangs- und die Endverhältnisse im Sozialismus unmittelbar gesellschaftliche Verhältnisse. Die Warenverhältnisse vermitteln eine Reihe von Zwischenphasen bei der Bewegung des Produktes.

Die Ökonomen, die diesen Standpunkt teilen, sind der Ansicht, daß die Warenform in der sozialistischen Gesellschaft kein Wesenselement zur Charakteristik der sozialistischen Produktion darstellt. Sie unterstellen, daß die Warenform, die sich unter den Bedingungen des Sozialismus erhalten hat, ihren Wareninhalt verloren hat. „Das sind schon nicht mehr Waren im politökonomischen Sinn des Wortes, sondern Produkte der sozialistischen Produktion, in denen sich eine Reihe äußerer Merkmale der Ware erhalten haben. Ihre Bewegung wird durch völlig andere Gesetze gelenkt als die Bewegung von Waren."[127] Ihrer Meinung nach bilden die Ware-Geld-Beziehungen keine charakteristische Besonderheit der sozialistischen Gesellschaft in dem Sinne, daß sie nicht zu den Produktionsbeziehungen der ersten Phase des Kommunismus gehören.

Es ist unschwer zu erkennen, daß die Verfechter dieser These sich bemühen, das Problem der dem Sozialismus ge-

[126] Kursus Politische Ökonomie, Teil II, Moskau 1970, S. 260f. (russ.).

[127] N. V. Chessin, V. I. Lenin o suščnosti i osnovnych priznakach tovarnogo proizvodstva, Moskau 1968, S. 180.

gebenen Form des ökonomischen Zusammenhanges abstrakt theoretisch zu lösen. Eine solche Lösung macht es notwendig, die Prozesse und Erscheinungen der objektiven Realität in reiner Form, d. h. entsprechend der Natur wissenschaftlicher Begriffe, die die ökonomischen Kategorien zum Ausdruck bringen, zu betrachten. Man kann die Berechtigung eines solchen Herangehens an die objektive Wirklichkeit kaum bestreiten. Insbesondere ist das in den Fällen notwendig, wo es sich um die Erklärung des Inhalts der ökonomischen Kategorien, um die Bestimmung der Gesetzmäßigkeiten der ökonomischen Entwicklung, um die Erklärung des Charakters dieser oder jener ökonomischen Gesetze handelt. Ohne abstrakt theoretische Analyse kann es kein wirksames wissenschaftliches Herangehen an die Lösung von Problemen der ökonomischen Entwicklung geben. Das abstrakt theoretische Herangehen an die Wirklichkeit kann jedoch nur dann ein erschöpfendes Mittel zu deren Erkenntnis sein, wenn in der Wirklichkeit die gesellschaftlich-ökonomischen Prozesse und Erscheinungen bereits ein solches Stadium der Reife erreicht haben, daß sie bereits als vollendet angesehen werden können. Darin besteht nebenbei bemerkt auch eine Besonderheit der Erkenntnis: Sie geht von den am meisten entwickelten Formen aus, um weniger entwickelte zu untersuchen, d. h. sie durchläuft einen Weg, der der wirklichen Entwicklung der Dinge und Erscheinungen direkt entgegengesetzt ist. In diesem Falle wird es möglich, Gesetzmäßigkeiten bereits vollzogener Prozesse streng wissenschaftlich zu formulieren und das Konkrete mit Hilfe wissenschaftlicher Begriffe, die diese oder jene ihrer Seiten widerspiegeln, logisch zu reproduzieren.

Anders liegen die Dinge, wenn es um die Erkenntnis von Prozessen der ökonomischen Entwicklung geht, die man noch nicht als vollendet ansehen kann. Hier ist das abstrakt-theoretische Herangehen ebenfalls notwendig. In diesem Falle muß es jedoch ergänzt werden durch ein konkret-historisches Herangehen. Und nur in der Einheit mit dem konkret-historischen Herangehen, d. h. mit der Berücksichtigung des Reifegrades dieser oder jener Prozesse, mit der Aufdeckung des Charakters und der Richtung gegenläufiger Prozesse, der Bestimmung ihrer Intensität usw., kann man die historische Konkretheit widerspiegeln.

Die Vereinigung der abstrakt-theoretischen Untersuchungsmethode mit der konkret-historischen ist für die Analyse ökonomischer Beziehungen der sozialistischen Produktion notwendig. Der Sozialismus ist die erste Phase der kommunistischen Formation, d. h. ihr Stadium, das auf der Grundlage entsteht, die vom Kapitalismus vorbereitet wurde. Viele Prozesse, die in der reifen sozialistischen Gesellschaft vonstatten gehen, bereiten den Übergang zum Kommunismus vor. Sie bilden den Inhalt des sozialistischen Entwicklungsstadiums des Kommunismus. Den Charakter dieser Prozesse nicht zu berücksichtigen, bedeutet tatsächlich von den Besonderheiten des Sozialismus als dem ersten Stadium der kommunistischen Gesellschaft zu abstrahieren. Eine solche Abstraktion lassen eben die Verfechter der angeführten theoretischen Konzeption zu, die die Elemente der Warenproduktion nicht in die Bestimmung des Wesens des Sozialismus einschließen.

Wenn man sagt, daß die Elemente der Warenproduktion[128] das Wesen des Sozialismus nicht ausmachen, dann entsteht vor allem die Frage, von welchem Wesen hier die Rede ist? Es erscheint uns als notwendig, von verschiedenen Wesenszügen des Sozialismus zu sprechen. Der Sozialismus ist eine Phase der kommunistischen Formation; deshalb sind ihm allgemeine kommunistische Züge eigen. In diesem Sinne kann man vom Wesen des Sozialismus sprechen, indem man die Beziehungen der kommunistischen Formation als Ganzes im Auge hat. Der Sozialismus als erste Phase des Kommunismus hat jedoch auch ein spezifisches Wesen, das ihn als ein besonderes sozialökonomisches Gebilde charakterisiert. Offensichtlich kann man bei der Untersuchung der ökonomischen Struktur des Sozialismus dieses nicht unberücksichtigt lassen. Wenn es möglich und sogar notwendig ist, von den Elementen der Warenproduktion zu abstrahieren, dann ist die Rede vom allgemeinen kommunistischen Wesen des Sozialismus, während man kaum von diesen Elementen abstrahieren kann, wenn man über das spezifische Wesen des Sozialismus spricht. Jeden-

[128] Wir sprechen ausdrücklich von den Elementen der Warenproduktion, weil in der sozialistischen Gesellschaft das System der Warenproduktion nicht existieren kann.

falls muß gerade der Inhalt dieses spezifischen Wesens im vorliegenden Falle Gegenstand der Erörterungen sein.

Die erste Frage, die in diesem Zusammenhang auftritt, besteht in folgendem: Bleiben in der sozialistischen Gesellschaft Elemente des Systems der gesellschaftlichen Arbeitsteilung erhalten und sind dadurch Elemente einer bestimmten ökonomischen Isoliertheit bedingt? Die Verfechter des oben dargelegten Standpunktes antworten: „Die ökonomische Bindung jedes Arbeiters an in der Regel einen Beruf bleibt erhalten, was ein Erbe der gesamten vorhergehenden Geschichte der gesellschaftlichen Arbeitsteilung ist, die sich auf der Grundlage des Privateigentums entwickelt hat."[129] Indem sie das anerkennen, können sie nicht gleichzeitig eine bestimmte ökonomische Isoliertheit der Produzenten in Abrede stellen. Wir lesen: „Die planmäßige Organisation der gesellschaftlichen Produktion überwindet die Isoliertheit der Produzenten. Im Stadium des Sozialismus ist sie jedoch noch nicht imstande, jene Form der Isoliertheit zu liquidieren, die sich daraus ergibt, daß die sozialökonomische Ungleichheit bei der Arbeit erhalten bleibt."[130] Gerade diese Isoliertheit aber bildet ein Wesenselement der Warenproduktion.

Was geht daraus hervor?

Die Anhänger dieser Konzeption vom Wesen der sozialistischen Produktion, die keine Züge der Warenproduktion trägt, widerlegen sich faktisch selbst. Sie treiben die Elemente der Warenproduktion im Sozialismus zur Tür hinaus, um sie gleichzeitig durch das Fenster wieder hereinzulassen. Richtig ist natürlich, daß die planmäßige Organisation der gesellschaftlichen Arbeit die Isoliertheit überwindet. Nur hat die Produktion im Sozialismus eben noch nicht eine solche planmäßige Organisation erreicht, daß alle Formen der ökonomischen Isoliertheit überwunden werden könnten. Auch das wird von den Ökonomen anerkannt, die diesen Gesichtspunkt vertreten. Kann man dann aber so über die Planmäßigkeit überhaupt urteilen und ihr die Warenproduktion überhaupt gegenüberstellen? Das kann man nur zu einem Zweck tun: zur Aufdeckung des wissenschaftlichen Inhalts der unter-

129 Kursus politische Ökonomie, a. a. O., S. 268.
130 Ebenda, S. 130.

suchten Kategorien.[131] Für die Lösung der zu untersuchenden Fragen ist dies jedoch äußerst unzureichend, weil hier auch die Aufgabe auftaucht, zu bestimmen, in welchem Maße und in welchen Grenzen wir mit diesen wissenschaftlichen Kategorien operieren können. Für eine Antwort auf diese Frage ist aber eine wissenschaftliche Analyse der realen Wirklichkeit erforderlich, die auch sogleich zeigt, wie begrenzt die Möglichkeiten sind, mit diesen Kategorien als Antwort auf die Frage nach dem Inhalt des spezifischen Wesens der sozialistischen Produktion zu operieren. Das Wesen der Aufgabe besteht gerade darin, den konkreten Stand der Planmäßigkeit und den konkreten Stand der Warenproduktion unter den Bedingungen der sozialistischen Gesellschaft zu bestimmen.

Die besonderen Formen, in denen sich das Gesetz der Proportionalität im Sozialismus durchsetzt

Eine der wesentlichen Besonderheiten des Sozialismus als Phase der kommunistischen Formation besteht darin, daß er gleichzeitig sowohl einen bestimmten fixierten Zustand als auch einen Zustand des Werdens, d. h. eine Bewegung darstellt. Für die Analyse der ökonomischen Formen der sozialistischen Gesellschaft hat das erstrangige Bedeutung, weil gerade diese letzten Endes die Spezifik des Sozialismus bestimmen. Die Mehrzahl von ihnen drückt einen dynamischen und nicht einen statischen Zustand der ökonomischen Beziehungen aus.

Nehmen wir z. B. eine der Hauptkategorien, wie die Form des notwendigen Produktes. Viele schreiben über die Notwendigkeit seiner quantitativen und qualitativen Bestimmung. Dabei wird jedoch der Umstand nicht hinreichend berücksichtigt, daß das notwendige Produkt in der sozialistischen Gesellschaft eine äußerst komplizierte Kategorie ist, die neben einem bestimmten Zustand auch einen Bewegungsprozeß

[131] Diese Aufgabe ist an sich ebenfalls außerordentlich wichtig, weil einige Ökonomen geneigt sind, zu sagen, daß die Planmäßigkeit als wissenschaftlicher Begriff nicht im geringsten dem Inhalt der Warenproduktion als wissenschaftlichem Begriff widerspricht.

widerspiegelt. Was aber charakterisiert das notwendige Produkt als bestimmten Zustand? Es ist auch im Sozialismus Mittel zum Ersatz der Arbeitskraft. Letztere ist eine Eigenschaft des lebenden Organismus, über die Fähigkeit zur Arbeit zu verfügen. Der Sozialismus als Phase der kommunistischen Formation postuliert jedoch die Entwicklung der Persönlichkeit des Menschen nicht nur als Träger von Arbeitskraft, sondern als Individuum, für das die Beschäftigung mit produktiver Arbeit für die Bedingungen des Sozialismus zwar die bestimmende, aber durchaus nicht einzige Form der Lebenstätigkeit darstellt. Deshalb bahnt sich die Tendenz zur Umwandlung eines Teils des Mehrproduktes in notwendiges Produkt bereits im Sozialismus ihren Weg.

Ein Teil des Nettoproduktes der sozialistischen Gesellschaft befindet sich hinsichtlich seiner ökonomischen Form im Übergangszustand, im Prozeß der Verwandlung von Mehrprodukt in notwendiges Produkt. Dieser Prozeß ist jedoch noch nicht vollendet. Er stellt Bewegung, Werden dar, aber keinen fixierten Zustand. Gerade dadurch kann man unserer Ansicht nach die verschiedenen Interpretationen der Grenzen des notwendigen Produktes sowie die vorgeschlagenen Methoden zu seiner quantitativen Bestimmung erklären. Für die praktische Lösung des Problems muß man eine bestimmte Übereinkunft treffen. Diese Lösung wird jedoch bedingten Charakter tragen, weil ein Teil des Nettoproduktes ökonomisch noch nicht hinsichtlich seiner ökonomischen Form bestimmt werden kann. Hier liegt ein ähnlicher Fall vor wie bei der Klassifizierung einiger lebender Organismen, die sowohl Elemente von Pflanzen als auch Elemente von Tieren in sich vereinigen. Ähnliche Dinge findet man auch in anderen Zweigen der Wissenschaft, in der Paläontologie, in der Anthropologie, in der Embryologie usw.

Diesen Umstand muß man auch bei der Lösung der dem Sozialismus gegebenen Methode des ökonomischen Zusammenhangs berücksichtigen oder ferner auch bei jener spezifischen Methode, mit deren Hilfe die Forderung nach Proportionalität in Umfang und Struktur der Produktion mit Umfang und Struktur der gesellschaftlichen Bedürfnisse verwirklicht wird.

Die dargelegten Konzeptionen haben ungeachtet ihrer Einseitigkeit großen Erkenntniswert, weil sie in Wirklichkeit verschiedene Charakteristika der Natur der sozialistischen Produktion wiedergeben, die unter dem Gesichtspunkt des ihr eigentümlichen ökonomischen Zusammenhangs untersucht werden. Die unmittelbar gesellschaftliche Form und die Warenform des Zusammenhangs, mit deren Hilfe man versucht, den Charakter der sozialistischen Produktion zu bestimmen, bilden die äußere Begrenzung, innerhalb derer man die gerade dem Sozialismus eigene Form des Zusammenhanges suchen muß. Weder die eine noch die andere Form kann diese charakterisieren. Warum kann man z. B. den Sozialismus nicht als besondere Art der Warenproduktion definieren?

Weil wir dabei innerhalb der Grenzen der Warenproduktion verbleiben, d. h. in einem System völlig eindeutiger Beziehungen, das einen eindeutigen Inhalt, seine Ausdrucksformen und einen entsprechenden Mechanismus hat. Die Einheit dieser Elemente bildet die Grundlage dafür, das vorliegende System als Warensystem zu kennzeichnen. In der sozialistischen Gesellschaft finden wir jedoch keines davon im erforderlichen Umfange vor. Um so weniger existiert deren Einheit. Wie kann man aber in diesem Falle die Kategorien der Warenproduktion auf den Sozialismus anwenden, wenn man dazu noch berücksichtigt, daß bereits innerhalb des Kapitalismus, in dessen imperialistischem Stadium, die Warenproduktion als System des Zusammenhanges untergraben wird?[132] Außerdem muß man die revolutionären ökonomischen Maßnahmen der Übergangsperiode vom Kapitalismus zum Sozialismus beachten, wie die Schaffung von Formen der kollektiven Produktion, die Formierung von Elementen der gesamtgesellschaftlichen Kooperation der Arbeit, die gesellschaftliche Aneignung des entscheidenden Umfangs an Akkumulationsressourcen, die Begrenzung der Autonomie bei der Nutzung des Mehrproduktes durch einzelne Kollektive, die zentrale, die gesamte Gesellschaft umfassende Planung usw. Heißt das aber, daß der sozialistischen Wirtschaft einzelne Elemente der Warenproduktion als System von Beziehungen fremd sind? Das heißt es nicht. Es existieren der

[132] Diese Sachlage fand ihre Widerspiegelung in der ökonomischen Literatur (siehe z. B. die Arbeit von N. V. Chessin, V. I. Lenin o suščnost i osnovnych priznakov tovarnogo proizvodstva, Moskau 1968).

Warenumlauf, die Handels- und Geldform, die Preisform und andere. Wenn wir jedoch deren tieferen Inhalt nicht aufklären, haben wir keine Möglichkeit, diese Erscheinungen als Erscheinungsformen der Warenproduktion zu qualifizieren. Sogar innerhalb des Systems der Warenproduktion selbst kann die Preisform auch eine Ausdrucksform von Arbeitsaufwendungen, eine Form des Gesetzes der Produktionspreise, des Monopolpreises und letzten Endes auch des Preises, der durch den bürgerlichen Staat zentral festgelegt wird, sein. Die Preisform bleibt in allen diesen Fällen erhalten. Der Inhalt jedoch wandelt sich, und zwar sehr wesentlich.

Wenn wir auf der Grundlage der Preisform, als solche betrachtet, die Ordnung der Beziehungen der einfachen Warenproduktion mit den kapitalistischen Beziehungen in der Periode der freien Konkurrenz, mit den Bedingungen der kapitalistischen Produktion in der Periode der Herrschaft der Monopole, mit den Beziehungen des staatsmonopolistischen Kapitalismus vereinigen wollten, befänden wir uns unweigerlich in der Sackgasse. In allen diesen Fällen zeugt jedoch der Preis vom Vorhandensein von Warenbeziehungen. Aber wie alle Formen sind auch diese nicht imstande, all jene Veränderungen widerzuspiegeln, die in den inneren Beziehungen der Produktionsweise vonstatten gehen. Die Preisform bleibt auch in der sozialistischen Wirtschaft erhalten, und die ökonomische Wissenschaft arbeitet angestrengt daran, das Gesetz der Preisbildung zu suchen, das dem Sozialismus eigen ist. Zu einer effektiven Lösung dieser Aufgabe muß man jedoch eine absolut präzise Vorstellung vom ökonomischen Inhalt des Preises im System der sozialistischen Produktion haben.

In der ökonomischen Struktur der sozialistischen Gesellschaft gibt es einzelne Elemente des Systems der Warenproduktion. Wie bereits festgestellt, sind Reste der alten gesellschaftlichen Arbeitsteilung erhalten geblieben. Infolgedessen gibt es Beziehungen einer relativen ökonomischen Isoliertheit. Der Prozeß der Formierung einer gesamtgesellschaftlichen Kooperation der Arbeit und damit auch ihres unmittelbar gesellschaftlichen Charakters ist nicht vollendet. Infolge des unzureichenden Niveaus der Vergesellschaftung der Produktion entstehen in der sozialistischen Gesellschaft bestimmte Widersprüche zwischen den Arbeitsaufwendungen einzelner Betriebskollektive. All diese und viele andere Momente charakterisieren wesentliche Elemente von Warenverhältnissen. Trotzdem handelt es sich hier nicht um ein System von Verhältnissen, das eine einheitliche Gesamtheit bildet, die die Warenproduktion darstellt, weil viele andere, der Warenproduktion eigene Wesenselemente fehlen, ohne die es das System der Warenproduktion nicht geben kann.

Folglich gibt es in der sozialistischen Gesellschaft nicht ein System von Verhältnissen, das durch den Begriff der Warenproduktion zum Ausdruck gebracht wird. Es kann nur von einzelnen Elementen die Rede sein, die in wesentlichem Umfang durch Beziehungen der unmittelbar gesellschaftlichen Produktion modifiziert sind. Daher entspricht es nicht der Wirklichkeit, wenn man den Sozialismus als besondere Form der Warenproduktion bezeichnet.

Es wäre jedoch voreilig, wenn man die Schlußfolgerung ziehen würde, daß dem Sozialismus die unmittelbar gesellschaftliche Form des Zusammenhangs eigen wäre oder, anders gesagt, daß das Gesetz der Proportionalität im Stadium des Sozialismus sich in Form des Gesetzes der planmäßigen proportionalen Entwicklung der gesellschaftlichen Produktion durchsetzen würde. Die Planmäßigkeit als wissenschaftlicher Begriff drückt die Ordnung von Beziehungen der kommunistischen Gesellschaft aus. In der ersten Phase der kommunistischen Formation befindet sich diese Ordnung von Beziehungen im Zustand der Entstehung. Hier gibt es noch kein endgültiges System von Beziehungen, das dem Inhalt der Beziehungen völlig adäquat wäre. Was bedeutet aber Planmäßigkeit vom ökonomischen Inhalt her?

In der ökonomischen Literatur werden der Kategorie Planmäßigkeit und dem Gesetz der planmäßigen proportionalen Entwicklung ausreichend genug Aufmerksamkeit geschenkt. Uns scheint jedoch, daß man die Erklärung des Inhalts der Planmäßigkeit kaum als erschöpfend ansehen kann. Vor noch nicht langer Zeit lehnten es einige Ökonomen überhaupt ab, die Planmäßigkeit als Kategorie anzuerkennen, die reale Beziehungen widerspiegelt, und interpretierten das Gesetz der Planmäßigkeit als ein „unwirksames" Gesetz, weil es ihrer Meinung nach keine realen Funktionen in der sozialistischen

Gesellschaft erfüllt.[133] Andere interpretierten das Gesetz der Planmäßigkeit beinahe als modifizierte Form des Wertgesetzes.[134]

Unserer Ansicht nach bringen die Kategorie Planmäßigkeit und damit auch das Gesetz der planmäßigen proportionalen Entwicklung bezüglich ihres inneren Gehaltes ein solches System materieller Produktionsverhältnisse zum Ausdruck, das durch folgende Züge gekennzeichnet ist:

Erstens, die Entwicklung der gesellschaftlichen Produktion erreicht ein Niveau, bei dem ihr Ausgangsglied nicht der einzelne Betrieb, sondern der Produktionszweig ist.

Zweitens, die gesellschaftliche Arbeitsteilung als Bindung einzelner Tätigkeitsarten an einzelne Gruppen von Mitgliedern der Gesellschaft, die isolierte soziale Gruppen bilden, wird überwunden. Zur Hauptquelle des gesellschaftlichen Reichtums wird die Verbindung der gesellschaftlichen Tätigkeit aller Mitglieder der Gesellschaft. Zum Hauptinhalt und zum Maßstab des Reichtums wird nicht die Arbeitszeit, sondern die freie Zeit.

Drittens, die Gesellschaft beherrscht den Prozeß der Produktion materieller und geistiger Güter in einem Maße, daß es möglich ist, ausschließlich auf Kosten dieses Produktionsprozesses sowohl die sachlichen Bedingungen der Produktion als auch deren persönlichen Faktor zu reproduzieren. Das bedeutet, daß die Arbeit aufhört, Maßstab für die Teilnahme jedes Mitgliedes der Gesellschaft am Gesamtfonds der individuellen Konsumtion zu sein.

Viertens, die gesellschaftliche Produktivität der Arbeit erreicht ein Niveau, auf dem die Arbeit jedes einzelnen im Verlaufe einer minimalen Zeitdauer eine maximal mögliche Menge an Produktion schafft.

Fünftens wird die Planung der Ressourcen, die die erweiterte Reproduktion ermöglichen, nicht mehr nur vom Niveau der Aufwendungen für die Produktion dieser oder jener Güter bestimmt, sondern durch den Grad ihrer Nützlichkeit, weil das objektiv begründete Ziel der Produktion die Gewährleistung

133 Siehe Voprosy političeskoj ekonomii socializma, Moskau, 1961, S. 225.

134 Siehe Voprosy ekonomiki, Nr. 7/1959, S. 127.

der Bedingungen für einen umfassenden Wohlstand und die allseitige freie Entwicklung aller Mitglieder der Gesellschaft ist.

Kürzer gesagt: Es wird dies ein System von Bedingungen sein, das die entwickelte kommunistische Gesellschaft charakterisiert. Nur dann, wenn die völlige sozial-ökonomische Gleichheit erzielt ist und die objektiven Bedingungen für die Messung der Arbeitsaufwendungen unmittelbar in Arbeitszeit herangereift sind, erreicht die Planmäßigkeit einen Stand, der ihrer Natur völlig adäquat ist. Die Planmäßigkeit als Kategorie ist die Abstraktion eben dieses Systems von Beziehungen.

Angewandt auf die sozialistische Gesellschaft, kann man nur vom Vorhandensein von Elementen dieses Systems sprechen, in deren Grenzen die völlige Herausbildung des wissenschaftlichen Inhalts der Planmäßigkeit und damit auch des Gesetzes der Planmäßigkeit erreicht wird. Daraus folgt, daß wir, wenn wir mit dieser Kategorie unter Anwendung auf die heutigen Bedingungen operieren, einen Begriff verwenden, der nicht die Abstraktion völlig entwickelter Beziehungen darstellt, sondern eher einzelne Elemente ausgereifter Planmäßigkeit. Dieser Begriff bringt die Tendenz ihrer Entwicklung zum Ausdruck.

Damit sind die Planmäßigkeit und das Gesetz der planmäßigen proportionalen Entwicklung in ihrem reifen, völlig ausgebildeten Zustand die einzig mögliche Form, in der sich das gesellschaftliche Gesetz der Proportionalität unter den Bedingungen der entwickelten kommunistischen Gesellschaft durchsetzt. Wie setzt sich aber das Gesetz der Proportionalität im Sozialismus durch?

Der Sozialismus ist die organische Gesamtheit von Beziehungen, die den Übergang von der „Warenorganisation" der gesellschaftlichen Produktion zur unmittelbar gesellschaftlichen, planmäßigen Organisation bildet. Dabei ist weder die eine noch die andere Organisationsform ein ungeteiltes, voll entwickeltes System. Wie bereits gesagt, treten uns beide Organisationsformen hier nur als einzelne modifizierte Elemente entgegen, die Komponenten direkter Gegensätzlichkeit, sich direkt ausschließender Gesamtheiten sind und in ein einheitliches System von Beziehungen einmünden. Dieses System unterscheidet sich von der Warenproduktion, weil in ihm die

Elemente der Planmäßigkeit dominieren. Es unterscheidet sich jedoch vom System völlig entwickelter Planmäßigkeit, weil die Elemente der Warenproduktion darin weiterhin eine wichtige Rolle spielen. Anders gesagt, ist der Sozialismus bezüglich der ihm eigenen Methoden des ökonomischen Zusammenhanges eine Zusammenfassung von Elementen der Warenproduktion und der unmittelbar gesellschaftlichen Produktion; er ist aber gleichzeitig weder Warenproduktion noch unmittelbar gesellschaftliche Produktion. Das ist eine Warenproduktion, die aufhört, Warenproduktion zu sein, d. h. die schwindende Warenproduktion ist. Gleichzeitig ist es unmittelbar gesellschaftliche Produktion, die sich im Zustand ihres Werdens befindet.

Im Sozialismus setzen Elemente der Warenproduktion und der unmittelbar gesellschaftlichen Formen der Produktion einander voraus und schließen sich gleichzeitig gegenseitig aus; beide befinden sich im Zustand der gegenseitigen Durchdringung und der gegenseitigen Abgrenzung. Sie treten als verschiedene Erscheinungsformen des gleichen Wesens auf, und zwar des Übergangszustandes, der eine Synthese gegensätzlicher Elemente darstellt, die infolge ihrer Unentwickeltheit als organische Gesamtheit existieren können. Daher kann man bei der Untersuchung der ökonomischen Struktur des Sozialismus als eines spezifischen Übergangszustandes weder die Kategorien des eigentlichen Systems der Warenproduktion noch die Kategorien des entwickelten Systems der unmittelbar gesellschaftlichen Produktion effektiv benutzen. Die ökonomische Theorie des Sozialismus muß ein System von Kategorien noch vollständig ausarbeiten, das die Spezifik der ökonomischen Struktur des Sozialismus widerspiegelt. Natürlich ist das nicht der schwierigste Teil der Aufgabe.[135]

Diese Besonderheit des Sozialismus findet ihren Ausdruck in allen ökonomischen Formen, die die grundlegenden ökono-

[135] Es gibt bereits Versuche zur Lösung dieser Aufgabe. Wir meinen die Arbeit von V. A. Bader, Socialističeskij produkt (Moskau 1967). V. A. Bader teilt die vom Autor hier dargelegte Position und macht den Versuch, nicht nur ein entsprechendes System von Begriffen zu schaffen, sondern auch die Besonderheiten der Formen des ökonomischen Zusammenhanges genauer aufzuklären, die dem Sozialismus gegeben sind.

mischen Prozesse in der sozialistischen Gesellschaft kennzeichnen. Verweilen wir konkret bei einigen davon, z. B. bei der Bewegungsform der Fonds eines sozialistischen Betriebes. In allgemeiner Form wird diese gewöhnlich wie folgt dargestellt:

$$G - W\,(Pm) \ldots P \ldots W' - G'$$ [136]

Unserer Meinung nach drückt diese Form nicht die Spezifik der Methode des ökonomischen Zusammenhanges aus, die dem Sozialismus gegeben ist, weil in ihr jene Gesamtheit von Elementen fehlt, die den entstehenden unmittelbar gesellschaftlichen Zusammenhang kennzeichnet. Sie drückt in Wirklichkeit nur einige Elemente der Ware-Geld-Form der Beziehungen aus. Warum ist das erste Stadium G — W nur durch die Verwandlung von Geld in Produktionsmittel begrenzt? Es ist doch bekannt, daß diese nicht ohne Arbeitskraft in Bewegung gesetzt werden können. Anstelle der Arbeitskraft fungiert jedoch in der Formel der Arbeitslohn. In welcher Form tritt der Arbeitslohn auf? Offensichtlich nur in Geldform. In dem Fall verliert aber die Umwandlung G — L ihren Sinn, weil hier Geld sich in Geld verwandelt. Außerdem kann der Arbeitslohn überhaupt nicht Produktionsfaktor neben den

136 Siehe Političeskaja ekonomija socializma – pervaja fasa kommunističeskogo sposoba proizvodstva, Moskau 1968, S. 187. Außer der angegebenen Formel für den Kreislauf existieren viele andere, zwischen denen es jedoch unserer Meinung nach keine wesentlichen Unterschiede gibt. Im wesentlichen betreffen die Unterschiede zwischen ihnen die Frage, ob der Kreislauf der Geld-, der Produktions- oder der Warenfonds die allgemeine Form des Kreislaufs der Fonds darstellt. Es gibt einige Unterschiede in der Behandlung des ersten Stadiums, des Kreislaufs der Geldfonds. Im einzelnen stellen einige Ökonomen dieses Stadium wie folgt dar:

$$G\begin{array}{l}\nearrow W - Pm\\ \\ \searrow\!\!\searrow V - r_s\end{array}\ldots P\ldots W'\begin{array}{l}\nearrow G\\ \\ \searrow g\end{array},$$

wobei die zwei parallelen Linien die Bevorschussung im Unterschied zum Warenumlauf bedeuten. Das V bedeutet die Geldmittel, die für den Arbeitslohn vorgeschossen werden. (Siehe Ekonomičeskie nauki, Nr. 81/1970, S. 45, 51.) Unserer Meinung nach unterscheidet sich diese Formel im Wesen durch nichts von der oben angegebenen.

Produktionsmitteln sein. Selbst wenn man das nicht in Betracht zieht, ist doch die Anerkennung dessen, daß ein Teil von G sich in Arbeitslohn verwandelt, sinngemäß gleichbedeutend mit der Behauptung, daß dieser Teil von G eine Ware bezahlt, weil die Produktionsfonds nur deshalb während ihres Kreislaufs Geldform annehmen, weil sie auch Warenform haben. Die Behauptung, daß ein Teil G sich nicht in Arbeitskraft verwandelt, weil diese keine Ware ist, klingt nicht überzeugend, wenn allein G als objektive Bewegungsform der Produktionsfonds des sozialistischen Betriebes anerkannt wird. Aber wenn man diese Schwierigkeit auch umgehen könnte, bleibt unverständlich, auf welche Weise W vermittels P sich in W′ und G in G′ verwandelt, wenn im Anfangsstadium der Bewegung der Fonds ein Teil G sich nicht in Arbeitskraft als einen realen Faktor der Produktion, sondern in Arbeitslohn verwandelt hat.

Auch die Behauptung, daß ein Teil von G sich nicht in Arbeitskraft verwandelt, sondern Fonds für die Bezahlung von Lebensmitteln darstellt, entbehrt jeder Grundlage. Sie geht davon aus, daß die Lebensmittel Waren sind, die Wert haben. Waren kann man aber nicht bezahlen, wenn man nichts gegen Geld eintauscht, das als Zahlungsmittel oder als Mittel zum Kauf dient. Bevor sich nämlich G in Lebensmittel verwandelt, muß dieses in den Händen des Werktätigen sein.

Die Dinge liegen nicht besser, wenn wir als grundlegende Bewegungsform folgende annehmen:

$$P \ldots W' - G' \left\langle \begin{matrix} Pm \\ L \end{matrix} \right. \ldots P\text{, oder}$$

$$W' - G' \left\langle \begin{matrix} Pm \\ L \end{matrix} \right. \ldots P \ldots W'.$$

All diese Formeln spiegeln die Bewegung der Produktionsfonds einzelner Betriebe wider, die als isolierte Wirtschaftsglieder betrachtet werden, zwischen denen Kauf und Verkauf die einzige Form des Zusammenhangs darstellt. Solche Betriebe gibt es in der sozialistischen Gesellschaft jedoch nicht.[137]

137 Die Anerkennung des Betriebes als Ausgangsglied der sozialistischen Produktion bedeutet dem Wesen nach, daß er der Träger der dem Sozia-

Wie bereits festgestellt, ist die sich entwickelnde Beziehung der sozial-ökonomischen Gleichheit ein grundlegender Zug des Sozialismus als Phase der kommunistischen Produktionsweise. Die Beziehungen der Gleichheit kommen hier dadurch zum Ausdruck, daß die Erstausstattung einzelner Betriebe mit Ressourcen zu Lasten der gesamten Gesellschaft erfolgt. Die Gesellschaft rüstet die Betriebe mit den sachlichen Produktionsbedingungen und mit Arbeitskräften aus, die wiederum auf Kosten der gesamten Gesellschaft ausgebildet werden.

Dem Wesen nach ist diese Form der Verteilung der Produktionsbedingungen unmittelbar gesellschaftlich. Sie existiert jedoch nicht als reine Form, sondern erscheint ihrerseits in Formen, die den Zusammenhang als Ware-Geld-Beziehung kennzeichnen. Erstens werden die sachlichen Elemente der Produktionsfonds sowohl auf der Grundlage einer unentgeltlichen Finanzierung wie auch der Kreditierung des Investitionsbaus geschaffen. Zweitens zahlen die Betriebe für Grund- und Umlauffonds. Drittens nimmt die Einbeziehung der Arbeitskraft in den Produktionsprozeß die Form von Lohn an.

Auch der Produktionsprozeß ist durch eine zwiespältige ökonomische Natur gekennzeichnet. Er tritt auf der einen Seite als Prozeß der unmittelbaren Produktion materieller Lebensbedingungen in Erscheinung und hört in dieser Beziehung auf, Prozeß der Schaffung und des Anwachsens von

lismus eigenen Produktionsverhältnisse ist, d. h. von Verhältnissen, die in sich sowohl Elemente der unmittelbar gesellschaftlichen Produktion als auch der Warenproduktion vereinigen. Eben deshalb kann man kaum den Betrieb als etwas von der übrigen Wirtschaft Unterschiedenes betrachten. Die Wirtschaft als Ganzes ist nichts anderes als in gewisser Weise die Gesamtheit der Betriebe, und deshalb kann sie nicht Züge haben, die der einzelne Betrieb nicht hat. In diesem Zusammenhang kann man sich kaum mit den Behauptungen einzelner Ökonomen einverstanden erklären, die unterstellen, daß der Reingewinn das unmittelbare Ziel des Betriebes sei. Vom Gewinn als Ziel des Betriebes kann man sprechen, wenn man nur ein solches Element ökonomischer Beziehungen des Sozialismus im Auge hat wie die Beziehungen der Isoliertheit. Der Charakter der Produktionsverhältnisse des Sozialismus, deren Träger die einzelnen Betriebe sind, beschränkt sich jedoch nicht auf diese Seite.

Wert zu sein. Auf der anderen Seite ist er gleichzeitig ein Prozeß des Anwachsens von Wert. Für den Betrieb, der einfach als organisches Glied der gesamten gesellschaftlichen Produktion auftritt, erweist sich der von ihm geschaffene Wert (als v + m) irgendwie als ungeteilt und nicht gegliedert. In eben dieser Ganzheit ist er Einkommen und Quelle zur Befriedigung der Bedürfnisse der gesamten Gesellschaft.

Indem der Betrieb als Element der gesamtgesellschaftlichen Kooperation der Arbeit, d. h. als Träger der unmittelbar gesellschaftlichen Beziehungen auftritt, sind seine Kosten für die Produktion des Produktes gleich den Aufwendungen an vergegenständlichter und lebendiger Arbeit. In diesem Sinne fallen die Aufwendungen des Betriebes mit den Aufwendungen der Gesellschaft zusammen. Gleichzeitig ist der einzelne Betrieb eine ökonomisch relativ isolierte Wirtschaftszelle. Sie deckt ihre Ausgaben an Produktionsmitteln und für die Bezahlung der Arbeit nicht unmittelbar aus den Fonds der Gesellschaft, sondern aus dem Erlös für die realisierte Produktion. In diesem Sinne tritt das im Betrieb geschaffene Element c als Fonds für die Deckung eines der Kostenelemente auf. Folglich wird unter dem Gesichtspunkt des einzelnen Betriebes c + v zu einem besonderen isolierten Element, unterschieden zu m, d. h. zu jenem Teil des Produktes, das Träger des Mehrproduktes ist. Daher ist unter dem Gesichtspunkt des unmittelbar gesellschaftlichen Zusammenhanges v + m das Einkommen, d. h. das gesamte Nettoprodukt. Für den einzelnen Betrieb jedoch, als isoliertes Glied der gesellschaftlichen Produktion, ist es jedoch nur ein Teil davon, d. h. nur das Reineinkommen. Deshalb erfolgt das Anwachsen des Wertes nur insofern, als von Beziehungen relativer ökonomischer Isoliertheit einzelner Betriebe die Rede ist. Betrachtet man jedoch den Betrieb im System der gesamtgesellschaftlichen Beziehungen, d. h. innerhalb der gesamtgesellschaftlichen Kooperation der Arbeit, so kann von einem Anwachsen des Wertes nicht die Rede sein.

Auf diese Weise ist der Produktionsprozeß unmittelbar ein Bewegungsstadium der Produktionsfonds des sozialistischen Betriebes und verkörpert die Einheit von Elementen unmittelbar gesellschaftlicher und wertmäßiger Beziehungen. Den gleichen Doppelcharakter hat auch das dritte Stadium in der

Bewegung der Fonds, wenn diese die Form des vergegenständlichten Ergebnisses der Produktion annehmen. Dieses wird gewöhnlich durch W' — G' dargestellt. Das bringt jedoch günstigenfalls das Verhältnis zwischen Betrieben als relativ isolierten Zellen zum Ausdruck.

Das vergegenständlichte Resultat des Produktionsprozesses in der sozialistischen Gesellschaft tritt in einer ökonomischen Form auf, die eine Übergangsform von der Ware zur Nichtware darstellt. Wenn es auch unbestritten in spezifische Tauschbeziehungen eintritt, behält es seinem Inhalt nach doch Elemente des unmittelbar gesellschaftlichen Zusammenhanges. Erstens realisiert der Betrieb in dem Akt W' — G' zwar alle Elemente des Wertes von W', der überwiegende Teil des Wertes des Mehrproduktes verbleibt jedoch nicht im Betrieb, sondern wird in den Händen des Staates konzentriert, der das ökonomische Organ der gesamten Gesellschaft ist, d. h. das Organ der gesamtgesellschaftlichen Kooperation der Arbeit. Zweitens sind die Preise, auf deren Grundlage sich die Realisierung von W' vollzieht, vorher festgelegt. Sie werden in der Regel durch zentrale Planungsorgane festgelegt und treten als wichtiges Element der gesellschaftlichen Leitung aller Produktionsprozesse auf. Drittens wird das Produkt für einen vorher bekannten Verbraucher hergestellt, besonders, wenn es sich um Produktionsmittel handelt. Viertens können das Preisniveau und die Rentabilität einzelner Produktionsarten nicht wesentlich auf die Erzeugnisnomenklatur einwirken; diese wird zentral vorgegeben. Das schließt Umverteilungen von Produktionsmitteln und Arbeitskräften zwischen den Zweigen unter dem Einfluß von Wertfaktoren aus.

Auf der anderen Seite enthält der Akt W' — G' auch Elemente des eigentlichen Wertverhältnisses. Vor allem von seiten der Form ist das ein spezifischer Ausdruck von Warenbeziehungen. Außerdem existiert eine untere Grenze der Preiselastizität – nämlich der Kosten des Betriebes und einer bestimmten Rentabilitätsnorm, die für die normale Tätigkeit des Betriebes als eines isolierten Gliedes der gesellschaftlichen Produktion notwendig sind. Deshalb erfordern Veränderungen in den Bedingungen für die wirtschaftliche Tätigkeit des Betriebes, die durch Einwirkung mehr oder minder konstanter

Faktoren bedingt sind, auch eine Veränderung der Preise. Preisveränderungen können auch als ein nicht vorhergesehener Prozeß vonstatten gehen. Die Bedingungen der Realisierung treten als Faktor auf, der aktiv auf die Proportionen der Reproduktion einwirkt. Wenn diese Bedingungen auf der einen Seite vorher als Voraussetzungen für den Produktionsprozeß bestimmt werden und deshalb auch die Realisierung der Produktion bestimmen, behalten auf der anderen Seite die Bedingungen der Realisierung ihre Bedeutung als relativ selbständiger Faktor, der auf die Proportionen der Verteilung gesellschaftlicher Arbeit einwirkt. In diesem Sinne kann man vom Vorhandensein der Kategorie Markt in der sozialistischen Gesellschaft sprechen. Schließlich treten die Austauschbeziehungen als Faktor der Umverteilung von Ressourcen an Produktionsmitteln und Arbeitskräften innerhalb der Zweige auf.

Damit zeigt die Bewegung der Produktionsfonds, daß die Form des ökonomischen Zusammenhanges, die der gegenwärtigen Etappe in der Entwicklung der sozialistischen Wirtschaft immanent ist, eine Übergangsform von der Wertform (der Ware-Geld-Beziehung als Form des Zusammenhanges) zur unmittelbar gesellschaftlichen Form darstellt, d. h. in ihrem Inhalt Elemente der einen und der anderen Form vereinigt.

Dieser Übergangscharakter schlägt sich im spezifischen Inhalt des Äquivalents bei der Entlohnung der Arbeit nieder. Gewöhnlich nimmt man an, daß die Festlegung dieses Äquivalents auf der Grundlage des Wertgesetzes erfolgt: Die Waren werden untereinander als gleiche Mengen abstrakter, gesellschaftlich notwendiger, einfacher Arbeit getauscht. Wenn jedoch das Wertgesetz die Grundlage der Austauschbeziehungen wäre, hieße das, daß die Verteilung materieller Güter zwischen den einzelnen Betrieben nicht nur auf der Grundlage des Aufwandes an lebendiger Arbeit, sondern auch auf der Grundlage der Unterschiede in der Wirksamkeit der sachlichen Produktionsbedingungen erfolgt. Anders gesagt, verschiedene Wirtschaftsglieder würden für die gleiche Einheit Arbeit eine völlig andere Einkommensgröße realisieren. Das würde jedoch die Erhaltung von Gruppeneigentum an den sachlichen Produktionsbedingungen bedeuten, weil das Recht auf Produktionsmittel sich ökonomisch darin realisiert, daß deren Besitzer ein unterschiedliches Einkommen in Abhängigkeit nicht nur zum Arbeitsaufwand, sondern auch zu ihrer Produktivität, die durch das Niveau der angewandten Produktionsmittel bestimmt wird, erhalten. Man braucht nicht zu beweisen, daß eine solche Ordnung mit dem Sozialismus nichts gemein hat.

In der sozialistischen Gesellschaft ist der einzige Maßstab für die Menge des Einkommens, das den einzelnen Werktätigen oder ihren Kollektiven zusteht, der Aufwand an lebendiger Arbeit. Das schließt natürlich nicht die Differenzierung der Lage einzelner Mitglieder der Gesellschaft und einzelner Gruppen von Produzenten aus. Dies ist jedoch nicht durch die Wirksamkeit der Produktionsmittel, sondern durch die Menge und die Qualität der geleisteten Arbeit bedingt. Daher muß das Prinzip der Entlohnung der Arbeit auf den Arbeitsaufwand gegründet sein. Anders ausgedrückt, kann die Grundlage des Austauschs nicht das Wertäquivalent, sondern es muß das Arbeitsäquivalent sein. Das erfordert jedoch die Messung des Arbeitsaufwandes und ihren Ausdruck in Einheiten von Arbeitszeit. Unter Bedingungen jedoch, unter denen die Reste der alten Arbeitsteilung und daher auch die sozialen Unterschiede in der Arbeit erhalten geblieben sind, ist eine solche Messung nicht möglich. Sozial ungleicher Arbeitsaufwand kann jedoch nur durch Austauschbeziehungen ausgedrückt werden, in die die Produkte der Arbeit eintreten, d. h. nur in einer Form, die dem Wertgesetz äquivalent ist.

Damit entsteht ein Widerspruch zwischen dem Gesetz äquivalenter Arbeit und der Form seines Ausdrucks, d. h. dem Tauschwert. Dieser erweist sich als verwandelte Form nicht nur des Wertes, wie das in der Warenproduktion der Fall ist, sondern auch des Arbeitsaufwandes, der Träger von Elementen des unmittelbar gesellschaftlichen Zusammenhanges ist.

Neben dem Grundprinzip, auf dessen Grundlage die Entlohnung der Arbeit im Sozialismus erfolgt, bricht sich auch ein anderes Prinzip Bahn, nämlich die Bezahlung der Arbeit als unmittelbar gesellschaftliche Arbeit. Natürlich kann man davon nur als Tendenz sprechen. Die Entwicklung der gesellschaftlichen Konsumtionsfonds zeugt jedoch von der Notwendigkeit einer selbständigen Berechnung dieser Form der Entlohnung der Arbeitsaufwendungen.

Wenn sich auch das Prinzip der Entlohnung der Arbeit, das der Natur der sozialistischen Produktion entspricht, wesentlich von der wertmäßigen Methode der Entlohnung des Arbeitsaufwandes unterscheidet, so existiert letztere vorläufig noch. Es handelt sich um Beziehungen, die von der Gesellschaft nicht kontrolliert werden oder nur mit Hilfe von indirekten Faktoren kontrolliert werden können, vor allem um den Kolchosmarkt und andere, im gesamtstaatlichen Maßstab nicht organisierte Formen ökonomischer Verbindungen. Hier wirkt als Grundprinzip das Wertgesetz, das die Tauschbeziehungen bestimmt. Dieses Prinzip ist natürlich nicht lokaler Natur. Es erstreckt sich auch auf andere Sphären und hat einen mehr oder weniger bedeutenden Einfluß nicht nur auf den Zirkulationsprozeß, sondern auch auf die Produktion.

Damit kann man die sozialistische Produktion nach dem Charakter der ihr eigenen Methode des ökonomischen Zusammenhanges als Übergangszustand von der Warenproduktion zur unmittelbar gesellschaftlichen Produktion bestimmen. Das bedeutet aber, daß die dem Sozialismus eigene Form der Durchsetzung des Gesetzes der Proportionalität eine eigentümliche Synthese von Gegensätzlichkeiten ist, die die Gesamtheit von Elementen unmittelbar gesellschaftlicher Produktion und von Elementen der Warenproduktion darstellt. Die Entwicklungstendenz des Sozialismus wird durch die Elemente der unmittelbar gesellschaftlichen Produktion bestimmt. Die realen volkswirtschaftlichen Prozesse und Proportionen der Reproduktion werden durch die Einwirkung beider Pole von Gegensätzlichkeiten bestimmt. Das muß in der volkswirtschaftlichen Praxis berücksichtigt werden.

Besonderheiten der ökonomischen Form des Produktes der sozialistischen Produktion. Der Mechanismus der Proportionalität

Das Produkt ist der sachliche Träger von Produktionsbeziehungen. Daher ist die ökonomische Form des Produktes die Form ihrer gesellschaftlichen Bestimmtheit. Da die sozialistische Produktion infolge der ihr immanenten Methode des ökonomischen Zusammenhanges einen Übergangszustand von der wertmäßigen Form, der Warenform, zur unmittelbar gesellschaftlichen Form darstellt, ist auch ihr Produkt, der ökonomischen Form nach, eine Übergangsform von der Ware zum unmittelbar gesellschaftlichen Produkt, das nicht über den Markt in die Konsumtion eingeht.

Dem Produkt der sozialistischen Produktion sind Besonderheiten eigen, die es als besondere ökonomische Kategorie kennzeichnen. Wie bereits festgestellt wurde, ist den Beziehungen der sozialistischen Produktion eine relative ökonomische Isoliertheit einzelner Wirtschaftsglieder eigen. Das bedeutet, daß der gesellschaftliche Zusammenhang zwischen ihnen sich bereits daraus ergibt, daß verschiedene Produktionszellen sich auf die Produktion verschiedener Arten von Erzeugnissen spezialisieren, die nur durch Austauschbeziehungen realisiert werden können, d. h. auf der Grundlage der Bewegung der Produkte als Waren. Diese ökonomische Form der Produkte der Arbeit ist die Bewegungsform der Widersprüche zwischen den Aufwendungen an Arbeit als gesellschaftlichen Aufwendungen, die durch die Spezialisierung der Produktion bedingt sind, und den Aufwendungen an Arbeit als Aufwendungen isolierter Kollektive. Dieser Widerspruch begründet die ökonomische Bestimmtheit der Warenform des Produktes der Arbeit in der sozialistischen Gesellschaft.

Weil die Arbeit eines Betriebskollektivs als Arbeit eben des gegebenen Kollektivs auftritt, bildet sie damit einen besonderen Teil der gesellschaftlichen Arbeit, der noch als Teil der Arbeit der gesamten Gesellschaft in Erscheinung treten muß. Das kann nicht in Form der konkreten Arbeit erfolgen, weil hier die Arbeit ökonomisch relativ isolierter Kollektive sozial ungleich ist. Gleichzeitig produziert das Kollektiv eines gegebenen Betriebes Erzeugnisse, die zum Verbrauch durch andere Betriebe bestimmt sind, und braucht seinerseits die Resultate von deren Arbeit. Folglich ist die konkrete Arbeit von Anfang an gesellschaftliche Arbeit. Ihre Realisierung eben als gesellschaftliche Arbeit erfordert den Vergleich mit den Arbeitsaufwendungen anderer Betriebe. Das kann aber nur in Form der abstrakten Arbeit erfolgen. Über diese Form erfolgt die tatsächliche Einbeziehung der Arbeit des einzelnen Kollektivs in die Gesamtarbeit der Gesellschaft. Genauer gesagt: die letztere bildet sich dem Wesen nach als Resultat der

Zurückführung der sozial unterschiedlichen Arbeitsaufwendungen auf eine einheitliche Ausdrucksform, die abstrakte Arbeit.

Daraus folgt, daß die Arbeit eine allgemein gesellschaftliche Form annehmen muß, d. h. eine Form, in der allein die Gegenüberstellung einzelner Arten konkreter Arbeit erfolgen kann. Nur so kann die Arbeit des einzelnen Kollektivs, das ökonomisch isoliert ist, als Teil der Gesamtarbeit der Gesellschaft zum Ausdruck kommen. Es ergibt sich, daß der Widerspruch zwischen der kollektiv isolierten Arbeit und der gesellschaftlichen Arbeit seine Bewegungsform im Doppelcharakter der Arbeit – der konkreten und der abstrakten Arbeit – findet.

Der Widerspruch zwischen der konkreten und der abstrakten Arbeit löst sich seinerseits im Widerspruch zwischen dem Gebrauchswert und dem Wert auf, der auch die Warenform der Arbeitsprodukte konstituiert. In alldem, darunter auch im Widerspruch zwischen der kollektiv isolierten Arbeit und der gesellschaftlichen Arbeit, ist jedoch nichts spezifisch Sozialistisches enthalten. Alle diese Bestimmungen sind der Warenproduktion im allgemeinen eigen. Für sich betrachtet, charakterisieren sie nicht die sozialistische Produktion und deren Produkt.

Die konstituierende Bestimmung der sozialistischen Arbeit erfolgt durch Verhältnisse der unmittelbar gesellschaftlichen Arbeit, d. h. jener Arbeit, deren gesellschaftliche Bedeutung sich nicht im Produkt und nicht durch das Produkt, sondern unmittelbar, d. h. vor der Produktion des Produktes als bestimmter Anteil an Arbeit, ausdrückt, der für die Befriedigung vorher bekannter gesellschaftlicher Bedürfnisse bestimmt ist. Die unmittelbaren Planaufgaben, die die Planungsorgane der Gesellschaft den einzelnen Gliedern der gesellschaftlichen Wirtschaft bezüglich der Produktion einzelner Produktionsarten stellen, sind ein reales Element des unmittelbar gesellschaftlichen Charakters der Arbeit. Aber sie sind nur ein Element und nicht die vollständig ausgebildete ökonomische Form. Daraus folgt, daß in dem Maße, wie sich im Sozialismus die Beziehungen der gesamtgesellschaftlichen Kooperation der Arbeit entwickeln, die Arbeitsaufwendungen in jedem Glied der Wirtschaft als unmittelbar gesellschaftliche Aufwendungen auftreten. Das bedeutet, daß der gesellschaftliche Charakter der

Arbeit sich in Form zweckmäßiger Tätigkeit, d. h. in Form konkreter Arbeit zeigt. In dem Maße, wie sich dieser Prozeß vollzieht, tritt uns der Gebrauchswert des Produktes von Anfang an als dessen unmittelbare gesellschaftliche Nützlichkeit entgegen.

Was aber bestimmt dieses Maß? Was hindert die Elemente der unmittelbar gesellschaftlichen Arbeit daran, sich in die alleinige Form der Arbeit zu verwandeln? Vor allem die Beziehungen einer gewissen ökonomischen Isoliertheit, d. h. die Elemente des kollektiv isolierten Charakters der gesellschaftlichen Arbeit. Es gibt einen zweiten Widerspruch, der der Form der gesellschaftlichen Arbeit im Sozialismus eigen ist, nämlich den Widerspruch zwischen der Arbeit, die unmittelbar gesellschaftliche Arbeit wird, und der Arbeit, die noch in Form relativ isolierter Arbeit verbleibt.

In welcher ökonomischen Form kann das Produkt der sozialistischen Produktion auftreten? Wenn die Arbeit ausschließlich in Form unmittelbar gesellschaftlicher Arbeit auftreten würde, verlöre ihr Produkt endgültig die Eigenschaften der Ware. Es würde unmittelbar in den Verbrauch eingehen, unter Umgehung der Sphäre der Warenzirkulation. Andererseits behielte das Produkt die gewöhnliche Warenform, wenn die Beziehungen der isolierten kollektiven Arbeit die einzigen Beziehungen wären. Das ist jedoch nicht so. Sowohl die erstgenannten als auch die zuletzt genannten Beziehungen existieren gleichzeitig. Die gleichzeitige Existenz von Elementen der unmittelbar gesellschaftlichen Arbeit und von Elementen der isolierten kollektiven Arbeit führt dazu, daß das Produkt seiner ökonomischen Form nach die Vereinigung von Gegensätzen ist, und zwar der Form des unmittelbar gesellschaftlichen Produktes und der Form der Ware.

Wenn damit der Widerspruch zwischen dem Charakter der Arbeit als gesellschaftlicher Arbeit und als umittelbar isolierter kollektiver Arbeit den Warencharakter des Produktes bestimmt, dann bestimmt der Widerspruch zwischen dem unmittelbar gesellschaftlichen Charakter der Arbeit und dem Charakter der Arbeit als isolierte Tätigkeit die Natur des Pro duktes, das aufgehört hat, Ware zu sein. Die vorliegenden Widersprüche charakterisieren die verschiedenen Seiten der ökonomischen Wirklichkeit der sozialistischen Gesellschaft, weil auch die ökonomische Form des Produktes, die in sich Züge der Nichtware und der Ware vereinigt, ein Charakteristikum aller Produkte der sozialistischen Produktion ist.

Die dargelegte Besonderheit des sozialistischen Produktes findet ihren Ausdruck in seinen Eigenschaften. Betrachten wir vor allem seinen Gebrauchswert.

Die Tatsache, daß das Produkt jeder Produktion eine bestimmte Nützlichkeit, d. h. einen Gebrauchswert hat, charakterisiert dessen gesellschaftliche Bestimmung noch nicht. Diese wird vor allem im Charakter der gesellschaftlichen Realisierung des Gebrauchswertes zum Ausdruck gebracht. Die Ware muß nicht nützlich für den sein, der sie hergestellt hat, sondern für die Gesellschaft. Die Art und Weise der Realisierung des gesellschaftlichen Gebrauchswertes der Ware besteht darin, daß diese über den Markt zum Verbrauch gelangt. Daher muß die Ware zuerst ihren Wert realisieren, bevor sie ihren Gebrauchswert realisiert. Das führt dazu, daß im Produkt der Arbeit, soweit es als Ware auftritt, in dessen Nützlichkeit keine Elemente des unmittelbar gesellschaftlichen Gebrauchswertes enthalten sind.

Anders liegen die Dinge mit dem Produkt der sozialistischen Produktion. Es wird zur Befriedigung von im wesentlichen vorher bekannten Bedürfnissen produziert. Die Gesellschaft bestimmt planmäßig den Umfang, die Struktur und die Qualität der Produkte. Deshalb vollzieht sich bei der Herstellung der Produkte von Anfang an der Prozeß der Schaffung ihres unmittelbar gesellschaftlichen Gebrauchswertes. Und weil das Produkt als unmittelbar gesellschaftlicher Gebrauchswert auftritt, muß es daher nicht über den Markt, sondern kann wiederum unmittelbar dem Verbrauch zufließen. Als Träger von unmittelbar gesellschaftlichem Gebrauchswert hört das Produkt damit schon auf, Ware zu sein.

Im Zusammenhang damit vollzieht sich im Sozialismus die Berechnung der gesellschaftlichen Bedürfnisse als vorausgehende Berechnung (insbesondere, soweit es sich um die individuelle Konsumtion handelt) nicht direkt und unmittelbar, sondern im wesentlichen mittelbar, über die zahlungsfähige Nachfrage der Bevölkerung. Daher löst die vorausgehende Bestimmung des Umfangs, der Struktur, der Qualität und anderer Eigenschaften der Warenmassen das Problem der gesellschaftlichen Anerkennung der Nützlichkeit dieses oder jenes Produktes nicht vollständig. Angesichts dessen enthält das Produkt neben Elementen des unmittelbar gesellschaftlichen Gebrauchswertes auch Elemente von Gebrauchswert, der erst über den Markt, über Kauf und Verkauf, realisiert wird.

Auf diese Weise erhält die Kategorie Gebrauchswert des sozialistischen Produktes eine doppelte ökonomische Bestimmung. Sie vereinigt in sich Elemente der unmittelbar gesellschaftlichen Nützlichkeit und gleichzeitig Elemente des Gebrauchswertes als Faktor der Ware, d. h. als Träger von Tauschwert. Diese doppelte ökonomische Bestimmung nimmt auch der Tauschwert an. Dieser erweist sich nicht nur als Ausdruck jener Beziehungen, die in der Kategorie Wert fixiert sind, sondern auch als Ausdruck von Arbeitsaufwendungen, die in sich Elemente unmittelbar gesellschaftlichen Arbeitsvermögens tragen. Folglich ist die Warenform des Produktes der sozialistischen Produktion eine Kategorie, in der nicht nur und nicht einmal so sehr ein ihr adäquater Inhalt fixiert wird als vielmehr Elemente des unmittelbar gesellschaftlichen Zusammenhanges der Produktion, die gezwungen sind, sich in einer bestimmten Etappe der Entwicklung in Formen zu zeigen, die ihrer inneren Natur nach fremd sind.

Während der Tauschwert unter den Bedingungen der Warenproduktion als verwandelte Form auftritt, weil in ihm die Beziehungen zwischen Produzenten die Form von Beziehungen zwischen Dingen annehmen, kompliziert sich unter den Bedingungen der sozialistischen Produktion der Charakter der Umwandlungen realer Verhältnisse. Auf der einen Seite wird der Fetischcharakter der Verhältnisse überwunden, weil in der Form des Tauschwertes Elemente der unmittelbar gesellschaftlichen Beziehungen enthalten sind. Auf der anderen Seite kompliziert sich die Aufdeckung der Wesensbeziehungen in der dinglichen Form eben gerade deshalb, weil die sich entwickelnde unmittelbar gesellschaftliche Form der Arbeit sich in der ersten Zeit in der Sachform ausdrückt.

Die inneren Widersprüche, die das Wesen der gesellschaftlichen Form des Produktes der sozialistischen Produktion bestimmen, finden ihren Ausdruck in den Widersprüchen, die die Beziehungen ihrer verschiedenen Faktoren charakterisieren.

Betrachten wir im besonderen die Widersprüche zwischen dem Gebrauchswert und dem Wert. Gewöhnlich glaubt man, daß z. B. Störungen des Plansortiments durch einen bestimmten Betrieb der wirtschaftlichen Rechnungsführung, infolge Produktion mit einer höheren Rentabilität, der Ausdruck des Widerspruchs zwischen Gebrauchswert und Wert der Ware in der sozialistischen Gesellschaft sind. Unserer Ansicht nach ist das nicht überzeugend. Unter den Bedingungen der Warenproduktion kommt es unter keinen Umständen einem Produzenten in den Sinn, Gebrauchswerte zu produzieren, die nicht gesellschaftlichen Bedürfnissen entsprechen. Deshalb kann man eine Störung des Plansortiments durch einen einzelnen Betrieb nicht als Widerspruch zwischen Gebrauchswert und Wert ansehen, weil die letzteren als Faktoren der Ware auftreten. Hier tritt wirklich ein Widerspruch auf. Dieser Widerspruch ist jedoch ein Widerspruch zwischen den Elementen der unmittelbar gesellschaftlichen Form des Produktes und den Elementen, die das Produkt als Warenform charakterisieren. Das ist Ausdruck der Zwiespältigkeit des Betriebes selbst, weil dieser gleichzeitig als Glied der gesamtgesellschaftlichen Kooperation der Arbeit und als relativ isolierte Wirtschaftszelle auftritt, d. h. als Warenproduzent. Im Falle der Störung des Plansortiments ergibt sich, daß die Elemente der Wertbeziehungen wirksamer sind als die Elemente des unmittelbar gesellschaftlichen Zusammenhanges. In welchen Grenzen sind jedoch Veränderungen der natural-sachlichen Verhältnisse, die durch die Wirkung wertmäßiger, d. h. dem Plan entgegengesetzter Faktoren begründet sind, möglich? Können diese Proportionen zwischen den Wirtschaftszweigen umfassen? Nein. Die Konzentration des überwiegenden Teiles des Mehrproduktes in den Händen des Staates schließt in der sozialistischen Gesellschaft die Möglichkeit einer Umverteilung der Mittel zwischen den Zweigen aus. Deshalb können die Wertfaktoren selbst nur zu Veränderungen von Beziehungen innerhalb des Zweiges führen. Diese Veränderung selbst kann, wenn sie beständige Tendenzen zum Ausdruck bringt, die vom Plan nicht erfaßt werden, letzten Endes zur Notwendigkeit führen, bestimmte Maßnahmen einzuleiten, wie z. B. eine Steigerung der Preise für einige Arten von Produkten des vorliegenden Zweiges oder zum Wachstum der Investitionen usw.

Die Widersprüche zwischen verschiedenen Faktoren des Produktes können auch andere Erscheinungsformen annehmen. Dabei ist es wichtig zu wissen, welche Faktoren sich als unmittelbar wirksam erweisen und das Aufkommen von Widersprüchen in der konkreten volkswirtschaftlichen Praxis begründen.

Auch die Art der Bildung von Normativen für gesellschaftlich notwendige Aufwendungen ist durch eine bestimmte Zwiespältigkeit gekennzeichnet. Diese Methode wird sowohl durch die Wirkung von Elementen der unmittelbar gesellschaftlichen Beziehungen der Produktion als auch von Elementen mit Wertcharakter bestimmt. Im Planungsprozeß werden vor allem die Normen für Aufwendungen an vergegenständlichter und lebendiger Arbeit für die Herstellung der Produkte festgelegt. Es werden Umfang und Struktur der Produktion im Durchschnitt der beiden Abteilungen der gesellschaftlichen Produktion (Abteilung I und II) festgelegt. Entsprechend wird der Umfang der materiellen Ressourcen und der Arbeitskräfteressourcen bestimmt. Die unmittelbare gesellschaftliche Festlegung der Aufwendungen erschöpft hier jedoch den Prozeß der Bestimmung ihres gesellschaftlich notwendigen Umfanges noch nicht. Die Wertfaktoren spielen dabei eine wichtige Rolle. Sie werden schon im Stadium der Planausarbeitung der technischen und ökonomischen Normative fühlbar, weil dabei das Niveau und das Verhältnis der Preise, der Umfang der Geldeinkünfte der Bevölkerung, die Verbrauchsstruktur der Konsumenten, das Verhältnis von Angebot und Nachfrage usw. berücksichtigt werden. Außerdem wird die Richtigkeit der geplanten Aufwendungen an lebendiger und vergegenständlichter Arbeit allseitig im Prozeß der Realisierung der Produktion, besonders der Gebrauchsgüter, überprüft.

Die verschiedenen Faktoren, unter deren Einwirkung die Formierung der gesellschaftlich notwendigen Aufwendungen an Arbeit erfolgt, bestimmen auch verschiedene Entwicklungstendenzen. Für die Gesellschaft als Ganzes sind Arbeitsaufwendungen notwendig, die die Schaffung von Gebrauchswerten gewährleisten, die gesellschaftlich normale Bedürfnisse befriedigen, weil die maximale Befriedigung der Bedürfnisse der Werktätigen Motiv der Produktionstätigkeit der Gesellschaft ist. Dabei kann sich erweisen, daß die Arbeitsaufwendungen von Betrieben gesellschaftlich notwendig sind, deren Kosten jedoch das durchschnittliche gesellschaftliche Niveau überschreiten. In diesem Falle muß der objektive Prozeß der Bildung gesellschaftlicher Aufwendungen für die Produktion auch die Kosten der unter schlechtesten Bedingungen produzierenden Betriebe einschließen.

Eine andere Tendenz im Prozeß der Formierung gesellschaftlich notwendiger Aufwendungen bedingen die Wertelemente. Wie bekannt, wird der Wert der Ware durch die durchschnittlichen gesellschaftlich notwendigen Arbeitsaufwendungen bestimmt, d. h. durch die Aufwendungen der Betriebe, die den überwiegenden Anteil der Produktion des gegebenen Zweiges herstellen. Deshalb bringt die Wirkung der Wertfaktoren die Tendenz zur Mittelung der Aufwendungen an gesellschaftlicher Arbeit mit sich, die ihren Ausdruck in den volkswirtschaftlichen Kosten der Produktion findet.

Auf diese Weise kennzeichnen die Elemente des unmittelbar gesellschaftlichen Zusammenhangs und die Elemente der Wertbeziehungen verschiedene Tendenzen im Prozeß der Formierung der gesellschaftlich notwendigen Arbeitsaufwendungen, die durch die Produktion des vorliegenden Gebrauchswertes begründet sind. Die faktische Größe der gesellschaftlich notwendigen Aufwendungen ergibt sich als Resultat der Wechselwirkung der genannten Tendenzen.

Die Besonderheiten der Realisierungsform des Gesetzes der Proportionalität in der sozialistischen Gesellschaft und die Besonderheiten des Produkts der sozialistischen Produktion drücken sich in der Spezifik des Mechanismus für die Durchsetzung dieses Gesetzes aus, dessen Elemente das System der gesamtstaatlichen zentralen Planung und das System der wirtschaftlichen Rechnungsführung sind, wobei das eine dem anderen untergeordnet ist. Dabei spielt das System der zentralen Planung die Hauptrolle. Die bestimmende Bedeutung der gesamtstaatlichen Planung erklärt sich durchaus nicht daraus, daß in ihr, wie mitunter angenommen wird, die Interessen der Gesellschaft unmittelbar vertreten sind, während im System der wirtschaftlichen Rechnungsführung vornehmlich die Interessen der einzelnen Betriebe widergespiegelt werden.

In Wirklichkeit liegen die Dinge anders. Sowohl im System der Planung als auch im System der wirtschaftlichen Rechnungsführung widerspiegeln sich die Interessen des Betriebes. Der Unterschied besteht darin, daß im ersten Falle im wesentlichen die Gemeinsamkeit dieser Interessen und im zweiten ihre Unterschiede zum Ausdruck gebracht werden. Diese Unterschiede liegen jedoch innerhalb der Einheit beider. Deshalb ist es unrichtig zu sagen, daß die Methoden der zentralen Planung administrativ sind und die Methoden der wirtschaftlichen Rechnungsführung ökonomisch. Beide sind vor allem ökonomische Methoden. Beide müssen jedoch ergänzt werden durch die administrative Tätigkeit. Jede ökonomische Tätigkeit muß ganz allgemein, wenn sie in großem Umfang durchgeführt wird, notwendigerweise durch administrative Tätigkeit ergänzt werden.

Eine charakteristische Besonderheit des Funktionsmechanismus der sozialistischen Produktion besteht darin, daß die zentrale volkswirtschaftliche Planung mit der wirtschaftlichen Rechnungsführung in Einklang gebracht wird. Die eine kann ohne die andere nicht existieren. Auf der anderen Seite ist das System der wirtschaftlichen Rechnungsführung untrennbar verbunden mit der zentralen Planung. Nur in diesem Falle ist die wirtschaftliche Rechnungsführung wesentliches Element unmittelbar realer Beziehungen der sozialistischen Produktion.

In der ökonomischen Literatur wird die wirtschaftliche Rechnungsführung in doppelter Bedeutung verstanden, einmal als Kategorie, die bestimmte Seiten der materiellen Beziehungen der sozialistischen Produktion zum Ausdruck bringt, und zum anderen als bestimmte Form des Wirtschaftens, d. h. als Wirtschaftsmethode. Insoweit die Rede vom System der wirtschaftlichen Rechnungsführung als Mechanismus der Proportionalität ist, betrachten wir sie als Methode des Wirtschaftens. Die wirtschaftliche Rechnungsführung als Methode des Wirtschaftens ist jedoch die konkrete Verwirklichung bestimmter Seiten materieller Verhältnisse. Deshalb ist der erste Schritt bei der Bestimmung grundlegender Züge der wirtschaftlichen Rechnungsführung als einer Methode des Wirtschaftens, festzustellen, welche Seiten der materiellen Verhältnisse der Produktion die wirtschaftliche

Rechnungsführung als ökonomische Kategorie zum Ausdruck bringt.[138]

Die wirtschaftliche Rechnungsführung ist vor allem eine Kategorie, die die Elemente des unmittelbar gesellschaftlichen Zusammenhangs als bestimmende Tendenz für die Entwicklung der Produktion zum Ausdruck bringt. Die unmittelbaren Bedürfnisse der Gesellschaft bilden das wichtigste Motiv für die Tätigkeit des Betriebes als organisches Element der gesamten Gesellschaft. Die Elemente des unmittelbaren gesellschaftlichen Zusammenhanges realisieren sich jedoch nicht selbst, sondern nur im Zusammenwirken mit Elementen des wertmäßigen Zusammenhanges. Die Befriedigung der Interessen der gesamten Gesellschaft wird im Zusammenwirken mit der Befriedigung der Bedürfnisse des Betriebes als relativ isolierter ökonomischer Einheit gewährleistet, der seine eigenen besonderen Interessen hat.

Die Vereinigung von Elementen verschiedener Systeme von Beziehungen, die in der Kategorie der wirtschaftlichen Rechnungsführung fixiert sind, findet ihren Ausdruck darin, daß die Erstausstattung jedes Betriebes aus den Ressourcen der gesamten Gesellschaft erfolgt. Diese Mittel sind ökonomisch im Kreislauf des vorliegenden Betriebes fixiert und werden durch die Arbeit dieses Betriebskollektivs reproduziert. Dabei wird der größte Teil des Mehrproduktes, das im Betrieb geschaffen wird, von der Gesellschaft als Ganzes genutzt. Das sind die Hauptzüge jener Beziehungen, die die Kategorie wirtschaftliche Rechnungsführung charakterisieren und ihren Inhalt als Methode des Wirtschaftens bestimmen.

Die wirtschaftliche Rechnungsführung als Form des Wirtschaftens tritt uns als Methode zur planmäßigen Leitung der Volkswirtschaft entgegen. Sie ist eine konkrete Methode zur Durchführung des volkswirtschaftlichen Planes und dessen Werkzeug. Außerhalb des Planes kann die wirtschaftliche Rechnungsführung nicht Element des sozialistischen Wirt-

[138] Es muß bemerkt werden, daß in vielen Fällen Definitionen, die die wirtschaftliche Rechnungsführung als ökonomische Kategorie kennzeichnen, mit der Methode des Wirtschaftens verbunden werden und umgekehrt. Eine genauere Untersuchung dieser Frage ist jedoch nicht Aufgabe dieser Arbeit.

schaftens sein. Folglich ist der zentrale Plan der Hauptinhalt der wirtschaftlichen Rechnungsführung. Die Effektivität der wirtschaftlichen Rechnungsführung als einer spezifischen Form des Mechanismus zur Durchsetzung des Gesetzes der Proportionalität hängt hauptsächlich vom System der volkswirtschaftlichen Planung ab. V. I. Lenin unterstrich bereits in den ersten Jahren des sozialistischen Aufbaus: „Die Neue Ökonomische Politik *ersetzt nicht* den einheitlichen staatlichen Wirtschaftsplan und *führt nicht* aus seinem Rahmen heraus, sondern verändert nur die Art des *Vorgehens* zu seiner Verwirklichung.“ [139] Lenin sprach sich gegen eine Gegenüberstellung des volkswirtschaftlichen Plans als gesamtgesellschaftlicher Methode zur Leitung der sozialistischen Produktion und den konkreten Methoden zu seiner Realisierung aus. Im zentralen Plan findet das gesamte System der ökonomischen Interessen der Gesellschaft, die Gesamtheit ihrer ökonomischen Bedürfnisse und der Methoden zu ihrer Befriedigung, seinen Ausdruck.

Das schließt nicht aus, daß die wirtschaftliche Rechnungsführung eine spezifische Form zur Realisierung des Volkswirtschaftsplanes ist. Die Beziehungen einer bestimmten ökonomischen Isoliertheit, die ein Element der materiellen Verhältnisse der sozialistischen Produktion sind, finden im Volkswirtschaftsplan nicht ihren vollendeten konkreten Ausdruck. Sie finden ihren Ausdruck im System der wirtschaftlichen Rechnungsführung und vor allem in solchen Elementen dieses Systems wie der operativ-wirtschaftlichen Selbständigkeit der Betriebe, der materiellen Verantwortlichkeit für die Ergebnisse der wirtschaftlichen Tätigkeit, der unmittelbaren materiellen Stimulierung der Kollektive der einzelnen Betriebe usw. Ohne diese Momente ist das System der einheitlichen volkswirtschaftlichen Planung nicht effektiv genug.

[139] V. I. Lenin, Werke, Bd. 54, S. 101 (russ.). In dieser Beziehung erscheint die These einiger Ökonomen als unbegründet, die behaupten, daß sich die Realisierung ökonomischer Interessen im Sozialismus in 2 Formen vollziehe: Erstens, als planmäßige Leitung, die als unmittelbare Verbindung der Interessen qualifiziert wird, und zweitens, als Organisation der Produktion auf der Basis der Ware-Geld-Beziehungen (siehe Ekonomičeskaja nauka, Nr. 5/1970, S. 16.).

Im Zusammenhang mit dieser Frage beansprucht das Verhältnis von Plan und Markt im System des sozialistischen Wirtschaftens ein bestimmtes Interesse.

Der Markt ist, wie bekannt, eine Kategorie der Warenproduktion. Er kann nicht gleichzeitig eine Kategorie der unmittelbar gesellschaftlichen Produktion sein. Wenn man vom Markt spricht, hat man deshalb immer in dieser oder jener Weise Beziehungen der Warenproduktion im Auge.

In welchem Sinne kann man vom Markt in der sozialistischen Produktion sprechen? Weil der sozialistischen Wirtschaft Elemente der Warenproduktion eigen sind, kann man vom sozialistischen Markt sprechen. Man muß jedoch beachten, daß die Beziehungen, die sich im Markt niederschlagen, nicht nur zur Warenproduktion hinführen, sondern auch Elemente der unmittelbar gesellschaftlichen Produktion einschließen. Weil sowohl die einen als auch die anderen sich im Volkswirtschaftsplan widerspiegeln, hat die Formel „Plan und Markt" keinen realen Inhalt, weil in diesem Falle der Markt einen Bestandteil des Planes bildet und nichts enthält, was nicht zum Plan gehören würde.

Die Kategorie „Markt" hat nur dann einen realen, vom Plan zu unterscheidenden Inhalt, wenn es sich um Tauschbeziehungen handelt, die nicht unmittelbar vom Plan erfaßt werden und die sich unter Einwirkungen befinden, auf die die Gesellschaft keinen Einfluß hat. Wie bereits festgestellt wurde, gehen derartige Prozesse in der sozialistischen Gesellschaft vonstatten. In bestimmtem Umfang betreffen sie auch die gegenseitigen Beziehungen zwischen einzelnen Betrieben, die nach der wirtschaftlichen Rechnungsführung arbeiten, die nicht unmittelbar durch die Planung erfaßt werden und auch nicht erfaßt werden können. Hier wirkt in gewissem Umfang das Wertgesetz als solches. In größerem Umfang zeigt es seine Wirkung auf dem nichtorganisierten Markt. Sofern es sich jedoch um jene Prinzipien der Wirtschaftstätigkeit handelt, die unmittelbar vom volkswirtschaftlichen Plan umfaßt werden, ist ein selbständiges Wirken des Wertgesetzes in dieser Sphäre unserer Ansicht nach nicht möglich, weil die Wirkung von Elementen mit Wertcharakter mit der Wirkung von Elementen des unmittelbar gesellschaftlichen Zusammenhangs verflochten ist.

Die Durchführung der Wirtschaftsreform brachte eine Reihe komplizierter praktischer und theoretischer Probleme zutage, deren Untersuchung die Aufmerksamkeit vieler Ökonomen auf sich lenkt. Es werden die unterschiedlichsten Meinungen geäußert. Natürlich kann es immer Unterschiede in den Ansichten geben. Es ist jedoch erforderlich, daß sich die Untersuchung von Problemen der sozialistischen Wirtschaftsführung nach einem einheitlichen methodologischen Vorgehen vollzieht. Der Mechanismus der sozialistischen Wirtschaftsführung muß auch den Produktionsverhältnissen des Sozialismus entsprechen. Auch die Entwicklungstendenzen der verschiedenen Elemente in der ökonomischen Struktur des Sozialismus müssen berücksichtigt werden. Deren Untersuchung zeigt nach unserer Ansicht, daß der der sozialistischen Wirtschaft eigene Mechanismus zur Durchsetzung des Gesetzes der Proportionalität durch ein Verhältnis von Elementen der unmittelbar gesellschaftlichen und von Elementen der wertmäßigen Form der Beziehungen bestimmt wird. Dabei müssen die direkten Aufgaben der Gesellschaft für die einzelnen Wirtschaftsglieder die hauptsächliche Grundlage bilden. Das Problem der Herausbildung des ökonomischen Mechanismus, der die Entwicklung der sozialistischen Produktion gewährleistet, kann nur in dieser Richtung gelöst werden. Im Bericht über die Direktiven des XXIV. Parteitages der KPdSU zum Fünfjahrplan der UdSSR für 1971 bis 1975 wird unterstrichen: „Das Zentralkomitee der Partei und die Sowjetregierung gehen davon aus, daß das Führende und Maßgebende eine richtungweisende Planung ist und daß die Ware-Geld-Beziehungen zur Festigung der planmäßigen Leitung der Volkswirtschaft und zur Förderung der Initiative der Betriebe und Vereinigungen nach den Grundsätzen der wirtschaftlichen Rechnungsführung genutzt werden können und müssen."[140]

[140] Direktive zum Fünfjahrplan für die Entwicklung der Volkswirtschaft der UdSSR in den Jahren 1971–1975, Referat von A. N. Kosygin, Moskau 1971, S. 57.

Zweiter Teil

Bisher haben wir die hauptsächlichen Kategorien und Gesetze betrachtet, die die Spezifik der ökonomischen Ordnung des Sozialismus zum Ausdruck bringen. Sie bilden die sozialökonomische Grundlage der Wirtschaftspolitik. Daneben haben die Verhältnisse, die die Beziehungen einzelner Elemente des Reproduktionsprozesses des gesellschaftlichen Gesamtproduktes kennzeichnen, auf den Charakter und auf die Richtung der konkreten wirtschaftspolitischen Maßnahmen einen großen Einfluß. Letztere sind an sich nicht unmittelbar durch die gesellschaftliche Ordnung der Produktion bedingt, wenngleich deren Natur in bedeutendem Maße gerade die Möglichkeiten ihrer Realisierung bestimmt. Die ökonomische Struktur des Sozialismus schafft weit größeren Spielraum für das Wirken der Gesetze der Reproduktion des gesellschaftlichen Produktes als der Kapitalismus. Es hängt alles davon ab, in welchem Maße diese Möglichkeiten in der Praxis der volkswirtschaftlichen Planung genutzt werden.

Eine umfassende Behandlung der hauptsächlichen Kategorien und Gesetze der Reproduktion des gesellschaftlichen Produkts gehört nicht zur Aufgabe des vorliegenden Abschnittes. Wir beschränken uns hier im wesentlichen auf die Erklärung des Inhalts nur einiger dieser Gesetze und Kategorien, die weiterhin Gegenstand der Betrachtung bleiben.

KAPITEL 5

Das gesellschaftliche Produkt als Kategorie der ökonomischen Wissenschaft

Die materielle Produktion und ihr Produkt

Die Produktion materieller Güter ist die Hauptbedingung für die Existenz und Entwicklung der menschlichen Gesellschaft, unabhängig von den Formen ihrer sozialen Organisation. Es gibt allgemeine, von den Formen der sozialen Organisation unabhängige Momente, die jeden Prozeß der materiellen Produktion charakterisieren. Marx schrieb: „Allein alle Epochen der Produktion haben gewisse Merkmale gemein, gemeinsame Bestimmungen. Die *Produktion im Allgemeinen* ist eine Abstraktion, aber eine verständige Abstraktion, sofern sie wirklich das Gemeinsame hervorhebt, fixiert, und uns daher die Wiederholung erspart."[1] Das bestimmt die Möglichkeit zur Isolierung allgemeiner Momente, die jede materielle Produktionstätigkeit und jedes Resultat dieser Produktionstätigkeit kennzeichnen.

Die Lebensgüter, deren Vorhandensein für die Existenz und die Entwicklung der Gesellschaft notwendig ist, sind die Materialisierung der menschlichen Tätigkeit, die Ergebnisse der Arbeit, deren Produkte. Das hauptsächliche konstituierende Moment der materiellen Produktion ist der Prozeß der produktiven Arbeit, d. h., er „. . . ist zweckmäßige Tätigkeit zur Herstellung von Gebrauchswerten, Aneignung des Natürlichen für menschliche Bedürfnisse, allgemeine Bedingung des Stoffwechsels zwischen Mensch und Natur, ewige Naturbedingung des menschlichen Lebens . . ."[2]

[1] K. Marx, Grundrisse der Kritik der politischen Ökonomie, S. 7.

[2] K. Marx, Das Kapital, Erster Band, in: Marx/Engels, Werke, Bd. 23, S. 198.

Der Begriff der materiellen Produktion erschöpft sich nicht im Verhältnis des Menschen zur Natur, er erfaßt auch die Beziehungen der Menschen zueinander. Marx schrieb: „In der Produktion beziehen sich die Menschen nicht allein auf die Natur. Sie produzieren nur, indem sie auf eine bestimmte Weise zusammenwirken und ihre Tätigkeiten gegeneinander austauschen. Um zu produzieren, treten sie in bestimmte Beziehungen und Verhältnisse zueinander, und nur innerhalb dieser gesellschaftlichen Beziehungen und Verhältnisse findet ihre Beziehung zur Natur, findet die Produktion statt."[3]

Damit stellt die materielle Produktion die Gesamtheit und die Wechselwirkung aller Faktoren dar, die die Schaffung der unmittelbaren Lebensmittel und Produktionsmittel gewährleisten. Sie erfaßt sowohl die Beziehungen der Menschen zur Natur als auch deren Beziehungen zueinander im Prozeß der Produktion materieller Güter.

Das Produkt ist der objektive Ausdruck des Produktionsprozesses. Weil die Arbeit als einer der die Produktion bestimmenden Faktoren auftritt, vollzieht sich in diesem Prozeß ständig deren Übergang aus einem fließenden in einen geronnenen Zustand, aus einer Form der Tätigkeit in eine Form des Seins, aus einer Bewegungsform in eine Form der Gegenständlichkeit. Das Produkt der materiellen Produktion stellt auch Arbeit dar, die aber eine gegenständliche Form angenommen hat, d. h. eine Form, die sich von der Arbeit als Bewegung unterscheidet.

Man kann das Produkt als objektiven Ausdruck des Arbeitsprozesses nur in bezug auf den Produktionsprozeß betrachten, dessen Resultat es ist. Während das Produkt im Hinblick auf den einen Arbeitsprozeß als Produkt auftritt, kann der gleiche

[3] K. Marx, Lohnarbeit und Kapital, in: Marx/Engels, Werke, Bd. 6, Berlin 1959, S. 407. Der gleiche Gedanke wird auch in der „Deutschen Ideologie" hervorgehoben. Wir lesen hier: „Die Produktion des Lebens, sowohl des eignen in der Arbeit wie des fremden in der Zeugung, erscheint nun schon zugleich als ein doppeltes Verhältnis — einerseits als natürliches, andrerseits als gesellschaftliches Verhältnis —, gesellschaftlich in dem Sinne, als hierunter das Zusammenwirken mehrerer Individuen, gleichviel unter welchen Bedingungen, auf welche Weise und zu welchem Zweck, verstanden wird." (Marx/Engels, Werke, Bd. 3, Berlin 1969, S. 29f.).

Gegenstand in einem folgenden Arbeitsprozeß als einer der sachlichen Faktoren auftreten. Für diesen Prozeß ist es nicht Produkt, sondern Produktionsmittel. Daher kann der gleiche Gegenstand in einem Zusammenhang als Ergebnis des Arbeitsprozesses und in einem anderen als dessen Voraussetzung in Erscheinung treten.[4]

Für die Bestimmung der Funktion des Produktes im Arbeitsprozeß hat der Charakter der Bedürfnisse, die es befriedigt, wesentliche Bedeutung. Wenn das Produkt als Bedingung für einen nachfolgenden Arbeitsprozeß auftritt, dann offenbart es seine nützlichen Eigenschaften in diesem Prozeß und dient als Bedingung für die Produktion eines anderen Produktes. Wenn das Resultat der Arbeit als Lebensmittel für den Produzenten selbst in Erscheinung tritt, d. h. zum Gegenstand der individuellen Konsumtion wird, dann verschwindet es überhaupt in diesem Prozeß.

Bei der Bestimmung des Produktes der materiellen Produktion darf man dieses nicht mit der Sache identifizieren.[5] Wenn auch die Mehrzahl der Produkte der materiellen Produktion in dinglicher Form auftritt, so nehmen doch nicht alle Resultate der materiellen Tätigkeit diese Form an.

Manchmal nimmt man bei der Bestimmung der Merkmale des Produktes der Produktion allgemein als Ausgangspunkt ein bestimmtes historisches Stadium des materiellen Produktionsprozesses an. Dabei wird nicht berücksichtigt, daß es bei der Bestimmung des Produktes der materiellen Tätigkeit allgemein (unabhängig von den konkreten historischen Stadien) darum geht, die allgemeinsten Momente, die jeden Prozeß der materiellen Produktionstätigkeit und jedes ihrer Resultate charakterisieren, festzustellen. Diese Momente lassen sich durch Abstraktion von den Besonderheiten und Unterschieden der materiellen Produktion auf jeder Entwicklungsstufe isolieren.

[4] K. Marx, Das Kapital, Erster Band, in: Marx/Engels, Werke, Bd. 23 S. 196.

[5] P. Moskvin schrieb: „Zur Sphäre der materiellen Produktion gehören Zweige, deren Unterscheidungsmerkmal darin besteht, daß die in ihnen beschäftigte Arbeit Gebrauchswerte schafft, d. h. Dinge, die der Befriedigung menschlicher Bedürfnisse dienen . . ." (P. Moskvin, Einige Fragen der volkswirtschaftlichen Bilanz, in: Voprosy ekonomiki, Nr. 12/1954, S. 14).

Die materielle Produktion entwickelt und vervollkommnet sich ständig. Es werden immer neue Produkte hergestellt, die die sich verändernden Bedürfnisse der Gesellschaft befriedigen. Der Umfang und die Zusammensetzung des Produkts der materiellen Produktion der Gesellschaft verändern sich. Deshalb kann man bei der Bestimmung der allgemeinen Kennzeichen des Produkts der materiellen Produktion nicht vom konkreten Zustand der Produktivkräfte und von den sich auf ihrer Grundlage entwickelnden gesellschaftlichen Bedürfnissen ausgehen.[6]

Um die Kriterien des Produkts zu bestimmen, muß man von den konkreten historischen Bedingungen der Produktion abstrahieren, die durch einen bestimmten Zustand der Produktivkräfte und die dadurch bedingten konkreten Bedürfnisse der Gesellschaft gekennzeichnet sind. Wodurch wird das Produkt der materiellen Produktion in jeder Gesellschaft charakterisiert?

Wie bereits festgestellt wurde, ist die materielle Produktion eine Sphäre der menschlichen Tätigkeit, die das Fundament

[6] In diesem Zusammenhang ruft unseres Erachtens die Definition des Produktes der materiellen Produktion von Ja. A. Kronrod Widerspruch hervor. Er schreibt: „Das Gesamtprodukt jeder Gesellschaft sind a) Ergebnisse der verändernden Einwirkung des Menschen auf die Materie und deren Kräfte, Ergebnisse, die für die Befriedigung der Bedürfnisse der Gesellschaft genutzt werden; b) die Gesamtergebnisse in einer gewissen Zeitperiode; c) Ergebnisse nicht nur in sachlicher Form, sondern auch als verschiedene Energieformen, die unmittelbar verbraucht werden."

Ja. A. Kronrod, Obščestvennyj produkt i ego struktura pri socializme, S. 25.

Die Unzulänglichkeit dieser Definition besteht darin, daß hier Merkmale des Produktes jeder materiellen Produktion mit Merkmalen vermischt werden, die durch deren bestimmten Zustand bedingt sind. Die Produktion verschiedener Energieformen kann nicht das Produkt der materiellen Produktion der gesamten Gesellschaft charakterisieren. Die verschiedenen Energieformen charakterisieren das Produkt der gesellschaftlichen Produktion als einen bestimmten Teil des Produkts der materiellen Produktion erst auf einem verhältnismäßig hohen Entwicklungsstand der Produktivkräfte. Genau gesagt, erhielt die Produktion verschiedener Energieformen erst im Ergebnis des Sieges der großen maschinellen Produktion eine selbständige Bedeutung.

aller übrigen Tätigkeitsarten bildet und die Hauptbedingung für die Existenz der menschlichen Gesellschaft darstellt. Weil jedoch die Befriedigung der materiellen Bedürfnisse kein einmaliger, sondern ein systematisch sich wiederholender Prozeß ist, müssen auch die Produkte der materiellen Produktion ständig reproduziert werden. Anders ausgedrückt, die in der Konsumtion verbrauchten Produkte müssen systematisch durch eine gleichartige Produktion ersetzt werden. Folglich wird das Produkt der materiellen Produktion in jeder Gesellschaft dadurch charakterisiert, daß es erstens das Ergebnis der materiellen Produktionstätigkeit ist, das die materiellen Bedürfnisse der Gesellschaft befriedigt, und zweitens, daß es reproduziert wird oder reproduziert werden kann.

Man könnte sagen, daß dies eine etwas zu allgemeine Definition des Produktes ist. Sie ist wirklich sehr allgemein. Aber auch der Begriff des Produkts der materiellen Produktion jeder Gesellschaft ist allgemein.

Die Konkretisierung des Begriffes Produkt der materiellen Produktionstätigkeit muß durch eine Konkretisierung der materiellen Produktion selbst erfolgen. Ein unbedingtes Gesetz ihres Funktionierens ist der Prozeß der Entwicklung, der Vervollkommnung und des Übergangs von niederen zu höheren Stadien. Mit der Entwicklung der Produktion erfolgt eine qualitative und quantitative Veränderung der Bedürfnisse der Gesellschaft, und damit im Zusammenhang werden auch die materiellen Voraussetzungen für deren Befriedigung geschaffen. Die Entwicklung der materiellen Produktion ist nicht nur vom Aufkommen immer neuer Arten unmittelbar produktiver Arbeitstätigkeit begleitet, sondern auch von einer Aussonderung nichtproduktiver Tätigkeitsarten.

In der ersten Zeit bildeten beide eine Einheit. Später trennten sie sich, und jede von ihnen wurde zur Tätigkeitssphäre einer besonderen gesellschaftlichen Gruppe. Gerade deshalb verstärkte sich jedoch die Rückwirkung der geistigen Produktion auf die materielle. Zur Ausführung der Tätigkeit in der nichtproduktiven Sphäre – in der Kunst, der Literatur und dergleichen – entsteht ein wachsendes Bedürfnis nach Produkten der materiellen Produktion, die für die geistige Produktion notwendig sind. Infolgedessen erweitert sich die Sphäre der materiellen Produktion. Man beginnt hier Produkte herzustellen, die nicht nur unmittelbare materielle Güter sind, die für die individuelle und die produktive Konsumtion bestimmt sind, sondern Produkte, die in der Sphäre der geistigen Produktion verbraucht werden, wie Papier, Farben, Musikinstrumente usw. Wenn diese auch Produkte der materiellen Produktion sind, d. h. Resultate der umwandelnden Einwirkung der menschlichen Arbeit auf die Materie und ihre Kräfte, so werden sie nicht zur Befriedigung materieller Bedürfnisse verbraucht, sondern sie treten als sachliche Bedingungen auf, die die geistige Produktion gewährleisten und letzten Endes geistige Bedürfnisse befriedigen. Mit der Entwicklung der geistigen Produktion wächst mehr und mehr die Rolle und die Bedeutung derartiger Produkte, die in der Sphäre der materiellen Produktion hergestellt werden. Wenn daher von Produkten der materiellen Produktion die Rede ist, muß man unbedingt auch jene beachten, die in der Sphäre der geistigen Produktion verbraucht werden.

Die Produktion materieller Güter ist gesellschaftliche Produktion, gesellschaftliche Produktion in dem Sinne, daß die Menschen immer zusammenarbeiten müssen, um zweckentsprechend auf die Natur in Übereinstimmung mit ihren Bedürfnissen einzuwirken. Die Begriffe „gesellschaftliche Produktion" und „gesellschaftliches Produkt" haben jedoch einen verschiedenen Inhalt, der in erster Linie durch den Zustand der sachlichen Faktoren der Produktion, vor allem aber der Arbeitswerkzeuge bestimmt ist. Der Grad an Vollkommenheit der Arbeitsinstrumente hat entscheidenden Einfluß auf die Formen der gesellschaftlichen Organisation der Arbeit und auf den Charakter des Arbeitsprozesses.

Die maschinelle Produktion ruft unausweichlich die kooperative Form des Arbeitsprozesses hervor. Sie ist durch den Charakter der Arbeitsmittel unmittelbar bestimmt, der nur die gemeinschaftliche Anwendung zuläßt. Auf der Basis der maschinellen Technik nimmt der Arbeitsprozeß den Charakter eines gesellschaftlichen Prozesses an. Die maschinelle Produktion bedingt eine riesige Ausweitung der gesellschaftlichen Beziehungen, die auf der Grundlage einer außerordentlich entwickelten Spezialisierung und Konzentration der Produktion entstehen und sich vertiefen. Jeder einzelne Produktionsprozeß wird zum organischen Glied der gesamten gesellschaftlichen Produktion.

Der kooperative Charakter des Arbeitsprozesses bringt wesentliche Veränderungen für den Begriff der produktiven Arbeit und des produktiven Arbeiters. Die Kooperation verwandelt die Arbeit aus einem individuellen in einen gemeinschaftlichen Prozeß, der gleichzeitig von vielen Werktätigen ausgeführt wird. Das Produkt der Produktion tritt uns jetzt als Ergebnis der gemeinschaftlichen Tätigkeit vieler Menschen entgegen. Marx schrieb: „Das Produkt verwandelt sich überhaupt aus dem unmittelbaren Produkt des individuellen Produzenten in ein gesellschaftliches, in das gemeinsame Produkt eines Gesamtarbeiters, d. h. eines kombinierten Arbeitspersonals, dessen Glieder der Handhabung des Arbeitsgegenstandes näher oder ferner stehen."[7] Der kooperative Charakter der Arbeit bedeutet, daß der Arbeitsprozeß nicht von einem einzelnen Arbeiter, sondern von einem Gesamtarbeiter ausgeführt wird und daß das Produkt der Arbeit ein Produkt ist, das die Ergebnisse der Arbeitstätigkeit vieler einschließt.

Im Zuge der Entwicklung der materiellen Produktion bilden sich fest abgegrenzte Zweige der Produktion heraus, deren Erzeugnisse ein unabdingbares Element des gesamten gesellschaftlichen Produktes sind. Dazu gehören vor allem die Zweige, die ihr Produkt unmittelbar in dinglicher Form herstellen, das in die individuelle Konsumtion eingeht oder auch als Produktionsmittel dient und das auch die Form verschiedener Energiearten annimmt. Das sind die Industrie, die Landwirtschaft, das Bauwesen, das Transport- und Kommunikationssystem, der Handel und das Gaststättenwesen sowie andere Zweige.[8]

Im System der materiellen Produktion spielen die Industrie und die Landwirtschaft die führende Rolle. Sie unterscheiden sich nach dem Charakter der angewandten Produktionsmittel.

[7] K. Marx, Das Kapital, Erster Band, in: Marx/Engels, Werke, Bd. 23, S. 531.

[8] Die angegebene Klassifikation unterscheidet sich von der, die in der statistischen Praxis angewandt wird. In der Klassifikation der Zweige der Volkswirtschaft werden außer den von uns genannten noch die Forstwirtschaft, die materiell-technische Versorgung, der Absatz und die Aufbereitung unterschieden.

Diese sind in der Industrie im wesentlichen Produkte menschlicher Arbeit, während in der Landwirtschaft dem Boden die Hauptrolle zukommt, obgleich auch hier künstlich hergestellte Produktionsbedingungen ebenfalls eine wesentliche Bedeutung haben. Die Industrie und die Landwirtschaft unterscheiden sich auch nach dem Charakter der Produktionserfahrungen und nach den Arbeitsfertigkeiten der Werktätigen. Und schließlich besteht eine wesentliche Besonderheit in der Landwirtschaft darin, daß der Produktionsprozeß sich hier unter der Einwirkung zweier Faktoren, des ökonomischen und des natürlichen, vollzieht.[9]

Wichtige Zweige der materiellen Produktion sind das Transportwesen und das Kommunikationssystem. Marx charakterisiert diese Sphären der Anwendung produktiver Arbeit als allgemeine Bedingung für den gesellschaftlichen Produktionsprozeß.[10] Deren Besonderheit besteht darin, daß der von ihnen hervorgebrachte Nutzeffekt vom Produktionsprozeß selbst nicht zu trennen ist und daß deshalb das Produkt der Produktion hier nicht dingliche Form annimmt und sich vom Produktionsprozeß selbst auch nicht unterscheidet. Marx schrieb: „Es gibt aber selbständige Industriezweige, wo das Produkt des Produktionsprozesses kein neues gegenständliches Produkt, keine Ware ist. Ökonomisch wichtig davon ist nur die Kommunikationsindustrie, sei sie eigentlich Transportindustrie für Waren und Menschen, sei sie Übertragung bloß von Mitteilungen, Briefen, Telegrammen etc."[11]

9 Oft sieht man die Besonderheiten der Landwirtschaft darin, daß die Produktion hier auf der Nutzung biologischer Prozesse gegründet ist. V. Sobol' schrieb: „Die Landwirtschaft unterscheidet sich von anderen Zweigen der materiellen Produktion dadurch, daß die Produktion hier auf die Nutzung biologischer Prozesse in der Pflanzen- und Tierwelt gegründet ist. Nach diesem Merkmal wird die Landwirtschaft von der Industrie abgegrenzt." (V. A. Sobol', Očerki po voprosam balansa narodnogo chazjajstvo Moskau 1960, S. 149). Die Nutzung biologischer Prozesse widerspiegelt jedoch die Besonderheiten der Landwirtschaft nur ungenau und unvollkommen. Auch in der Industrie können biologische Prozesse genutzt werden.

10 K. Marx, Das Kapital, Erster Band, in: Marx/Engels, Werke, Bd. 23, S. 404f.

11 K. Marx, Das Kapital, Zweiter Band, in: Marx/Engels, Werke, Bd. 24, S. 60.

Die Frage der Transportindustrie wird in der ökonomischen Literatur bereits viele Jahre erörtert. Dabei gibt es hinsichtlich der ökonomischen Natur von Lasttransporten keine unterschiedlichen Meinungen. Was jedoch die Personenbeförderung angeht, so gibt es hier verschiedene Meinungen. Es gibt zwei direkt entgegengesetzte Auffassungen über den Charakter der Arbeit in der Personenbeförderung. Eine Gruppe von Ökonomen betrachtet die Personenbeförderung als Sphäre der materiellen Produktionstätigkeit. Eine andere ordnet im Gegensatz dazu die Personenbeförderung der nichtproduktiven Sphäre zu.

Marx machte keinerlei Vorbehalte bezüglich einer prinzipiellen Unterscheidung zwischen Waren- und Personentransport. Ungeachtet dessen ist die These vom nichtproduktiven Charakter der Personenbeförderung sehr verbreitet. Gewöhnlich beziehen sich die Anhänger dieser Ansicht auf eine Aussage von Marx in den „Theorien über den Mehrwert": „Außer der extraktiven Industrie, der Agrikultur und der Manufaktur existiert noch eine vierte Sphäre der materiellen Produktion, die auch die verschiednen Stufen des Handwerksbetriebs, des Manufakturbetriebs und des mechanischen Betriebs durchläuft; es ist dies die *Lokomotionsindustrie*, sei es daß sie Menschen oder Waren transportiert. Das Verhältnis der *produktiven Arbeit*, i. e. des Lohnarbeiters, zum Kapital ist hier ganz dasselbe wie in den andren Sphären der materiellen Produktion. Es wird hier ferner an dem Arbeitsgegenstand eine materielle Veränderung hervorgebracht – eine *räumliche*, Ortsveränderung. In bezug auf den Transport von Menschen erscheint dies nur als ein *Dienst*, der ihnen von dem Entrepreneur geleistet wird." [12]

Wovon spricht Marx? Erstens stellt er fest, daß die Transportindustrie ein Zweig der materiellen Produktion ist, unabhängig davon, ob Waren oder Menschen transportiert werden. Sofern es sich zweitens um den Transport von Waren handelt, wird der Arbeitsgegenstand einer bestimmten materiellen Veränderung unterworfen, der Ortsveränderung. Menschen sind jedoch keine Waren, sie sind nicht Arbeitsgegenstände. Deshalb ist die Ortsveränderung für sie ein Dienst, der ihnen durch den Besitzer der Transportmittel erwiesen wird. Die wesentlichen Einwände gegen die Einbeziehung der Personenbeförderung in die materielle Produktion werden darauf zurückgeführt, daß bei der Personenbeförderung kein Arbeitsgegenstand existiert und daß die Ortsveränderung von Menschen eine Dienstleistung ist.[13]

12 K. Marx, Theorien über den Mehrwert, Erster Teil, in: Marx/Engels, Werke, Bd. 26, 1, S. 387.

13 V. Sobol' schrieb: „... Karl Marx ist der Ansicht, daß die transportierten Waren der Arbeitsgegenstand des Lastentransports sind und daß dieser Arbeitsgegenstand einer materiellen Veränderung, der Ortsveränderung, unterzogen wird. Wenn jedoch Menschen transportiert

Man darf jedoch nicht zwei vollkommen verschiedene Beziehungen vermischen: die Beziehung im Prozeß der materiellen Produktion in der Transportindustrie selbst und die Beziehung, die bezüglich des Nutzeffektes auftritt, der durch den Transport hervorgerufen wird. In der Transportindustrie gibt es wie in anderen Sphären der materiellen Produktionstätigkeit alle Momente der produktiven Arbeit, die Arbeitsmittel, den Arbeitsgegenstand und die Arbeitskraft.

Betrachtet man den Arbeitsprozeß in der Transportindustrie unabhängig davon, was der Ortsveränderung unterworfen wird, kann man sagen, daß der Nutzeffekt hier die Ortsveränderung ist. Das Ergebnis der Arbeit ist hier von der Produktion selbst nicht zu trennen.

So liegen die Dinge, wenn man den Produktionsprozeß der Transportindustrie an sich betrachtet.[14] Es gäbe jedoch diesen Produktionsprozeß nicht, wenn dessen Nutzeffekt nicht menschliche Bedürfnisse befriedigen würde, die durch die Notwendigkeit des Transportes von Gütern oder Waren hervorgerufen sind. Folglich ergeben sich bezüglich dieses Nutzeffektes, der durch den Transport hervorgebracht wird und der von der Produktion selbst nicht zu trennen ist, Beziehungen, die zwischen Verkäufer und Käufer auch bei jedem anderen Gebrauchswert auftreten. Die Eigentümer der Waren oder die Passagiere kaufen den Nutzeffekt, der vom Produktionsprozeß in der Transportindustrie hervorgebracht wird. Es unterscheidet sich nur nach dem Charakter der Konsumtion des Nutzeffektes, der vom Transportwesen hervorgebracht wird.

Wenn der Nutzeffekt der Transportindustrie zur Ortsveränderung von Lasten verwandt wird, erfolgt ein produktiver Verbrauch, weil die transportierten Waren bestimmte materielle Veränderungen erfahren, sie verändern ihre örtliche Lage. Neben den Arbeitsgegenständen der Transportindustrie selbst tritt ein neuer Arbeitsgegenstand auf, die transportierte Ware. Wenn jedoch Personen befördert werden, erfolgt eine individuelle Konsumtion dieses Nutzeffektes, der von der Transportindustrie geschaffen wird. Diese Konsumtion unterscheidet sich in keiner Weise ihrem ökonomischen Inhalt nach vom Konsum anderer Gebrauchswerte, die in den Zweigen der materiellen Produktion von Menschen hergestellt werden.

werden, dann gibt es in diesem Falle keinen Arbeitsgegenstand und deshalb gibt es auch keinen wirklichen Produktionsprozeß, weil im Passagiertransport den Passagieren Dienste geleistet werden." (V. Sobol', a. a. O., S. 151).

[14] Einige Ökonomen meinen, daß bei Anerkennung des produktiven Charakters der Personentransporte die Transportmittel selbst als Arbeitsgegenstand in Erscheinung treten (siehe Sammelband, Voprosy socialističeskogo vosproizvodstva, Moskau 1958, S. 68). Wenn jedoch die Ortsveränderung das Produkt des Transportes ist, dann kann unserer Ansicht nach vielleicht nur der Raum der Arbeitsgegenstand sein.

Sowohl im ersten Falle, in dem der Nutzeffekt des Transportes produktiv verbraucht wird, als auch im zweiten, in dem er als Gegenstand der individuellen Konsumtion verbraucht wird, verändert sich der Charakter des Produktionsprozesses der Transportindustrie selbst nicht. Er bleibt materieller Produktionsprozeß.

Zu den Zweigen der materiellen Produktion gehört auch der Handel als isolierter Zweig der Anwendung von Arbeit. Wie bekannt, werden im Handel Operationen zweifacher Art ausgeführt, nämlich die Endbearbeitung von Produkten, die in der Produktion hergestellt wurden, und deren eigentliche Bewegung als Waren. Was die Bewegung im eigentlichen Sinne anlangt, so ist sie kein Prozeß der materiellen Produktion. Der Handel gehört nur in dem Maße zur materiellen Produktion, wie hier dem Charakter nach Produktionsprozesse durchgeführt werden, wie Lagerung, Aufbereitung, Verpackung usw. Insoweit durch den Handel ergänzende Operationen an den Produkten der hauptsächlichen Zweige der materiellen Produktion ausgeführt werden, wird keinerlei Produkt in Naturalform geschaffen. Die Arbeit der Mitarbeiter in der Zirkulationssphäre schafft in dem Maße, wie sie den Prozeß der materiellen Produktion fortsetzt und vollendet, nur zusätzlichen Wert, der als spezifisches Produkt des Handels ebenfalls in das gesellschaftliche Produkt einbezogen wird.

Die Wirkung des Gesetzes der Arbeitsteilung führt nicht nur zur Differenzierung der Zweige der materiellen Produktion, sondern gleichzeitig zur Aussonderung einer nichtproduktiven Sphäre der menschlichen Tätigkeit. Ihre materielle Grundlage bildet eine solche Entwicklungsstufe von Arbeitsmitteln, Arbeitskräften und ein darauf gegründetes Niveau der Produktivität der gesellschaftlichen Arbeit, bei der mehr Produkte erzeugt werden, als für die einfache Lebenserhaltung der unmittelbaren Produzenten notwendig sind.

Im Zusammenhang damit festigt sich die Arbeitsteilung und entsprechend die Teilung des Produktes der materiellen Produktion in das notwendige Produkt und das Mehrprodukt. Die Produktion des Mehrproduktes ist die materielle Grundlage für die nichtproduktive Sphäre der Tätigkeit. Die Notwendigkeit zur Schaffung eines Mehrproduktes bringt einen bestimmten Stand der Effektivität der gesellschaftlichen Arbeit zum Ausdruck: Einerseits existiert ein hinreichend hohes Niveau der Produktivität, bei dem es möglich ist, einen Überfluß an Produkten zu erzeugen; andererseits ist die Produktivkraft der Arbeit ungenügend entwickelt, so daß die ökonomische Notwendigkeit für die Existenz einer besonderen gesellschaftlichen Gruppe von Menschen erhalten bleibt, die sich ausschließlich mit unproduktiver Tätigkeit beschäftigt. Engels schrieb: „Erst die durch die große Industrie erreichte ungeheure Steigerung der Produktivkräfte erlaubt, die Arbeit auf alle Gesellschaftsglieder ohne Ausnahme zu verteilen und dadurch die Arbeitszeit eines jeden so zu beschränken, daß für alle hinreichend freie Zeit bleibt, um sich an den allgemeinen Angelegenheiten der Gesellschaft – theoretischen wie praktischen – zu beteiligen." [15] Heißt das nun, daß auf der Grundlage der maschinellen Großindustrie die Notwendigkeit zur Teilung des gesellschaftlichen Produktes in das notwendige und in das Mehrprodukt überhaupt beseitigt ist? Die Großproduktion untergräbt die materiellen Grundlagen des klassen-antagonistischen Inhalts des Mehrproduktes, indem sie die Voraussetzungen für die Vernichtung der Ausbeuterklassen und für die allgemeine Teilnahme aller Mitglieder der Gesellschaft an der produktiven Arbeit schafft. Auf jedem beliebigen Niveau der Produktivität der gesellschaftlichen Arbeit wird jedoch die Notwendigkeit bestehen, über einen Fonds zur Erweiterung der Produktion, über einen Reservefonds sowie einen Fonds zur Befriedigung gemeinsamer Bedürfnisse zu verfügen. Deshalb bleibt aus gesellschaftlicher Sicht die Teilung der Arbeit in notwendige und Mehrarbeit immer erhalten. „Mehrarbeit überhaupt, als Arbeit über das Maß der gegebenen Bedürfnisse hinaus, muß immer bleiben." [16]

Wir betrachteten die materielle Produktion und ihr Produkt in allgemeiner Form sowohl von seiten ihrer abstraktesten Momente als auch von seiten jener Veränderungen im Inhalt des Produktionsprozesses, die durch die Entwicklung der sachlichen und persönlichen Faktoren der Produktion begründet sind. Jene Bestimmungen, die die materielle Produktion und

[15] F. Engels, Anti-Dühring, in: Marx/Engels, Werke, Bd. 20, S. 169.

[16] K. Marx, Das Kapital, Dritter Band, in: Marx/Engels, Werke, Bd. 25, S. 827.

ihr Produkt charakterisieren, behalten ihre Bedeutung auch unter den Bedingungen der sozialistischen Produktion.

Die sozialistische Gesellschaft als historisch bestimmte Form der Organisation der produktiven Tätigkeit ist eine organische Einheit von Produktivkräften und den ihnen entsprechenden Produktionsverhältnissen. Das Produkt der sozialistischen Produktion ist der materielle Ausdruck und die Verkörperung beider Seiten der gesellschaftlichen Produktion. Gerade in dieser Qualität stellt es eine Kategorie der politischen Ökonomie des Sozialismus dar.

Das Produkt des einzelnen Betriebes und das gesellschaftliche Gesamtprodukt

In jeder Gesellschaft vollzieht sich die materielle Produktion als kontinuierlicher, sich ständig wiederholender Prozeß, d. h. als Reproduktion. Im Verlauf der Reproduktion vollziehen ihre Elemente eine beständige Bewegung, sie erfahren Veränderungen ihrer Formen und durchlaufen verschiedene Phasen. Indem diese gesellschaftliche Zirkulation ständig und kontinuierlich verläuft, bildet sich ein innerer Zusammenhang verschiedener Elemente der Reproduktion und deren gegenseitige Bedingtheit heraus.

Es versteht sich von selbst, daß für die Gewährleistung der Kontinuität dieses Prozesses im Maßstab der gesamten Gesellschaft die Reproduktion in jedem einzelnen Betrieb notwendig ist. Dank den gleichzeitig existierenden, wechselseitig bedingten und ineinander verflochtenen Prozessen, die sich in einzelnen Betrieben vollziehen, wird die Kontinuität und die Einheit der gesamten gesellschaftlichen Reproduktion gewährleistet.

Weil der gesellschaftliche Produktionsprozeß das Ergebnis der Gesamtheit der Produktionsprozesse einzelner Betriebe ist, deshalb erscheint auch die Gesamtheit des gesellschaftlichen Produktes als die Gesamtheit der Ergebnisse der Produktionstätigkeit der einzelnen Betriebe. Hieraus folgt, daß das Produkt eines einzelnen Betriebes, wenn man es im gesellschaftlichen Durchschnitt betrachtet, gleichzeitig auch ein

Element des gesellschaftlichen Gesamtproduktes darstellt.[17] Das ist auch für die sozialistische Produktion charakteristisch. Welches sind die sozial-ökonomischen Merkmale des Betriebes in der sozialistischen Gesellschaft? In der sozialistischen Gesellschaft trägt, wie bereits gesagt, die Spezialisierung der Produktion noch den Stempel der alten gesellschaftlichen Arbeitsteilung. Deshalb ist der sozialistische Betrieb nicht nur ein spezialisiertes Glied im System der gesellschaftlichen Produktion, sondern auch ein Glied der gesellschaftlichen Arbeitsteilung, wie sie in gewissem Grade aus der Vergangenheit überliefert ist. Das schlägt sich ökonomisch in einer gewissen Isolierung der Fonds des einzelnen Betriebes von den Fonds anderer Betriebe nieder, ferner in der Verankerung der gesellschaftlichen Produktionsmittel in einzelnen Betrieben, von denen jeder den Wert für den Ersatz dieser Produktionsmittel mittels Realisierung seines Produktes aufbringt. Infolgedessen entsteht eine spezifische Form der Wechselbeziehungen zwischen den Betrieben, die durch Ware-Geld-Beziehungen charakterisiert sind. Das Produkt des einzelnen Betriebes, das in Form der Ware auftritt, bildet gerade als besonderes Objekt im System der ökonomischen Beziehungen ein Element des gesellschaftlichen Gesamtproduktes der sozialistischen Gesellschaft. Die Sache ändert sich nicht dadurch, daß die Produkte einzelner Betriebe gleichzeitig auch als Faktoren ihrer eigenen Produktion auftreten (z. B. in der Landwirtschaft[18], in einer Reihe von Zweigen der extraktiven Industrie, in der Energiewirtschaft – beim Eigenverbrauch von Elektroenergie in Kraftwerken usw.).

Wenn man somit von einem einzelnen Betrieb in der sozialistischen Gesellschaft spricht, meint man damit einen Betrieb

[17] „... obgleich das jährliche Produkt der Gesellschaft nur aus der Summe der Produkte der ihr angehörenden individuellen Kapitalisten besteht." (K. Marx, Das Kapital, Zweiter Band, in: Marx/Engels, Werke, Bd. 24, S. 368).

[18] Einige Ökonomen rechnen diesen Teil der Produktion in der Landwirtschaft nicht zum Gesamtprodukt, sondern ordnen ihn den Elementen der materiellen Aufwendungen zu (Voprosy socialističeskogo vosproizvodstva, S. 57). Im Durchschnitt der gesamten materiellen Produktion sind die materiellen Aufwendungen jedoch ein Teil des gesellschaftlichen Produktes.

der wirtschaftlichen Rechnungsführung in der Sphäre der materiellen Produktion. Die Gesamtheit der Produkte dieser Betriebe bildet das gesellschaftliche Gesamtprodukt der sozialistischen Gesellschaft. Der Inhalt des gesellschaftlichen Gesamtproduktes ist jedoch damit nicht erschöpft. Große Bedeutung hat die Berücksichtigung des Zeitfaktors für die Bestimmung des Begriffes gesellschaftliches Gesamtprodukt. Das gesellschaftliche Gesamtprodukt ist nicht einfach nur die Gesamtheit der Produkte einzelner Betriebe, sondern eine Gesamtheit, die im Laufe einer bestimmten Zeitdauer geschaffen wurde. Die Produktionszeit, die für die Schaffung des Produktes in einzelnen Zweigen der Produktion und in einzelnen Betrieben notwendig ist, ist außerordentlich differenziert. Deshalb hat für die Analyse des gesellschaftlichen Gesamtproduktes die bestimmte Periode große Bedeutung, in deren Verlauf die Bewegung der Produktionsergebnisse einzelner Betriebe erfolgt, deren Produktion auch das gesellschaftliche Gesamtprodukt bildet.

Die Notwendigkeit zur Berücksichtigung einer streng fixierten Zeitperiode bei der Bestimmung des Inhalts des gesellschaftlichen Gesamtproduktes ist dadurch begründet, daß die verschiedenen Elemente des gesellschaftlichen Produktes eine streng bestimmte funktionale Rolle im Prozeß der gesellschaftlichen Reproduktion spielen. Ein Teil von ihnen ist Reproduktionsfonds, und ein anderer Teil ist Nationaleinkommen. Diese funktionellen Unterschiede der einzelnen Teile des Produktes behalten ihre Bedeutung jedoch nur für eine bestimmte Zeitperiode. Außerhalb dieser verändern sich Rolle und Bedeutung der verschiedenen Teile des gesellschaftlichen Produktes wesentlich.

Die Berücksichtigung des Zeitfaktors bei der Bestimmung des Inhalts und des Umfangs des Gesamtproduktes setzt die Festlegung eines Zeitmaßstabes voraus, innerhalb dessen das gesellschaftliche Gesamtprodukt betrachtet wird. Soweit es sich um die Festlegung des Zeitmaßstabes für die Bestimmung des Inhalts der Ergebnisse der materiellen Produktion handelt, ist klar, daß dieser Maßstab bereits durch die Natur des zu messenden Objektes, durch die Produktionszeit der Erzeugnisse selbst, bestimmt ist. Wie aber geht dies nun vonstatten?

Unter den Erzeugnissen der materiellen Produktion gibt es Produkte, die eine besondere Rolle spielen. Das sind die Produkte der Landwirtschaft, weil die Herstellung von Nahrungsgütern die hauptsächlichste Grundlage jeder produktiven und nichtproduktiven Tätigkeit in der Gesellschaft darstellt. Damit wird die Produktionszeit in der Landwirtschaft zum Einheitszeitmaß bei der Bestimmung des Umfangs des gesellschaftlichen Gesamtproduktes, welches das Ergebnis der Produktionstätigkeit aller Zweige der materiellen Produktion ist. Marx schrieb: „Wie der Arbeitstag die natürliche Maßeinheit für die Arbeitskraft, bildet das Jahr die natürliche Maßeinheit für die Umschläge des prozessierenden Kapitals. Die Naturbasis dieser Maßeinheit liegt darin, daß die wichtigsten Erdfrüchte der gemäßigten Zone, welche das Mutterland der kapitalistischen Produktion ist, jährliche Produkte sind."[19] Folglich muß man bei der Betrachtung des gesellschaftlichen Gesamtproduktes der sozialistischen Gesellschaft unbedingt beachten, daß dieses das Ergebnis eines jährlichen Produktionsprozesses ist. Das hat außerordentlich große Bedeutung bei der Aufdeckung der Gesetzmäßigkeiten seiner Reproduktion.

Im Lichte des Gesagten ruft es Widerspruch hervor, daß einige Ökonomen behaupten, das Zeitmaß wäre ein formales Moment bei der Analyse des gesellschaftlichen Gesamtproduktes der sozialistischen Gesellschaft. Die Ignorierung des Zeitfaktors, insbesondere des Zeitmaßstabes, schließt jedoch in Wirklichkeit ein richtiges methodologisches Herangehen an die Klärung des Umfanges des gesellschaftlichen Gesamtproduktes aus.

Eine Reihe von Ökonomen ist der Ansicht, daß der Jahreszyklus der Reproduktion seine Bedeutung nur bei einem geringen Niveau der Technik oder bei einem hohen spezifischen Anteil der landwirtschaftlichen Produktion im System der gesellschaftlichen Produktion hat. Ungeachtet des sinkenden spezifischen Anteils der landwirtschaftlichen Produktion an der gesamten gesellschaftlichen Produktion behält jedoch das Jahr nach wie vor seine Bedeutung als Zeiteinheit für die Messung des Umschlags der Produktionsfonds. Es geht auch

[19] K. Marx, Das Kapital, Zweiter Band, in: Marx/Engels, Werke, Bd. 24, S. 157.

nicht darum, daß der spezifische Anteil der Landwirtschaft sinkt, sondern darum, daß die Landwirtschaft ihre Bedeutung als primärer Produktionszweig auch fernerhin behält, weil innerhalb der Landwirtschaft diejenigen materiellen Güter hergestellt werden, die unmittelbar für die Erhaltung des Lebens des Menschen notwendig sind.

Folglich ist eine wissenschaftliche Analyse des gesellschaftlichen Produktes der sozialistischen Produktion nur bei Betrachtung des jährlichen Prozesses der gesellschaftlichen Reproduktion möglich. Das gesellschaftliche Gesamtprodukt ist das Ergebnis der jährlichen Arbeit in der Sphäre der materiellen Produktion.

Bei der Untersuchung der Reproduktion des gesellschaftlichen Gesamtproduktes hat das Verhältnis des Produktes eines einzelnen Betriebes zum gesellschaftlichen Gesamtprodukt große Bedeutung. Die Frage besteht darin, ob die Bestimmungen, die den Reproduktionsprozeß des Produktes in einem einzelnen Betrieb kennzeichnen, in vollem Umfang ihre Gültigkeit behalten, wenn man sie auf den Prozeß der Reproduktion des gesellschaftlichen Gesamtproduktes anwendet.

Diesbezüglich gibt es mindestens zwei Standpunkte. Der eine geht davon aus, daß solche Kategorien wie vergangene und lebendige Arbeit, übertragener und neu geschaffener Wert, konkrete und abstrakte Arbeit, vom Standpunkt der Reproduktion eines einzelnen Betriebes aus betrachtet, eine gänzlich andere objektive Bestimmung erfahren, als wenn von der Reproduktion des jährlichen Gesamtproduktes der Gesellschaft die Rede ist.

Andere sind der Ansicht, daß das gesellschaftliche Produkt eine objektive Kategorie ist, die die Beziehungen aller ökonomisch selbständigen Glieder der Arbeitsteilung zum Ausdruck bringt. Diese Glieder sind die Betriebe, und deshalb muß die Produktion der Betriebe bei der Bestimmung des Gesamtproduktes eines gegebenen Zweiges als Bestandteil der gesamten gesellschaftlichen Produktion summiert werden.

Das gesellschaftliche Gesamtprodukt ist eine Kategorie der gesellschaftlichen Produktion, die in unlösbarem Zusammenhang mit dem beständigen Ablauf ihrer Erneuerung, d. h. mit der Kategorie der Reproduktion, betrachtet wird. Man kann den Inhalt des Gesamtproduktes, seinen Umfang und seine Zusammensetzung ohne Berücksichtigung dieses Umstandes kaum verstehen. Während bei einer Analyse der Bewegung des Produktes eines einzelnen Betriebes dessen Zusammenhänge mit den Ergebnissen der Tätigkeit anderer Betriebe nur unterstellt werden, so werden sie bei der Analyse des gesellschaftlichen Gesamtproduktes zum unmittelbaren Untersuchungsobjekt. Deshalb werden in der ökonomischen Theorie die Probleme, die die Reproduktion des einzelnen Produktes betreffen, streng von den Problemen unterschieden, die bei der Untersuchung der Reproduktion des gesellschaftlichen Gesamtproduktes auftreten. Wie bekannt, ist der Ersatz der Elemente der Produktion des gesellschaftlichen Produktes sowohl bezüglich des Wertes als auch bezüglich ihrer sachlichen Form (ihrer Naturalform), d. h. das Problem der Realisierung, das zentrale Problem der Reproduktion des gesamten gesellschaftlichen Produktes.

Die Realisierung stellt auch jene neue Bestimmung des gesellschaftlichen Produktes dar, die den Prozeß seiner Reproduktion objektiv charakterisiert. In diesem Sinne ist es richtig, daß der ökonomische Kreislauf des gesamten gesellschaftlichen Produktes andere Bestimmungen der Kategorien der Reproduktion ergibt als vergleichsweise der ökonomische Kreislauf der Produkte einzelner Betriebe. Diese Unterschiede darf man jedoch nicht überbewerten. Erstens ist die Wertstruktur des Produktes eines einzelnen Betriebes die gleiche wie die des gesamten gesellschaftlichen Produktes, obgleich die grundlegenden Gesetzmäßigkeiten der Formierung ihrer einzelnen Elemente andere sind. Zweitens muß man beachten, daß die Reproduktion des gesellschaftlichen Gesamtproduktes durch andere Bestimmungen im Vergleich zur Reproduktion des Produktes eines einzelnen Betriebes gekennzeichnet ist; man muß unbedingt im Auge behalten, daß zwischen ihnen innere Zusammenhänge bestehen, weil der Reproduktionsprozeß des jährlichen gesellschaftlichen Produktes nicht als etwas Selbständiges in bezug auf den Produktionsprozeß einzelner Betriebe angesehen werden kann. Anders gesagt, wenn man die Unterschiede zwischen dem Produkt des einzelnen Betriebes und dem gesellschaftlichen Gesamtprodukt unterstreicht, kann man ihre Einheit nicht ignorieren. All das heißt natürlich nicht, daß der ökonomische Kreislauf des Gesamtproduktes und des Produktes eines einzelnen Betriebes völlig identisch ist und daß zwischen ihnen keine Unterschiede existieren.

Welches sind aber die Charakteristika, die objektiv zur Analyse der Reproduktion des gesellschaftlichen Gesamtproduktes notwendig sind? Eines der wichtigsten Charakteristika des gesellschaftlichen Produktes ist neben der Wertstruktur seine natural-sachliche Form. Diese unterscheidet die Reproduktion des Gesamtproduktes von der Reproduktion des einzelnen Produktes.

Die Berücksichtigung der Naturalform des gesellschaftlichen Produktes neben seiner wertmäßigen Zusammensetzung gestattete es Karl Marx nicht nur, das Problem der Reproduktion des Gesamtproduktes der Gesellschaft wissenschaftlich zu formulieren, sondern es auch genial zu lösen und nachzuweisen, daß das Gesamtprodukt der Gesellschaft seiner Wertstruktur nach aus den gleichen Elementen besteht wie der Wert des einzelnen Produktes. Dank der Berücksichtigung der Naturalform konnte Marx folgerichtig die Theorie des Arbeitswertes auf die Wertzusammensetzung des Gesamtproduktes anwenden. Folglich konnte die These von der Einheit der Wertzusammensetzung des Produktes eines einzelnen Betriebes und der Wertzusammensetzung des gesellschaftlichen Gesamtproduktes ohne Berücksichtigung der Naturalform nicht bewiesen werden.

Die Berücksichtigung der Naturalform begründet neue ökonomische Charakteristika einzelner Elemente des Wertes des gesellschaftlichen Produktes im Unterschied zu den Elementen des Wertes des Produktes eines einzelnen Betriebes. Das bezieht sich vor allem auf die ökonomischen Charakteristika des übertragenen und des neugeschaffenen Wertes. Der Wert des Produktes eines einzelnen Betriebes besteht wie auch der Wert des gesellschaftlichen Gesamtproduktes aus dem Wert der erforderlichen Produktionsmittel und dem neugeschaffenen Wert. Darin besteht die Einheit ihrer Wertstruktur. Zwischen ihnen gibt es jedoch auch wesentliche Unterschiede. Die Elemente des Wertes einer einzelnen Warenart können als bestimmte Mengen dieser Waren dargestellt werden. Die Elemente des Wertes von Kohle, Erdöl, Eisenerz usw. können z. B. ausgedrückt werden als entsprechende Mengen dieser Produkte. Drückt man jedoch den Wert einzelner Warenarten in bestimmten Mengen dieser Waren aus, so erhalten die verschiedenen Wertelemente einen Ausdruck, der sie vom Gebrauchswert der gegebenen Ware nicht unterscheidet.

Anders liegen die Dinge, wenn es sich um den Ausdruck der Wertelemente des gesellschaftlichen Gesamtproduktes handelt. In diesem Falle erhalten die einzelnen Wertelemente des Produktes ihren Ausdruck in solchen Naturalformen, die der funktionellen Rolle der einzelnen Teile des Wertes im Prozeß der Reproduktion entsprechen. So z. B.: wenn der neugeschaffene Wert des Produktes der Abteilung I in Naturalform (in Gestalt von Produktionsmitteln) existiert, dann ist er gerade deshalb neugeschaffener Wert, der letzten Endes seinen Ausdruck in einer bestimmten Menge des Produktes der Abteilung II findet, das in Naturalform in Gestalt von Konsumtionsmitteln vorliegt, weil er nur in dieser Form seine funktionelle Rolle in der gesellschaftlichen Reproduktion erfüllen kann. Das gleiche gilt auch, wenn der übertragene Wert des Produktes der Abteilung II in Naturalform in Gestalt von Konsumtionsmitteln vorliegt; er erhält seinen Ausdruck in einem Teil des Produktes der Abteilung I, weil er nur in dieser Form als sachlicher Faktor für die Reproduktion der Konsumtionsmittel dienen kann. Folglich erhalten die einzelnen Elemente des Wertes des Gesamtproduktes ihre Erscheinungsformen in einem Gebrauchswert, der sich von dem unterscheidet, in dem sie unmittelbar aus dem Produktionsprozeß heraustreten.

Andererseits treten die verschiedenen Naturalformen des Gesamtproduktes – Produktionsmittel und Konsumtionsmittel – als Formen auf, die im gesellschaftlichen Durchschnitt nur einen bestimmten Teil des Wertes des Gesamtproduktes darstellen. Der im Gesamtprodukt verkörperte übertragene Wert findet seinen Ausdruck nur in der Naturalform des Produktes der Abteilung I, während der im Gesamtprodukt neugeschaffene Wert nur in der Naturalform der Abteilung II zum Ausdruck kommt.[20] Hieraus kann die Vorstellung entstehen, daß bei der Herstellung von Produktionsmitteln keine

[20] Es geht im vorliegenden Falle um die einfache Reproduktion.

Arbeitskraft und bei der Herstellung von Konsumtionsmitteln keine Produktionsmittel vorhanden sind. Diese Vorstellung verschwindet jedoch, sobald uns diejenige Ausdrucksform klar wird, die Teile des Wertes des Gesamtproduktes annehmen. Werden Wertteile des einzelnen Produktes zum Ausdruck gebracht, kann eine solche Vorstellung nicht entstehen.

Die Analyse des gesellschaftlichen Gesamtproduktes gestattet es auch, andere wesentliche Beziehungen aufzudecken, besonders die Beziehungen zwischen der vergangenen und der lebendigen Arbeit. Im Laufe eines Arbeitstages wird ein Wert geschaffen, der nur aus zwei Teilen besteht, nämlich aus dem Wert des notwendigen Produktes und dem Wert des Mehrproduktes, das bei einfacher Reproduktion in die individuelle Konsumtion eingeht. Das müßte bedeuten, daß auch das Produkt des gesamten gesellschaftlichen Arbeitstages aus Gebrauchswerten besteht, die für die individuelle Konsumtion geeignet sind. Vom Standpunkt der gesamten Gesellschaft wird jedoch ein Teil des Arbeitstages für die Produktion solcher Gebrauchswerte verwandt, die nur Objekt der produktiven Konsumtion sein können. Auf welche Weise kann der gesamte Arbeitstag einen Wert schaffen, der nur in Konsumtionsmitteln realisiert werden kann, während hinsichtlich des Gebrauchswertes das Produkt des gesellschaftlichen Arbeitstages zu einem wesentlichen Teil aus Produktionsmitteln besteht?

Das erklärt sich daraus, daß ein Teil der Arbeit der Gesellschaft in der Abteilung I verbraucht wird, die Produktionsmittel herstellt. Deshalb tritt der hier geschaffene Neuwert in seiner Naturalform als Produktionsmittel auf. Auf der anderen Seite wird nicht der gesamte Wert jenes Teiles des gesellschaftlichen Produktes, der in Form von Konsumtionsmitteln existiert, durch die lebendige Arbeit der Gesellschaft im Laufe eines Arbeitstages in der Abteilung II geschaffen. Ein wesentlicher Teil des Wertes dieses Produktes ist vergangene Arbeit, wenngleich er auch in einer solchen Naturalform existiert, die sachlicher Träger von Einkommen ist.

Das gesellschaftliche Gesamtprodukt unterscheidet sich vom Produkt eines einzelnen Betriebes auch nach der Ausdrucksform des konstanten Teils der Fonds. In jedem einzelnen Betrieb wird eine bestimmte konkrete Arbeitsart aufgewandt, durch die die dadurch in Bewegung gesetzten Produktionsmittel sich in das Produkt verwandeln. Dieses Produkt stellt das Ergebnis ein und derselben Arbeit dar. Deshalb ist auch das Produkt dieser Arbeit in einer bestimmten Naturalform vorhanden und hat einen bestimmten Gebrauchswert. Obwohl das Produkt dieser Art konkreter Arbeit seinem Wert nach aus verschiedenen Elementen besteht, drücken sich dessenungeachtet die Bestandteile seines Wertes in bestimmten Mengen des gleichen Gebrauchswertes aus. Hier wird klar sichtbar, daß der Wert einer bestimmten Menge des Produktes gleich ist dem Wert des verbrauchten konstanten Fonds und daß der Wert jener Produktionsmittel, die verbraucht wurden, sich selbst nicht in eine bestimmte Menge des gegebenen Produktes, die dem Wert der verbrauchten Mittel entspricht, verwandeln kann. Deshalb drückt der Wert einer bestimmten Menge des Produktes nur den Wert des konstanten Fonds aus, der im gesamten Produkt des gegebenen Betriebes enthalten ist. Anders ist es bei der Betrachtung des Gesamtproduktes der Gesellschaft. Für dessen Produktion wird wie für die Produktion des einzelnen Produktes ein konstanter Fonds verbraucht. Gerade dadurch, daß die Gesellschaft zu Beginn der Produktionsperiode über die sachlichen Elemente des konstanten Fonds verfügt, kann sie durch ihre Arbeit das gesellschaftliche Produkt schaffen. Dieses ist jedoch seiner Naturalform nach nicht homogen. Ein Teil besteht aus Produktionsmitteln, ein anderer aus Konsumtionsmitteln.

Produktionsmittel und Konsumtionsmittel sind Produkte von völlig unterschiedlicher Naturalform, Ergebnisse völlig verschiedener Arten konkreter Arbeit. Sie spielen auch eine andere funktionelle Rolle im Reproduktionsprozeß. Die gesamte Masse der im Gesamtprodukt vorhandenen Produktionsmittel tritt als materieller Träger des konstanten Fonds der Gesellschaft auf, während der Teil des Gesamtproduktes, der in Gestalt von Konsumtionsmitteln existiert, als materielle Verkörperung des durch die Jahresarbeit neugeschaffenen Wertes auftritt. Es ergibt sich, daß der Wert des verbrauchten konstanten Fonds nur in den Produktionsmitteln vertreten ist, während der diesem Wert hinzugefügte Neuwert in den Konsumtionsmitteln, d. h. in Produkten eines völlig unterschiedlichen Gebrauchswertes, als Ergebnis völlig anderer Arten konkreter Arbeit, enthalten ist.

Wir sehen: Obwohl der Wert des gesamten gesellschaftlichen Produktes in die gleichen Elemente zerfällt wie der Wert des Produktes eines einzelnen Betriebes, ist dessenungeachtet die Ausdrucksform, in der sich die Elemente der Wertstruktur im gesellschaftlichen Gesamtprodukt zeigen, von der Ausdrucksform der entsprechenden Wertteile im Produkt eines einzelnen Betriebes wesentlich verschieden. Diese verschiedenen Ausdrucksformen der Elemente der Wertstruktur des Gesamtproduktes und des einzelnen Produktes darf man nicht ignorieren, wenn man das gesellschaftliche Produkt der sozialistischen Gesellschaft analysiert, ohne daß man dabei riskiert, in einen ernsten Fehler zu verfallen. Marx schrieb: „Obgleich das gesellschaftliche Kapital nur gleich der Summe der individuellen Kapitale und daher auch das jährliche Warenprodukt (oder Warenkapital) der Gesellschaft gleich der Summe der Warenprodukte diese individuellen Kapitale; obgleich daher die Analyse des Warenwerts in seine Bestandteile, die für jedes individuelle Warenkapital gilt, auch für das der ganzen Gesellschaft gelten muß und im Endresultat wirklich gilt, so ist die Erscheinungsform, worin sie sich im gesamten gesellschaftlichen Reproduktionsprozeß darstellen, eine *verschiedne*." [21]

[21] K. Marx, Das Kapital, Zweiter Band, in: Marx/Engels, Werke, Bd. 24, S. 369.

KAPITEL 6

Die ökonomische Natur des in das gesellschaftliche Produkt übertragenen Wertes

Bei der Ausarbeitung von Fragen der Methodologie der volkswirtschaftlichen Planung hat das Problem der Bestimmung des Umfangs der materiellen Aufwendungen große Bedeutung. Die sozialistische Gesellschaft muß absolut zuverlässig wissen, welche Menge vergangener Arbeit im gesellschaftlichen Gesamtprodukt verkörpert ist.[22] Das gesellschaftliche Gesamtprodukt ist die Summe der Produkte der einzelnen Betriebe, aber nicht die einfache arithmetische Summe. Wenn man das gesellschaftliche Gesamtprodukt als Summe der einzelnen Produkte – $P = \Sigma p$ – ausdrückt, dann muß man erklären, was darunter zu verstehen ist, weil diese Summe auf verschiedene Weise gebildet werden kann. Die Analyse des Gesamtproduktes ist ein konkreteres Stadium der Untersuchung des Reproduktionsprozesses gegenüber der Analyse des Produktes eines einzelnen Betriebes. Wenn der übertragene Wert auch ein notwendiges Wertelement des Gesamtproduktes ist, so besteht er doch aus dem Produkt der Abteilungen I und II.

[22] Einige Ökonomen sind der Ansicht, daß die Frage nach dem Umfang der jährlichen materiellen Aufwendungen sekundäre Bedeutung hat, weil die Hauptkennziffern der Reproduktion auf der Grundlage des Nationaleinkommens bestimmt werden können, dessen Umfang bei jeder beliebigen Methode zur Bestimmung des Umfangs des Jahresproduktes konstant bleibt. Eine solche Unterbewertung der jährlichen materiellen Aufwendungen ist unrichtig. Es ist doch wichtig, nicht nur den absoluten Umfang des Nationaleinkommens zu kennen, sondern auch dessen Materialintensität. Außerdem finden bei weitem nicht alle hauptsächlichen Kennziffern der Reproduktion eine objektive Bewertung auf der Grundlage des Nationaleinkommens.

Deshalb muß man den übertragenen Wert in Abhängigkeit davon unterscheiden, ob vom Produkt der Abteilung I oder der Abteilung II die Rede ist. Dabei tritt die Hauptschwierigkeit in Zusammenhang mit der Frage nach dem übertragenen Wert in der Abteilung I auf, weil gerade in dieser Abteilung unmittelbare Produktionsbeziehungen zwischen verschiedenen Produktionsgliedern bezüglich der gegenseitigen Versorgung mit Elementen der Grund- und Umlauffonds bestehen.[23]

Zur Frage nach der Natur des übertragenen Wertes im Produkt der Abteilung I gibt es verschiedene Standpunkte. Ja. Kronrod schrieb: „Die vergangene und die lebendige Arbeit und entsprechend der übertragene und der neugeschaffene Wert sind durchaus nicht irgendwelche konventionellen Begriffe, die sich in Abhängigkeit von der Periode ändern, für die der Produktionsprozeß willkürlich betrachtet wird, sondern Begriffe, die objektive Bedingungen für das Funktionieren der Arbeit widerspiegeln. In jedem gegebenen Produktionsprozeß, der in jedem gegebenen Glied der gesellschaftlichen Arbeitsteilung vonstatten geht, ist die Arbeit, die von der tätigen Arbeitskraft im Laufe der gesamten Zeit verbraucht wird, über die sich dieser Reproduktionsprozeß hinzieht, selbst auch lebendige Arbeit. Und der Wert, der von ihr geschaffen wird, ist neugeschaffener Wert. Neben der Arbeitskraft nehmen jedoch an jedem gegebenen Produktionsprozeß auch Produktionsmittel teil. Folglich wird in diesem Prozeß neben der lebendigen Arbeit auch vergangene Arbeit verbraucht, d. h., es vollzieht sich ein Prozeß der Übertragung von Wert der Produktionsmittel auf das Produkt der Arbeit. Folglich ist die vergangene Arbeit durchaus nicht einfach Arbeit vergangener

[23] Bei der Lösung der Frage nach dem in das Produkt der Abteilung I übertragenen Wert stützt man sich manchmal auf das Reproduktionsschema von Marx im Zweiten Band des „Kapitals", wo Gesetzmäßigkeiten der Reproduktion des gesellschaftlichen Produkts in der kapitalistischen Gesellschaft untersucht werden. Die Sache ist jedoch die, daß der Autor des „Kapitals" in seinen Schemata von einer bereits gefestigten Wertstruktur, von bestimmten Größen c, v und m ausging. Für ihn waren diese Größen fertige Ausgangspunkte für die Analyse. Deshalb können die Versuche kaum zweckmäßig sein, diese oder jene Methode zur Bildung des übertragenen Wertes innerhalb der Abteilung II durch Hinweise auf die Schemata von Marx zu stützen.

Jahre oder Quartale, Monate usw., sondern Arbeit, die für die Herstellung von Produktionsmitteln außerhalb des betrachteten Produktionsprozesses verbraucht wurde." Und ferner: „Deshalb sind, wenn, sagen wir, Erze und Kohle gewonnen worden sind und dem metallurgischen Betrieb zur Verfügung gestellt wurden, diese für den Prozeß, der sich in diesem Betrieb vollzieht, Elemente von Produktionsmitteln, in denen vergangene Arbeit eingeschlossen ist. Dabei ist es völlig gleichgültig, ob die Erze oder die Kohle in vergangenen Jahren, im vergangenen Monat, am vergangenen Tag oder am gleichen Tag gewonnen wurden, an dem sie in den weiteren Produktionsprozeß eingehen. Ökonomisch wichtig ist nur, daß sie Produkte besonderer Glieder der Arbeitsteilung sind, der Erzgruben und der Kohlegruben, wo sie gewonnen wurden und von denen sie in den metallurgischen Betrieb durch den ökonomischen Kreislauf geliefert werden (der ebenfalls ein besonderes Glied der Arbeitsteilung ist)."[24]

Hier wird die lebendige Arbeit nur als Quelle des Neuwertes charakterisiert und deshalb der übertragene Wert dem Wert gegenübergestellt, der infolge der Anwendung lebendiger Arbeit im Produkt geschaffen wird. Dabei ist diese Gegenüberstellung auf ein Mißverständnis gegründet. Wenn man den Prozeß der lebendigen Arbeit vom Standpunkt der Bildung des Wertes des gesellschaftlichen Produktes aus betrachtet, dann spielt er die entscheidende Rolle sowohl bei der Bildung desjenigen Wertteils des Produktes, der übertragenen Wert darstellt, als auch des Neuwertes. Diese Ungenauigkeit ist jedoch nicht der Hauptmangel der eben zitierten These. In der angeführten Aussage muß man zwei Hauptmomente unterscheiden. Erstens: Der übertragene und der neugeschaffene Wert sind nicht an die Periode gebunden, innerhalb der der Produktionsprozeß betrachtet wird. Zweitens: Weil die vergangene Arbeit Arbeit ist, die in einem besonderen Glied der gesellschaftlichen Arbeitsteilung, d. h. in einem besonderen Betrieb, für die Produktion von Produktionsmitteln verbraucht wurde, ist der in diesen Produktionsmitteln eingeschlossene Wert übertragener Wert im Produkt anderer Be-

[24] Ja. A. Kronrod, Obščestvennyj produkt i ego struktura pri socializme, S. 78f.

triebe, die diese Produktionsmittel benutzen. Diese Momente hängen innerlich zusammen. Wenn wir von einer bestimmten fixierten Periode absehen, innerhalb der der Produktionsprozeß betrachtet wird, dann kann natürlich nur der Arbeitsaufwand zur Erzeugung der Produktionsmittel außerhalb des betrachteten Produktionsgliedes das natürliche Kennzeichen sein, das den übertragenen Wert begründet. Kann man jedoch diese Momente zur Grundlage für die Bestimmung des Inhalts des übertragenen Werts im Gesamtprodukt der Gesellschaft nehmen?

Karl Marx ging bei der Untersuchung der Gesetzmäßigkeiten für die Bildung der Wertstruktur des Produktes in der kapitalistischen Gesellschaft vom jährlichen Produktionszyklus aus. Er betrachtete die Bewegung des jährlichen Produktes der Gesellschaft und zeigte, daß der Wert jener Produktionsmittel, die bei der Schaffung des jährlichen Produktes genutzt wurden, die aber schon im vergangenen Jahr oder bereits in noch früheren Jahren hergestellt wurden, den übertragenen Wert darstellt.

Einige sagen, daß Marx den Produktionszyklus nur infolge der Zweckmäßigkeit einer theoretischen Analyse an das Jahr angeglichen hat. Das Wesen der Frage liegt im vorliegenden Fall jedoch durchaus nicht darin, welche Zeitperiode (das Kalenderjahr oder der Produktionszyklus) als ökonomischer Maßstab für den Produktionsprozeß herangezogen wird. Die Hauptfrage besteht darin: Kann man bei der Bestimmung des Charakters und des Umfangs des in das gesellschaftliche Produkt übertragenen Wertes eine bestimmte fixierte Zeitperiode ignorieren und den Inhalt des übertragenen Wertes nur in dem Sinne behandeln, daß er den Wert von Produktionsmitteln darstellt, die außerhalb des gegebenen Produktionsprozesses des untersuchten Betriebes geschaffen wurden? Gerade darin besteht der Kern der Frage.

Bei der Bestimmung des Charakters des in das gesellschaftliche Gesamtprodukt übertragenen Wertes hat der Zeitfaktor entscheidende Bedeutung. Für den einzelnen Betrieb ist der Wert, der in den Arbeitsmitteln und Arbeitsgegenständen verkörpert ist, wirklich alter Wert, bereits früher vergegenständlichte Arbeit. Der Produktionsprozeß kann in jedem gegebenen Betrieb erst dann beginnen, wenn die Produktionsmittel, die von ihm genutzt werden, geschaffen sind. Das bedeutet, daß die Arbeit, die für ihre Herstellung verbraucht wurde, bezüglich der Arbeitsaufwendungen im untersuchten Betrieb als objektive Voraussetzungen auftreten, d. h. den Aufwendungen im Betrieb vorausgehen.

Diese Arbeitsaufwendungen treten als etwas Äußeres in Beziehung zum gegebenen Betrieb auf, als materialisierte, vergangene Arbeit bezüglich des laufenden Arbeitsprozesses der Werktätigen des gegebenen Betriebes. Deshalb ist es für den einzelnen Betrieb wirklich unerheblich, wann diese Produktionsmittel geschaffen wurden, ob im vergangenen Jahr, im vergangenen Quartal, im vergangenen Monat, gestern, heute usw. Wichtig ist nur, daß sie außerhalb des gegebenen Betriebes, d. h. nicht im laufenden Produktionsprozeß, der sich in diesem Betrieb vollzieht, geschaffen wurden. Kohle und Erz treten als vergangene vergegenständlichte Arbeit bezüglich der Arbeit der Metallurgen auf, die sie für die Produktion von Metall benutzen, unabhängig davon, wann sie gewonnen wurden. Es ist natürlich, daß auch der auf das Metall übertragene Wert von Kohle und Erz nichts anderes sein kann als übertragener Wert, weil die Metallurgen nicht eine Minute Arbeitszeit für die Herstellung von Kohle und Erz aufgewandt haben.

Daraus folgt: Wenn es sich um einen einzelnen Betrieb handelt, ist die Arbeit, die für die Produktion von Produktionsmitteln verbraucht wurde, vergangene Arbeit, und der Wert dieser Produktionsmittel, der sich neu im Produkt der Arbeit des untersuchten Betriebes zeigt, ist übertragener Wert. Die Lage ändert sich jedoch grundlegend, wenn man vom übertragenen Wert im Gesamtprodukt spricht, das das Ergebnis der Arbeit der gesamten Gesellschaft ist. An den gesamten gesellschaftlichen Produktionsprozeß kann man nicht vom Standpunkt des einzelnen Betriebes aus herangehen.

Der gesellschaftliche Produktionsprozeß ist ein einheitliches Ganzes. Er vollzieht sich fortlaufend als Gesamtheit aufeinanderfolgender und außerdem gleichzeitig existierender Produktionsprozesse. Während für jeden einzelnen Arbeitsprozeß im gegebenen Betrieb andere Arbeitsprozesse als äußere Voraussetzungen auftreten, die die dafür notwendigen sachlichen Bedingungen der Produktion schaffen, kann man bezüglich der Gesellschaft als Ganzes nicht sagen, wer für sie diese Voraussetzungen geschaffen hat. Die Gesellschaft als Ganzes umfaßt das gesamte System der Produktionsglieder, sie ist das einzige Subjekt des Produktionsprozesses. Es existieren keinerlei andere Subjekte, die in dieser Beziehung als äußere Subjekte angesehen werden könnten. Gerade deshalb haben wir keine Möglichkeit, an die Bestimmung des Charakters des in das gesellschaftliche Gesamtprodukt übertragenen Wertes von der Position eines einzelnen Betriebes aus heranzugehen. Für die Gesellschaft als Ganzes gibt es kein äußeres Medium.

Was aber ist das Kriterium zur Bestimmung des Inhalts der vergangenen Arbeit für die Gesellschaft als Ganzes, wenn das Kriterium der Äußerlichkeit hier nicht anwendbar ist? Dies ist nur die Zeit. Die vergangene Arbeit und die gegenwärtige Arbeit können für die Gesellschaft als Ganzes nur der Zeit nach unterschieden werden, weil alle anderen Merkmale ihre Bedeutung verlieren. Gerade dieses Kriterium ist auch von Marx zur Grundlage für die Bestimmung der Natur des übertragenen und des neugeschaffenen Wertes im Gesamtprodukt der Gesellschaft genommen worden. Sein Gedanke von der Notwendigkeit, das Jahr als Maßstab des gesellschaftlichen Produktionsprozesses zu verwenden, hat erstrangige methodologische Bedeutung für die Lösung des vorliegenden Problems. Man kann darüber streiten, ob das Jahr ein ökonomisches oder ein kalendarisches Maß ist. Man kann an Stelle des Jahres andere Zeitmaßstäbe vorschlagen, wie z. B. die Zeit eines Produktionszyklus. Man kann jedoch nicht bestreiten, daß das Kriterium der Zeit das Hauptkriterium bei der Bestimmung des übertragenen und des neugeschaffenen Wertes im gesellschaftlichen Produkt ist.

Ausgangspunkt zur Bestimmung der Natur der vergangenen Arbeit (vom Standpunkt der gesamten gesellschaftlichen Produktion aus, unabhängig davon, welche Zeitperiode als Maßstab für den gesellschaftlichen Produktionsprozeß herangezogen wird) ist der Wert der faktisch existierenden Produktionsmittel, die zu Beginn dieser Periode vorhanden sind. Die gesamte Wertgröße, die im Verlauf der untersuchten Periode geschaffen wird, ist Neuwert. Indem wir nur eine bestimmte Zeitperiode fixieren, können wir eine richtige Orientierung bezüglich des übertragenen und des neugeschaffenen Wertes im gesellschaftlichen Gesamtprodukt finden. Daraus folgt jedoch, daß die Unterschiede des übertragenen und des neugeschaffenen Wertes als objektive Unterschiede erhalten bleiben, die eine große Bedeutung für den Reproduktionsprozeß haben, und zwar innerhalb der Periode, die als Zeitmaß für den gesellschaftlichen Produktionsprozeß in Erscheinung tritt. Das bedeutet, daß innerhalb der angegebenen Periode der neugeschaffene Wert in der Abteilung I kein Element des übertragenen Wertes im Produkt dieser Abteilung sein kann, wenngleich er in einer Naturalform existiert, die nur für die produktive Konsumtion geeignet ist.

Die Ignorierung dieses Umstandes ist einer der wesentlichsten Fehler einer Konzeption, wonach der gesamte Wert der in der Abteilung I verbrauchten Produktionsmittel übertragener Wert im Produkt der Abteilung I ist. Weil die Anhänger dieser Konzeption vom Zeitfaktor absehen, bleibt ihnen nichts anderes übrig, als zu behaupten, daß der in das Produkt der Abteilung I übertragene Wert die Summe der Werte der Produktionsmittel darstellt, sowohl die zu Beginn der fixierten Periode vorhandenen als auch die in dieser Periode produzierten Werte. Das trifft jedoch nur vom Standpunkt des einzelnen Betriebes aus zu.

Für den einzelnen Betrieb hat es wirklich keinerlei Bedeutung, daß im Wert der von ihm verbrauchten Produktionsmittel sowohl übertragener als auch neugeschaffener Wert enthalten ist. Der gesamte Wert, der aus anderen Betrieben für die Produktion von Produktionsmitteln Bestandteil der materiellen Aufwendungen des Betriebes wird, bildet im Wert des Produktes des letzteren übertragenen Wert. Die Dinge verändern sich jedoch, wenn wir uns der Frage nach dem übertragenen und neugeschaffenen Wert im Produkt der gesamten gesellschaftlichen Produktion zuwenden. Hier muß man streng in den Grenzen jenes Zeitabschnittes bleiben, der von uns als Maßstab für den Produktionsprozeß gesetzt wurde, für den der übertragene und neugeschaffene Wert betrachtet wird.

Wenn der Inhalt der Begriffe des übertragenen und des neugeschaffenen Werts für den einzelnen Betrieb oder den Zweig der materiellen Produktion auf der einen Seite und für die gesamte Gesellschaft auf der anderen Seite identisch wäre, so würde das Problem der Wertstruktur des gesellschaftlichen Gesamtproduktes überhaupt nicht existieren. Doch die Wertstruktur des Produktes ist nicht einfach nur die Ausdrucksweise seiner sachlichen Struktur in Wertform. Sie hat relativ selbständige Bedeutung neben der sachlichen Struktur. In der Wertstruktur schlägt sich die funktionell besondere Struktur und Rolle einzelner sachlicher Elemente nieder, die durch den Charakter der Arbeit bestimmt wird, die für die Schaffung der einzelnen Teile des Produktes verausgabt wird. Die einzelnen Elemente verfügen über eine besondere Bewegungsform im Prozeß der gesellschaftlichen Reproduktion, die nicht nur durch deren sachliche Zusammensetzung, sondern auch durch den Charakter jener Arbeit begründet ist, die sich in ihnen verkörpert. Für das Produkt des einzelnen Betriebes ist es gleichgültig, welche ökonomische Bestimmung es im weiteren erfüllen wird. Für den Betrieb ist es wichtig, ein Produkt in Übereinstimmung mit den gesellschaftlich festgelegten Normen des Arbeitsaufwandes herzustellen, dieses zu Planpreisen zu realisieren und für die damit eingenommenen Mittel sich selbst mit allem Notwendigen für die weitere Fortsetzung der Produktion zu versorgen. Für die Gesellschaft als Ganzes hat jedoch nicht nur die Naturalform des hergestellten Produktes entscheidende Bedeutung, sondern auch, welche Arbeit – vergangene oder neu eingesetzte lebendige – in den verschiedenen Gruppen von Produkten enthalten ist, weil dadurch der Charakter der Nutzung der Produkte im Prozeß der Reproduktion bestimmt wird. Die Produkte, in denen vergangene Arbeit enthalten ist, haben die eine ökonomische Bestimmung. Eine durchaus andere Bestimmung haben jene Produkte, in denen neu verausgabte lebendige Arbeit vertreten ist. Wenn deren ökonomische Bestimmung nicht realisiert wird, die objektiv durch die Natur der in ihnen vergegenständlichten Arbeit begründet ist, kann der Prozeß der gesellschaftlichen Reproduktion nicht normal funktionieren.

Die Vermischung des übertragenen und des neugeschaffenen Wertes im Produkt der Abteilung I bedeutet dem Wesen nach eine Ignorierung des Doppelcharakters der gesellschaftlichen Arbeit, die bei der Bildung des Produktes dieser Abteilung verausgabt wird. Diese Vorstellung, soweit es sich um die Bildung des Wertes des Produkts im einzelnen Betrieb handelt, erfordert bestimmte Korrekturen im Hinblick auf die gesamte gesellschaftliche Produktion. Hier ist es eben notwendig, eine bestimmte Periode zu berücksichtigen, die als Maßstab für den gesellschaftlichen Produktionsprozeß benutzt wird. Nimmt man als Maßstab ein Jahr, dann müssen die Unterschiede im übertragenen und neugeschaffenen Wert, ausgehend von der Jahresproduktionsperiode, bestimmt werden. Das bedeutet aber, daß durch die konkrete Arbeit der Werktätigen in der materiellen Produktion im Laufe des Jahres der Wert der von ihnen genutzten Produktionsmittel auf das Jahresprodukt übertragen und daß durch ihre abstrakte Arbeit der Neuwert geschaffen wird. Dabei verändert sich das Wesen der Sache durchaus nicht, wenn wir anstelle eines Jahres als ökonomischen Maßstab des Produktionsprozesses eine andere Zeitperiode wählen. Es folgt jedoch hieraus, wenn wir das Problem der Produktion des gesellschaftlichen Produktes bezüglich der Bildung des Wertes dieses Produktes betrachten, daß der durch die jährliche Arbeit der Gesellschaft geschaffene Wert in Wirklichkeit auf den Neuwert hinausläuft.

Was den Wert der im jährlichen Arbeitsprozeß erforderlichen Produktionsmittel betrifft, so wurde dieser durch die Jahresarbeit der Gesellschaft weder geschaffen noch reproduziert. Er wurde nur erhalten und auf das Jahresprodukt übertragen. Das widerspricht überhaupt nicht der Tatsache, daß der überwiegende Teil des Jahresproduktes der Gesellschaft seiner Naturalform nach aus Produktionsmitteln besteht. Das letztere erklärt sich einfach daraus, daß der Hauptteil der neu eingesetzten jährlichen Arbeit in der Abteilung I verbraucht wurde. Im Ergebnis schafft die jährlich neu eingesetzte Arbeit der Gesellschaft nur Neuwert, ein wesentlicher Teil davon vergegenständlicht sich jedoch in Naturalform in Gestalt von Produktionsmitteln. Wenn deshalb für den einzelnen Betrieb die Arbeit, die in Produktionsmitteln vergegenständlicht ist, die von ihm benötigt werden, wirklich vergangene Arbeit ist, so ist für die Gesellschaft als Ganzes die vergangene Arbeit nur ein Teil der Arbeit, der in der Naturalform von Produktionsmitteln erscheint. Ein anderer Teil der Produktionsmittel, und zwar ein sehr bedeutender, ist die Materialisierung neu eingesetzter Arbeit der Gesellschaft. Deshalb kann man durchaus nicht den gesamten Wert aller Produktionsmittel, die in der Abteilung I im Verlauf eines Jahres geschaffen wurden, zu dem auf das Jahresprodukt übertragenen Wert rechnen.

Wenn man jedoch von einer Konzeption ausgeht, wonach die vergangene Arbeit Arbeit ist, die in jedem gegebenen Glied der gesellschaftlichen Produktion zur Herstellung von Produktionsmitteln verbraucht wurde, die wiederum in anderen Produktionsgliedern benötigt werden, dann müßte man offensichtlich den gesamten inneren Umlauf der Abteilung I in den übertragenen Wert dieser Abteilung einschließen. Dann erhebt sich jedoch die Frage: Wird überhaupt Neuwert in der Abteilung I geschaffen? Wenn welcher geschaffen wird, in welcher Naturalform existiert er? Wenn er in Form von Produktionsmitteln existiert (und er kann in keiner anderen Form der Natur der Sache nach existieren), dann hört er damit schon auf, neugeschaffener Wert zu sein, weil er nicht in der ihm objektiv eigenen ökonomischen Funktion im Reproduktionsprozeß realisiert wird. Wenn man jedoch unterstellt, daß der in der Abteilung I neugeschaffene Wert gleichzeitig auch Element des Ersatzfonds der Abteilung I ist, dann entsteht die Notwendigkeit einer Unterscheidung von übertragenem und neugeschaffenem Wert, weil die Unterschiede ihrer ökonomischen Funktion im Prozeß der Reproduktion verschwinden. Außerhalb dieser Funktion verlieren die Unterschiede von übertragenem und neugeschaffenem Wert im Produkt der Abteilung I überhaupt ihren ökonomischen Inhalt.

Der ganze Sinn einer Unterteilung im Wert des Produktes der Abteilung I in Wert zur Produktion von Produktionsmitteln und neugeschaffenen Wert besteht darin, daß diese Teile des Wertes eine völlig eigenständige und unterschiedliche Rolle im Reproduktionsprozeß spielen. Der Umstand, daß im Wert des Produktes der Abteilung I der Wert der für die Produktion notwendigen Produktionsmittel enthalten ist, bedeutet nichts anderes als einen Hinweis auf die Notwendigkeit zur Isolierung dieses Wertteils und auf seinen entsprechenden Anteil am Produkt der Abteilung I zum Ersatz der verbrauchten sachlichen Produktionsbedingungen in Wert- und Naturalform. Eben deshalb bildet jener Wertteil des Produktes der Abteilung I auch den Ersatzfonds dieser Abteilung.

Auf welche Weise wird aber dieser Ersatz gewährleistet? Er wird durch Austausch der entsprechenden Elemente des übertragenen Wertes innerhalb der Abteilung I verwirklicht. Was den anderen Wertteil des Produktes der Abteilung I betrifft, in dem die neu hinzugefügte Arbeit enthalten ist, d. h. die Arbeit, die im laufenden jährlichen Produktionsprozeß verausgabt wurde, so muß diese und der ihr entsprechende Anteil des Produktes letzten Endes in übertragenen Wert eingetauscht werden, der in Naturalform in Gestalt von Konsumtionsmitteln vorhanden ist, d. h. also in einen Teil des Produktes der Abteilung II. Deshalb erfolgt in jedem beliebigen Stadium des Produktionsprozesses in Abteilung I ständig eine Isolierung dieser Wertteile und des ihm entsprechenden Anteils vom Produkt der Abteilung I.

Zur Gewinnung von Eisenerz, dem Ausgangsstadium der Produktion in Abteilung I, wird zum Beispiel eine bestimmte Menge vergangener, schon vor Beginn der betrachteten Arbeitsperiode vergegenständlichter Arbeit verbraucht. Dadurch existiert im Wert des Erzes ein solches Element wie der übertragene Wert. Gleichzeitig wird für die Produktion des Erzes eine bestimmte Menge neu eingesetzter lebendiger Arbeit verbraucht, wodurch in der Zusammensetzung des Wertes auch neugeschaffener Wert enthalten ist. Eisenerz kann in seiner Naturalform nur dem metallurgischen Prozeß zugeführt werden. Bedeutet das, daß dessen ganzer Wert, ausgehend von den Gesetzmäßigkeiten der Bewegung des Produktes im Maßstab der gesamten gesellschaftlichen Produktion, in den übertragenen Wert des Metalles einbezogen werden muß? Es scheint, daß es nicht anders sein kann. Es erweist sich jedoch, daß dem nicht so ist, weil von Anfang an jener Teil des Erzes, in dem sich der Neuwert verkörpert, eine völlig unterschiedliche objektive Bewegungsform im Vergleich zu jenem Teil des Erzes hat, in dem der alte Wert enthalten ist. Wenn auch das gesamte Erz in Metall verwandelt wird und das letztere, wie bekannt, ebenfalls nur Produktionsmittel ist, muß dessenungeachtet ein Teil des Wertes des Metalls, der dem neugeschaffenen Wert äquivalent ist und der in Erz vergegenständlicht wurde, unbedingt eine solche Naturalform annehmen, in der er nur als Element für den Ersatzfonds der Abteilung II dienen kann. Analog liegen die Dinge beim Metall. Seiner Naturalform nach ist das Metall Produktionsmittel für den Maschinenbau. Dem Wert nach besteht es aus dem Wert der für seine Produktion verbrauchten Produktionsmittel, der den übertragenen Wert des Metalls darstellt, und dem neugeschaffenen Wert. In den übertragenen Wert des Produktes der Abteilung I geht nur der übertragene Wert des Metalls ein, der in den gegebenen Jahresproduktionszyklus eingegangen ist, aber in vorausgegangenen

Jahren geschaffen wurde. Der andere Teil des Wertes des Metalls, der den neugeschaffenen Wert repräsentiert, fließt dem Maschinenbau zu, daraus werden Maschinen hergestellt, die letzten Endes als materielles Substrat für den Ersatzfonds in der Produktion von Konsumtionsmitteln verwendet werden müssen. Dieser Teil des Wertes nimmt die Form des Einkommens für die Abteilung I an, weil seine ökonomische Funktion im Prozeß der Reproduktion nur in der Abteilung II realisiert wird. Dabei hat er wiederum keine Beziehungen zum übertragenen Wert innerhalb der Abteilung I und kann deshalb nicht in den Wert des Ersatzfonds dieser Abteilung einbezogen werden.[25]

Auf diese Weise sind sowohl das Erz als auch das Metall als Gebrauchswerte Produktionsmittel (Arbeitsgegenstände). Jedoch ihrem Wert und ihrer ökonomischen Funktion nach spielen die verschiedenen Elemente ihres Wertes im Prozeß der Reproduktion des gesellschaftlichen Gesamtprodukts verschiedene Rollen.

Vielleicht muß man jenen Teil des Wertes von Erzen und Metall, in dem der neugeschaffene Wert enthalten ist, doch dem Ersatzfonds zuordnen, wenn auch nicht dem Produkt der Abteilung I, sondern dem Gesamtprodukt, weil dieser Teil des Erzes und des Metalls der materielle Träger des Ersatzfonds für die Abteilung II ist? Diese sind wirklich der materiell-stoffliche Träger für den Ersatzfonds der verwendeten Produktionsmittel in der Abteilung II. Sie sind jedoch nur Ersatzfonds für die Produktion von Konsumtionsmitteln vom Standpunkt ihres Gebrauchswertes, aber durchaus nicht vom Standpunkt ihres Wertes.

Der in diesem Jahr neugeschaffene Wert, der in Form von Produktionsmitteln existiert, wird in übertragenen Wert in Form von Konsumtionsmitteln eingetauscht. Damit aber in dem Produkt der Abteilung II jener Teil des Wertes, der übertragener Wert ist, vorhanden sein kann, müssen schon vor Beginn der betrachteten Periode die Produktionsmittel vorhanden sein. Und weil diese als sachliche Bedingungen für die Herstellung von Gebrauchsgütern dienen, zeigt sich deren Wert innerhalb des Wertes der letzteren als übertragener Wert. Deshalb bedeutet der Austausch des neugeschaffenen Werts der Abteilung I gegen übertragenen Wert der Abteilung II, dessen natural-stofflicher Inhalt der Austausch von Produktionsmitteln gegen Konsumtionsmittel ist, noch nicht die Überführung des neugeschaffenen Wertes der Abteilung I in übertragenen Wert der Abteilung II, weil beide bereits in bestimmten Gebrauchswerten materialisiert sind. Erst im folgenden Produktions-

[25] All diese Thesen unterstellen Bedingungen der einfachen Reproduktion.

zyklus (oder im folgenden Jahr) wird der Wert der Produktionsmittel, die aus der Abteilung I in die Abteilung II im Zuge des Austauschs gelangt sind, zu übertragenem Wert, weil sie im Jahresproduktionsprozeß innerhalb der Abteilung II genutzt werden. Damit können die Produktionsmittel, die in der Abteilung I produziert wurden und Neuwert darstellen, nicht Element des übertragenen Wertes sein, und zwar weder im Produkt der Abteilung I noch im Gesamtprodukt der Gesellschaft innerhalb der Zeitperiode, die als Maßstab für den gesellschaftlichen Produktionsprozeß genommen wurde. Innerhalb dieser Zeitspanne erfüllen die Wertbestandteile des Produktes der Abteilung I nur eine ökonomische Funktion, die durch den Charakter der in den verschiedenen Massen der Produkte der Abteilung I verkörperten Arbeit bestimmt wird. Folglich wird im Verlauf einer bestimmten Zeitspanne, die den ökonomischen Maßstab für den Produktionsprozeß darstellt, in keinem Glied der gesellschaftlichen Produktion ein Teil des Wertes des Produktes geschaffen, der in dessen übertragenen Wert eingeht. Im laufenden Arbeitsprozeß wird nur das materielle Substrat für den konstanten Teil der Produktionsfonds der sozialistischen Gesellschaft geschaffen. Die Produktionsmittel, die in der laufenden Produktionsperiode geschaffen werden, sind von seiten ihres Wertes noch nicht konstanter Teil der Produktionsfonds, sie werden es erst in Zukunft, und zwar im nachfolgenden Produktionszyklus. Marx schrieb: „Zunächst ist zu bemerken, daß kein Teil des gesellschaftlichen Arbeitstags, sei es sub I oder sub II, dazu dient, den Wert des in diesen zwei großen Produktionssphären angewandten, in ihnen fungierenden konstanten Kapitals zu produzieren. Sie produzieren nur zusätzlichen Wert, 2000 $I_{(v+m)}$ + 1000 $II_{(v+m)}$, zusätzlich zu dem konstanten Kapitalwert = 4000 I_c + 2000 II_c. Der Neuwert, der in der Form von Produktionsmitteln produziert wurde, ist noch nicht konstantes Kapital. Er hat nur die Bestimmung, künftig als solches zu fungieren."[26] Folglich kann der neugeschaffene Wert in der Abteilung I, wenn man das Funktionieren der gesellschaftlichen Produktion innerhalb eines bestimmten Zeitabschnittes

62 K. Marx, Das Kapital, Zweiter Band, in: Marx/Engels, Werke, Bd. 24, S. 425.

betrachtet, nicht als Element des übertragenen Wertes auftreten, und zwar weder im Produkt der Abteilung I noch im gesellschaftlichen Gesamtprodukt. Das hat prinzipielle Bedeutung für die Bestimmung des Wertumfanges des gesellschaftlichen Produkts und für das gesamte System der volkswirtschaftlichen Proportionen.

Das moderne Entwicklungsstadium der materiellen Produktion ist durch ein sehr kompliziertes System der gesellschaftlichen Arbeitsteilung und durch einen hohen Grad der Spezialisierung der Produktionsprozesse gekennzeichnet. Die Arbeitsgegenstände durchlaufen im Prozeß der Schaffung des gesellschaftlichen Gesamtproduktes, angefangen mit der Gewinnung des Ausgangsrohstoffes bis zur Herstellung der endgültigen Gebrauchswerte, eine Vielzahl verschiedener Stadien aufeinanderfolgender Bearbeitung. Folglich tritt uns das gesellschaftliche Gesamtprodukt als Ergebnis der Produktionstätigkeit einer Vielzahl von Zweigen der Produktion und einer Vielzahl spezialisierter Produktionsglieder innerhalb dieser Zweige entgegen. Im Zusammenhang damit entsteht die Frage, welchen Einfluß der genannte Umstand auf den Prozeß der Formierung des übertragenen Wertes innerhalb der Abteilung I hat?

Die Anhänger der angeführten Konzeption nehmen an, daß der Charakter und der Umfang des auf das gesellschaftliche Produkt übertragenen Wertes völlig durch den hohen Grad der Spezialisierung der gesellschaftlichen Produktion (als objektive Bedingung für die Schaffung des gesellschaftlichen Gesamtproduktes) bestimmt werden. Deshalb entspricht die Summierung der Werte der selbständigen Gebrauchswerte, die auf der Grundlage des gegebenen Systems der Arbeitsteilung geschaffen wurden, dem objektiven Prozeß der Wertbildung des gesellschaftlichen Gesamtprodukts. Diese Schlußfolgerung steht in vollem Einklang mit ihrer Ausgangsposition, weil der Begriff der vergangenen Arbeit und des übertragenen Wertes von ihnen unmittelbar mit der Erzeugung von Produktionsmitteln außerhalb des betrachteten Produktionsgliedes verbunden wird und zugleich auf die Ignorierung einer bestimmten Zeitperiode als Maß für den gesellschaftlichen Produktionsprozeß gegründet ist. Sofern dieser Irrtum überwunden wird, wird klar, daß das System der Spezialisierung der gesellschaftlichen Produktion, das die Vielfalt und den Reichtum an Stadien in der Bewegung der Arbeitsgegenstände begründet, keine direkte Beziehung zum Prozeß der Formierung des Ersatzfonds hat und keinen direkten Einfluß auf den Umfang des auf das Produkt der Abteilung I übertragenen Wertes haben kann. Wie weit sich auch der Weg der Produktionsmittel infolge der Spezialisierung des Produktionsprozesses verlängern möge, jene Wertgröße, die bereits in ihnen verkörpert ist, kann keinen unmittelbaren Veränderungen mehr unterliegen. Das alles bedeutet natürlich nicht, daß die Spezialisierung der Produktion, die die Bewegung der Arbeitsgegenstände durch viele Stadien verursacht, überhaupt keinen Einfluß auf den Umfang des übertragenen Wertes in der Abteilung I hat. Davon ist jedoch später die Rede.

Im Gegensatz zu den Anhängern dieser Ansichten heben die Verfechter der zweiten Konzeption bei der Bestimmung der Natur des in das gesellschaftliche Produkt übertragenen Wertes als Ausgangsthese die Zeit als Merkmal hervor. Sie sehen dabei den Jahresproduktionsprozeß und das jährliche Produkt der Gesellschaft. Ihrer Ansicht nach ist der Wert, der in das gesellschaftliche Produkt übertragen wird, der Wert der im Verlauf eines Jahres verbrauchten Produktionsmittel, die vor Beginn des laufenden Jahres hergestellt worden sind. A. Petrov schrieb z. B.: „Der Vorrat an Produktionsmitteln, der im gegebenen Jahr in den produktiven Verbrauch eintritt, stelle die Summe der übertragenen vergangenen Arbeit dar. In diese Größe muß die Amortisation der Produktionsgrundfonds eingehen, die zu Beginn des Jahres vorhanden waren."[27] Die Berücksichtigung eines festgelegten Zeitab-

[27] A. Petrov, O metode učeta produkcii promyšlennosti, in: Problemy nauki, Nr. 5/1939, S. 87; Nr. 2/1962, S. 15. Nicht alle Anhänger dieser Ansichten fassen den Umfang der vergangenen Arbeit gleichwertig auf. So unterstellt E. Gromov, daß der übertragene Wert im jährlichen Produkt gleich dem Wert der in der Produktion verbrauchten Arbeitsmittel ist (siehe Vosproizvodstvo konečnogo obščestvennogo produkta SŠA, Moskau 1966, S. 30). Recht hat unserer Ansicht nach S. Šatalin, der die Notwendigkeit hervorhebt, in den übertragenen Wert außer dem Wert der vernutzten Arbeitsmittel auch den Wert der akkumulierten und in der Produktion verbrauchten Arbeitsgegenstände sowie den Wert importierter Produktionsmittel, die von den Erlösen des

schnittes ist bei der Bestimmung des Charakters des in das Produkt übertragenen Wertes methodologisch richtig, weil es nur so möglich ist, den übertragenen und den neugeschaffenen Wert innerhalb des gesellschaftlichen Produktes zu bestimmen. Warum soll man jedoch den in das Jahresprodukt übertragenen Wert lediglich auf die Wertgröße der Vorräte an Arbeitsgegenständen und auf die Amortisation der Grundfonds, die zu Beginn des Jahres vorhanden waren, beschränken? Der Umfang der Vorräte an Arbeitsgegenständen ist ja zu Beginn des Jahres wesentlich geringer als der Umfang der faktisch im Laufe des Jahres verbrauchten Arbeitsgegenstände. Das bedeutet, daß der überwiegende Teil der verbrauchten Arbeitsgegenstände das Produkt der laufenden Produktion ist. Außerdem verkörpert sich das Produkt der Gesellschaft letzten Endes materiell hauptsächlich in Arbeitsmitteln und Gebrauchsgütern.[28] Wenn aber für deren Herstellung außer dem Vorrat an Arbeitsgegenständen ein überwiegender Teil an Arbeitsgegenständen verbraucht wird, der Produkt des laufenden Jahres ist, so fragt sich, warum man einen bestimmten Teil des Wertes der letzteren nicht ebenfalls in den übertragenen Wert der Produktionsmittel und der Gebrauchsgegenstände einbeziehen soll? Im Wert der im laufenden Produktionsprozeß hergestellten und in ihm verwendeten Arbeitsgegenstände ist ja ebenfalls übertragener Wert, d. h. Wert jener Produktionsmittel enthalten, die aus dem Vorrat zu Beginn des Jahres geliefert wurden. Mit welcher Begründung soll man deren Wert aus dem übertragenen Wert des jährlichen Produkts der Gesellschaft ausschließen?

Die Aufgabe besteht auch darin zu klären, wie sich der übertragene Wert jenes Teils der Arbeitsgegenstände herausbildet, der im laufenden Arbeitsprozeß geschaffen wird und im Jahresproduktionsprozeß für die Erzeugung von endgültigen Gebrauchswerten verwandt wird. Die Einengung des in das gesellschaftliche Produkt übertragenen Wertes lediglich auf den Wert der Produktionsmittel zu Beginn des Jahres kann zu

Exportes vergangener Jahre bezahlt wurden, einzuschließen (siehe S. S. Šatalin, Proporcional'nost' obščestvennogo proizvodstva, Moskau 1968, S. 33).

[28] Wir sehen von der Produktion für Verteidigungszwecke ab.

einer Unterbewertung des Umfangs des übertragenen Werts im gesellschaftlichen Produkt führen, weil ein bedeutender Teil des Wertes der Arbeitsgegenstände, die in der laufenden Produktion geschaffen werden, die aber Träger von Wert sind, überhaupt aus dem Gesichtsfeld verschwindet.

Eine besondere Frage bildet der übertragene Wert im Produkt der Abteilung II. Das Produkt der Abteilung II, betrachtet im Durchschnitt der Jahresproduktion, tritt als materieller Träger von Einkommen auf und kann durch seine Naturalform nicht die in den vergangenen Jahren akkumulierten Vorräte an Produktionsmitteln ersetzen. Auf dieser Grundlage wird manchmal behauptet, daß der Wert des konstanten Kapitals im Jahresprodukt nur dem übertragenen Wert des Produktes der Abteilung I gleich ist. Man meint, wenn der Wert des konstanten Kapitals, der im jährlichen Produkt der Gesellschaft vergegenständlicht ist, im Gegensatz zum Einkommen erscheint, daß er sich dann nur in dem Teil des Produktes ausdrückt, der ständig zur Produktion gehört und niemals im Verbrauch außerhalb der Produktion erscheint. Dann ergibt sich jedoch, daß dieser Teil dem Wert gleich ist, der in vergangenen Jahren geschaffen wurde. Der Wert des konstanten Kapitals, der in Konsumtionsmitteln vergegenständlicht ist (Produkt der Abteilung II), wird durch den Wert ersetzt, der in der Abteilung I neugeschaffen wurde. Damit wird für die Gesellschaft als Ganzes der Wert des konstanten Kapitals im Jahresprodukt nur durch den übertragenen Wert der Abteilung I repräsentiert. Dabei stützt man sich auf den folgenden Gedanken von Karl Marx: „Ersetzt in der Realität wird das capital constant dadurch, daß es stets neu produziert wird und sich zum Teil selbst reproduziert. Bezahlt aber wird der in das consumable Produkt eingehende Teil des capital constant aus der in die nicht consumablen Produkte eingehenden lebendigen Arbeit. Weil diese Arbeit sich nicht in ihren eigenen Produkten zahlt, kann sie das ganze consumable Produkt in Revenue auflösen."[29]

Aber wovon spricht Marx hier? Indem er hervorhebt, daß der in der Abteilung I neugeschaffene Wert nicht durch sein

[29] K. Marx, Theorien über den Mehrwert, Erster Teil, in: Marx/Engels, Werke, Bd. 26, 1, S. 117.

eigenes Produkt bezahlt werden kann, weil dieses nicht Konsumtionsmittel ist, stellt er fest, daß das gesamte, für den Verbrauch bestimmte Produkt sich in Revenue auflösen kann. Es folgt, daß ein Teil des Produktes der Abteilung I, in dem die neuhinzugefügte Arbeit vergegenständlicht ist, seiner Naturalform nach in Wirklichkeit konstantes Kapital ist, d. h. als konstantes Kapital dienen kann, wenngleich es seinem Wert nach Revenue ist. Umgekehrt ist das konstante Kapital der Abteilung II nur dem Wert nach solches und seiner Naturalform nach Revenue. Gerade deshalb ersetzt dieser Teil des Produktes der Abteilung II, d. h. das konstante Kapital in natura, den neugeschaffenen Wert der Abteilung I. Ist das Grund zu der Annahme, daß der in das gesellschaftliche Produkt übertragene Wert nur das konstante Kapital der Abteilung I ist? Ohne Frage ist hier die Rede vom besonderen Charakter des Ersatzes des konstanten Kapitals in der Abteilung I. Das kann jedoch nicht als Grundlage für eine Begrenzung des in das Produkt übertragenen Wertes von konstantem Kapital in Abteilung I dienen. Wenn hier auch gezeigt wird, daß das gesamte, für den Verbrauch geeignete Produkt sich in Revenue auflösen kann, so wird aber nirgends behauptet, daß es seinem Wert nach sich wirklich in Revenue auflöst. Mehr noch, Marx hat speziell unterstrichen, daß nur das variable Kapital und der Mehrwert das Einkommen der Gesellschaft bilden. Er schrieb: „Der ganze Teil des jährlichen Produkts, der als variables Kapital die Revenue der Arbeiter und als surplus produce den Konsumtionsfonds der Kapitalisten bildet, löst sich also auf in neuzugesetzte Arbeit, während der ganze übrige Teil des Produkts, der konstantes Kapital vorstellt, sich bloß in erhaltne alte Arbeit auflöst und bloß konstantes Kapital ersetzt.“ [30]

Die Abteilung I unterscheidet sich nicht dadurch von der Abteilung II, daß im ersten Falle im Wert des Produktes übertragener Wert enthalten ist und daß dieser im zweiten Falle scheinbar nicht existiert. In Wirklichkeit unterscheidet sich das konstante Kapital der Abteilung II vom konstanten Kapital der Abteilung I nur dadurch, daß es seine Naturalform

[30] K. Marx, Theorien über den Mehrwert, Dritter Teil, in: Marx/Engels, Werke, Bd. 26/3, S. 246.

periodisch wechselt. Als konstanter Kapitalwert verläßt es jedoch die Abteilung II nicht und ist in diesem Sinne genauso Bestandteil des Wertes des Gesamtproduktes wie auch das konstante Kapital der Abteilung I. Außerdem gibt es innerhalb der Produktionsfonds der Abteilung II auch Grundfonds, deren Wert im Maße ihrer Abnutzung in das Produkt dieser Abteilung übertragen wird. Dieser Wert muß nicht immer in natura durch einen Teil des Produkts der Abteilung I ersetzt werden. Auf welcher Grundlage sollte man diesen Teil des Produktes bezüglich seines Wertes zum Einkommen rechnen? Wir sind der Ansicht, daß es dafür keinerlei Grundlage gibt.

KAPITEL 7

Über die Gesetzmäßigkeiten der Bereitstellung der jährlichen materiellen Aufwendungen in Abteilung I der gesellschaftlichen Produktion. Der Wertumfang des Produktes

Über die Kennziffern Brutto- und Endprodukt

Unter den Bedingungen der sozialistischen Produktion hat ein System von Kennziffern besondere Bedeutung, das den objektiven Inhalt des Wertumfanges des gesellschaftlichen Produkts und vor allem des Umfangs des in der Abteilung I übertragenen Wertes richtig zum Ausdruck bringt.

Wie bekannt, wird in der statistischen Praxis der Wertumfang des gesellschaftlichen Produktes auf der Grundlage der Kennziffer Bruttoproduktion berechnet, die nach der Betriebsmethode festgestellt wird, d. h. durch Summierung der Bruttoproduktion der einzelnen Betriebe. Viele Ökonomen sind der Ansicht, daß diese Methode die einzig richtige ist. Andere vermerken im Gegensatz dazu die Unzulänglichkeiten dieser Kennziffer und meinen, daß die beste Methode die Berechnung des Produkts auf der Basis des Finalproduktes wäre, was gleich ist dem neugeschaffenen Wert plus Wert der Vorräte an Arbeitsgegenständen plus Amortisation der Grundfonds, die zu Beginn des Jahres vorhanden waren. Es ist unschwer zu erkennen, daß den verschiedenen Kennziffern, die den Wertumfang des Produktes widerspiegeln, die oben angeführten Konzeptionen über den Charakter des in das Produkt übertragenen Wertes zugrunde liegen. Die erste bildet die theoretische Grundlage für die Begründung der Kennziffer nach dem Bruttoprodukt und die zweite die Grundlage der Kennziffer nach dem Finalprodukt. Die grundlegenden theoretischen Aspekte dieser Ansichten sind in allgemeinster Form bereits behandelt worden. Daher verweilen wir etwas eingehender beim Mechanismus zur Bildung des Wertumfangs des Produkts und vor allem des Ersatzfonds im Zusammenhang mit den Kennziffern Brutto- und Endprodukt.

Wie sieht das Modell zur Bildung des Wertumfanges des gesellschaftlichen Produktes, insbesondere des Ersatzfonds für die Abteilung I auf der Basis der Kennziffer Bruttoprodukt, nach der Betriebsmethode berechnet, aus? Die Anhänger dieser Kennziffer illustrieren den Mechanismus zur Bildung des Wertumfangs des Produktes gewöhnlich durch folgendes Schema[31]:

Schema 1

Aufeinanderfolgende Produktionsstadien	übertragener Wert			Neuwert (Nettoproduktion)	Wert der Produktion
	Rohstoff und Material	Amortisation	zusammen		
erstes Stadium	10	10	20	80	100
zweites Stadium	100	10	110	100	210
drittes Stadium	210	10	220	100	320
viertes Stadium	320	10	330	220	550
Wert der Produktion	640	40	680	500	1180

In dem Schema werden vier aufeinanderfolgende Stadien der gesellschaftlichen Produktion betrachtet. Dabei entspricht das erste Stadium der extraktiven Industrie, in der 10 Einheiten Rohstoffe und Material benötigt werden, die zu Beginn des Jahres vorhanden sind, sowie 10 gleiche Einheiten Verschleiß an Grundfonds; der neugeschaffene Wert beträgt 80 Einheiten und der Wert des gesamten Produkts 100 Einheiten. Das Gesamtprodukt dieses Stadiums geht als Arbeitsgegenstand in das nächste Produktionsstadium ein und, wie aus dem Schema ersichtlich, bildet dieser gesamte Wert zusammen mit dem Wert für den Verschleiß der Grundfonds im zweiten Stadium den übertragenen Wert nicht nur des Produkts des zweiten Stadiums, sondern auch des gesamten gesellschaftlichen Produkts. Weil der neugeschaffene Wert im zweiten Stadium 100 Einheiten beträgt, beträgt der Wert des Produkts dieses Stadiums 210 Einheiten. Diese 210 Werteinheiten bilden zusammen mit dem Wert des Grundfondsverschleißes im dritten Stadium den übertragenen Wert

[31] Siehe Voprosy ekonomiki, Nr. 5/1962, S. 99–102.

im Produkt dieses Stadiums und gleichzeitig das Element des übertragenen Werts im gesamten gesellschaftlichen Produkt usw.

Das angeführte Schema ist eine anschauliche Illustration der theoretischen Vorstellungen von der Natur des in das gesellschaftliche Produkt übertragenen Wertes, von denen die Rede war. Der übertragene Wert wird hier unabhängig von einer bestimmten festgelegten Zeitspanne behandelt. Die vergangene Arbeit wird als Gesamtarbeit betrachtet, die zur Herstellung von Produktionsmitteln außerhalb des vorliegenden Produktionsstadiums verausgabt wurde. Jedes Stadium wird als besonderes Glied im System der gesellschaftlichen Arbeitsteilung dargestellt.

Wie aus dem Schema hervorgeht, ist die Wertstruktur des Produktes mit 1180 Einheiten aus 680 c + 500 (v + m) zusammengesetzt. Wie aber ergibt sich der Wertumfang des Ersatzfonds mit 680 Einheiten? Dieser ergibt sich durch eine wiederholte Zählung der gleichen Wertelemente. In unserem Beispiel beträgt der wiederholt berücksichtigte Wert 630 Einheiten. Dabei ist charakteristisch, daß etwa die Hälfte davon neugeschaffener Wert der ersten drei Stadien ist. Auf diese Weise erfüllt ein bedeutender Teil des neugeschaffenen Wertes des gesellschaftlichen Produktes (280 von 500 Einheiten) im Verlauf der gleichen Zeitspanne (sie beträgt 1 Jahr) im Prozeß der Reproduktion zwei völlig verschiedene ökonomische Funktionen, nämlich die Funktion des übertragenen und die Funktion des neugeschaffenen Wertes.

Wie bereits gesagt, verkörpert ein Teil des Wertes des Produktes, in dem übertragener Wert enthalten ist, in der naturalen Form Produktionsmittel und ersetzt in natura die im Jahresproduktionsprozeß verbrauchten Produktionsmittel. Ein anderer Teil des Produktes, in dem Neuwert enthalten ist, stellt sich in Konsumtionsmitteln dar und erfüllt eine seiner Naturalform entsprechende Funktion. Wenn aber ein bedeutender Teil des neugeschaffenen Wertes gleichzeitig sowohl als Wert des Nettoproduktes als auch als übertragener Wert von Produktionsmitteln auftritt, dann muß die Gesellschaft praktisch 280 Einheiten in Gestalt von Produktionsmitteln ersetzen, die in Wirklichkeit nicht im jährlichen Produktionsprozeß verbraucht worden sind.

Natürlich kann der neugeschaffene Wert im jährlichen Produktionsprozeß in verschiedenen Naturalformen auftreten, wie z. B. in Form von Produktionsmitteln (v + m) der Abteilung I, aber auch in Form von Konsumtionsmitteln (v + m) der Abteilung II. Das sind jedoch verschiedene Naturalformen des neugeschaffenen Wertes. Ein und dieselbe Größe des neugeschaffenen Wertes kann jedoch im Verlauf einer bestimmten festgelegten Zeitperiode nicht durch zwei verschiedene Naturalformen dargestellt werden, die eine prinzipiell verschiedene Rolle spielen. Weil der jährliche Produktionszyklus vorausbestimmt wird, ist damit bereits die Bestimmung der Wertelemente des Produktes für das ganze Jahr festgelegt. Das bedeutet, daß der neugeschaffene Wert, in welchem Stadium der Produktion von Produktionsmitteln er auch immer geschaffen wird, bis zum Ende des Jahreszyklus als solcher erhalten bleibt. Nur zu Beginn des folgenden Jahreszyklus tritt ein Teil des neugeschaffenen Wertes, der in Produktionsmitteln verkörpert ist, nach Austausch gegen einen Teil des Wertes des Produktes der Abteilung II als übertragener Wert im nächsten Produktionszyklus in dieser Abteilung II in Erscheinung.

Dabei ändert sich an der Sachlage nichts, wenn wir anstelle einer Jahresperiode für die Produktion irgendeinen anderen Zeitabschnitt betrachten. Wenn jedoch der neugeschaffene Wert, der in Produktionsmitteln erscheint, in seiner Naturalform in Abteilung II übergeht und er gegen einen Wert der in dieser Abteilung genutzten Produktionsmittel ausgetauscht wird, der in Naturalform als Konsumtionsmittel vorliegt, welchen Grund gibt es dann dafür, diesen Teil des Wertes des Produkts doppelt zu zählen, einmal als neugeschaffenen Wert der Abteilung I und das andere Mal als übertragenen Wert der gleichen Abteilung?

Wir wollen jedoch von einer anderen Seite an diese Frage herangehen. Unterstellen wir, daß im Verlauf eines bestimmten Produktionszyklus für die Produktion von Roheisen eine bestimmte Menge Kohle und Eisenerz gewonnen und verbraucht wurde. Das Roheisen seinerseits gelangte als Rohstoff in die Stahlproduktion. Schließlich gelangte der Stahl in einen Maschinenbaubetrieb, und es wurden daraus 10000 spanabhebende Werkzeugmaschinen gefertigt. Wie müßte man in diesem Falle den Wertumfang des Endproduktes bestimmen, insbesondere den Umfang des in das Produkt übertragenen Wertes?

Unter Benutzung der vorgeschlagenen Methode zur Bestimmung des Wertumfangs des gesellschaftlichen Produktes müßten wir den Wert von Kohle und Erz, von Roheisen und Stahl summieren, und wir erhielten den Umfang des in die spanabhebenden Werkzeugmaschinen übertragenen Wertes. Hinzufügen müßte man den neugeschaffenen Wert, der im

Maschinenbau und in den vorangegangenen Stadien erzeugt wurde. Auf diese Weise erhielten wir den Wertumfang der 10000 spanabhebenden Werkzeugmaschinen, also z. B. 1 Million Werteinheiten. In diesem Falle wäre jede Werkzeugmaschine Träger von 100 Werteinheiten.

Unterstellen wir nun, daß im Produktionsprozeß der Werkzeugmaschinen sich die Spezialisierung entwickelt und infolgedessen die Anzahl von Stadien, die der Arbeitsgegenstand durchläuft, beginnend von der Gewinnung des Ausgangsrohstoffes bis zur Produktion des Endproduktes, sich vergrößert. Unterstellen wir, daß die Arbeitsgegenstände gegenüber früher vier Stadien jetzt sechs Stadien durchlaufen. Dabei bleibt die Anzahl der hergestellten Werkzeugmaschinen gleich. Was verändert sich in diesem Falle? Der gesamte Wert der Produktion des vierten Stadiums tritt jetzt als materielle Aufwendungen in das fünfte Stadium ein; dazu wird hier der Neuwert hinzugefügt. Der so gebildete Wert des Produktes des fünften Stadiums tritt als materielle Aufwendung in das sechste und letzte Stadium ein. Hier wird der in diesem Stadium neugeschaffene Wert hinzugefügt, und all das wird in den Wert der spanabhebenden Werkzeugmaschinen einbezogen. Man braucht sich nicht zu wundern, daß die gleiche Menge an Endprodukt sich jetzt als Träger von ungleich höherem Wert erweist. Es ergibt sich, daß der Prozeß der Spezialisierung, der seiner Natur nach ein Mittel zur Steigerung der gesellschaftlichen Produktivität der Arbeit ist, zu einem völlig unerwarteten Resultat geführt hat, nämlich zum Anwachsen der Werteinheiten des Endproduktes. Und das müßte seinerseits unausweichlich zum Steigen der Preise führen, weil die Berechnung der Aufwendungen an gesellschaftlicher Arbeit im Sozialismus in Form des Preises erfolgt.

Warum erhielten wir ein solches Ergebnis? Weil die Methode zur Bestimmung des Wertumfanges des gesellschaftlichen Produkts auf der Grundlage der Bruttoproduktion, die nach der Betriebsmethode berechnet wird, eine wiederholte Zählung der gleichen Wertelemente des Produktes mit sich bringt und vor allem eine wiederholte Berücksichtigung des neugeschaffenen Wertes, wodurch der Umfang des in das Produkt übertragenen Wertes wesentlich wächst. Weil aber die sozialistische Produktion durch einen intensiven technischen

Fortschritt und auf dieser Grundlage durch ein schnelles Wachstum der Spezialisierung der Produktion gekennzeichnet ist, ergibt sich trotz entgegenwirkender Faktoren eine steigende Tendenz des Berechnungskoeffizienten.

Es muß bemerkt werden, daß einige besonders konsequente Anhänger der Bestimmung des Wertumfangs des Produkts auf der Grundlage der Kennziffer Bruttoprodukt den Begriff der wiederholten Berechnung überhaupt bestreiten. Nach ihrer Ansicht „werden im gesellschaftlichen Gesamtprodukt vollkommen reale und selbständige Gebrauchswerte summiert, die in verschiedenen primären Gliedern der gesellschaftlichen Arbeitsteilung, darunter in Betrieben der Eisenerzindustrie, der Schwarzmetallurgie und des Maschinenbaues, geschaffen werden. Hier gibt es keinerlei wiederholte Zählung des Gebrauchswertes von Eisenerz. ... In Übereinstimmung damit werden auch im Gesamtwert des gesellschaftlichen Produktes die Werte selbständiger Gebrauchswerte summiert, die auf der Grundlage der historisch entstandenen gesellschaftlichen Arbeitsteilung geschaffen werden, darunter die Werte von Eisenerz, Walzmaterial und Schwarzmetallen sowie Maschinen."[32] Das wäre jedoch nur dann richtig, wenn die einzelnen Glieder im System der Arbeitsteilung selbständige Gebrauchwerte, völlig unabhängig voneinander, ohne Beziehung zueinander, schaffen würden. Aber gerade das widerspricht dem historisch entstandenen System der gesellschaftlichen Arbeitsteilung, in dem nicht ein Glied der Produktion selbständige Gebrauchswerte schaffen kann, ohne für deren Herstellung andere Gebrauchswerte zu benutzen, die in anderen Gliedern der gesellschaftlichen Arbeitsteilung hergestellt worden sind.

Eisenerz ist ein selbständiger Gebrauchswert. Es wird jedoch mit Hilfe von Maschinen gewonnen, die aus Metall hergestellt sind. Seinerseits ist das Erz Rohstoff für die Herstellung von Metall, das danach als Arbeitsgegenstand in den Maschinenbau gelangt. Es folgt, daß das Erz, das Metall und die Maschinen zwar Produkte verschiedener Glieder der Arbeitsteilung sind und in diesem Sinne als selbständige Gebrauchswerte auftreten, daß aber diese Selbständigkeit mehr relativ

[32] Voprosy ekonomiki, Nr. 3/1963, S. 101.

ist. Wenn wir das Eisenerz als selbständigen Gebrauchswert berücksichtigen, dann sind wir gehalten, auch die Maschinen, die für die Gewinnung des Erzes benutzt werden, und das Metall, das für diese Maschinen verbraucht wurde, zu berücksichtigen. Gerade deshalb findet der Wert aller dieser Elemente, die für die Erzproduktion verwendet werden, im Wert des Erzes seinen Ausdruck. Die Gesellschaft muß genau wissen, wieviel Arbeit in Wirklichkeit für die Produktion von Erzen, Metall und Maschinen verausgabt wurde. Wenn wir jedoch die gesamte Arbeit, die für die Herstellung des Erzes (und darunter auch die Arbeit für die Produktion der entsprechenden Maschinen, die für die Erzgewinnung gebraucht werden, sowie die Arbeit für die Produktion des Metalles, aus denen diese Maschinen hergestellt werden), als Wert der materiellen Aufwendungen in der Metallurgie berücksichtigen, in die das Eisenerz gelangt, so ist es unausbleiblich, daß einzelne Wertelemente des Erzes mehrfach berechnet werden, wodurch der Anteil der Materialaufwendungen in der metallurgischen Industrie und die gesamte Größe des auf diese Weise wiederholt berechneten Wertes überhöht ausgewiesen werden.

Unterstellen wir, daß das erste Stadium im Schema der Gewinnung von Erz entspricht, das den Wert von 100 Einheiten hat. Diese 100 Einheiten, die als Wert des Erzes berücksichtigt werden, werden als materielle Aufwendung im zweiten Stadium, in das das Erz als Rohstoff eintritt, nochmals berücksichtigt. Im Ergebnis erhalten wir ein Produkt des zweiten Stadiums, sagen wir Metall, in dessen übertragenem Wert der gesamte Wert des Erzes berücksichtigt wird. Daraus folgt, daß der gesamte Wert des Erzes einmal als Wert des Erzes berechnet wird und ein zweites Mal als Teil des Wertes des Metalls. Natürlich muß im übertragenen Wert des Metalls in einem gewissen Umfang auch der Wert des Erzes berücksichtigt werden. Weil es sich aber um Metall als Produkt der Abteilung I handelt, kann in seinem übertragenen Wert jener Teil des Wertes des Erzes nicht wirken, der das Ergebnis neu eingesetzter Arbeit ist. Gerade die Berücksichtigung dieses Wertteils des Erzes im übertragenen Wert des Metalles bringt die wiederholte Berechnung des Wertes zustande. Deshalb muß man die Versuche, eine wiederholte Berechnung des Wertes im übertragenen Wert des Produktes der Abteilung I infolge Summierung aller Wertelemente der Arbeitsgegenstände in Abrede zu stellen, als unbegründet zurückweisen.

Die Berücksichtigung des neugeschaffenen Wertes als materielle Aufwendung der Abteilung I ist insofern unbegründet, als die gleiche Wertgröße zu einem Teil als Preis für das fertige Produkt und zum andern auch als Einkommen der Produzenten der Arbeitsgegenstände in Erscheinung tritt. In Wirklichkeit beträgt der im ersten Stadium neugeschaffene Wert 80 Einheiten. Gleichzeitig tritt er als Element des übertragenen Wertes, und folglich auch des Preises, im Produkt des zweiten Stadiums in Erscheinung. Der neugeschaffene Wert des zweiten Stadiums (100 Einheiten) tritt seinerseits wiederum auch als Teil des übertragenen Wertes im Produkt des dritten Produktionsstadiums in Erscheinung.

Auf diese Weise muß die Gesellschaft einen Teil des Wertes bezahlen, der in der Rubrik Nettoprodukt rangiert, und gleichzeitig den gleichen Wertteil des Produktes, der in der Rubrik materielle Aufwendungen für die Produktion enthalten ist. Weil aber das Einkommen eines Produktionsstadiums als Element der materiellen Aufwendungen in das zweite Produktionsstadium eingeht, kann es nicht schon als Einkommen des ersten Stadiums erscheinen.

Die Bestimmung des Wertumfanges des Produktes auf der Grundlage der Kennziffer Bruttoproduktion ist auch in der Hinsicht unbefriedigend, als in diesem Falle das Verhältnis der Wertelemente des Produkts der Abteilung I und der Abteilung II sich in Widerspruch zur Grundbedingung der Proportionalität bei einfacher Reproduktion befindet. Anders ausgedrückt, das Verhältnis der Wertelemente von Abteilung I und Abteilung II widerspricht dem Grundprinzip, das von Marx dem Schema der einfachen Reproduktion zugrunde gelegt wurde.

Im Ergebnis kommen wir zu der Schlußfolgerung, daß die Bestimmung des Wertumfanges des gesellschaftlichen Produkts, und besonders des Umfangs des Ersatzfonds in der Abteilung I, auf der Grundlage der Kennziffer Bruttoprodukt sich im Widerspruch zu den Grundthesen der wissenschaftlichen Reproduktionstheorie befindet. Bei einer solchen Bestimmungsmethode des Wertumfanges wird der Unterschied zwischen dem Wert der Produktionsmittel, der sich nur im Wert des Produktes zeigt (der aber nicht durch die laufende Arbeit der Gesellschaft produziert und reproduziert wird), und dem Wert jener Produktionsmittel, in denen neugeschaffener Wert verkörpert ist, verwischt. Die Summierung der Werte der Produktion einzelner Betriebe, die in den ökonomischen Kreislauf eintreten, führt zur Verzerrung des Umfanges des Ersatzfonds, weil ein bedeutender Teil des neugeschaffenen Wertes mehrfach berechnet wird. Das kann die Planungsorgane bei der Lösung solcher Fragen desorientieren, die kardinale Bedeutung für die Volkswirtschaftsplanung haben. Auf der Grundlage dieser Kennziffer kann man weder eine richtige Vorstellung von der Zweigsstruktur des gesellschaftlichen Produktes erhalten, von der Dynamik seines physischen Umfangs, noch von der Dynamik der Produktivität der gesellschaftlichen Arbeit, vom Koeffizienten „Fonds-Produkt", der große Bedeutung zur Bestimmung der Effektivität von Investitionen hat usw.

Heißt das jedoch, daß die Kennziffer Bruttoprodukt überhaupt nichts taugt und für die Praxis der Volkswirtschaftsplanung nicht genutzt werden kann? Eine solche Schlußfolgerung wäre natürlich fehlerhaft. Diese Kennziffer widerspiegelt bestimmte objektive Beziehungen und Verhältnisse, die im System der sozialistischen Produktion entstanden sind. Im besonderen widerspiegelt sie die Bewegung des gesellschaftlichen Produktes im Prozeß seiner Schaffung in den einzelnen Betrieben, die die Ausgangszellen der gesamten gesellschaftlichen Produktion sind. Es werden darin die Verbindungen der Betriebe innerhalb der Zweige und zwischen den einzelnen Zweigen fixiert, und es wird der Prozeß des gegenseitigen Austauschs der Tätigkeiten zwischen verschiedenen spezialisierten Gliedern der gesellschaftlichen Produktion widerspiegelt. Daher bildet die Kennziffer Bruttoproduktion die Grundlage für die Ausarbeitung der Bilanz der Beziehungen zwischen den Zweigen, die als wichtiges Mittel zur Analyse des Reproduktionsprozesses auf der Grundlage mathematischer Methoden und der modernen Rechentechnik dient.

Diejenigen Ökonomen befinden sich in einem großen Irrtum, die vorschlagen, die Kennziffer Bruttoprodukt überhaupt über Bord zu werfen und sie durch andere zu ersetzen.

Keine andere Kennziffer kann jene realen Prozesse zum Ausdruck bringen, die sich in der gesellschaftlichen Reproduktion vollziehen und darin fixiert werden. Die Ignorierung dieser Kennziffer könnte nur dem System der volkswirtschaftlichen Berechnung und Planung Schaden zufügen. Bei Anerkennung der großen Rolle der Kennziffer Bruttoproduktion darf man jedoch nicht in das andere Extrem verfallen und ihre Bedeutung generalisieren. Man muß die objektiven Grenzen ihrer Anwendbarkeit in der Praxis der Volkswirtschaftsplanung sehen. Außer den Beziehungen, die in der Kennziffer Bruttoprodukt fixiert sind, existieren auch andere Reproduktionsbeziehungen, die in dieser Kennziffer keine Widerspiegelung finden. Deshalb besteht die Aufgabe nicht darin, die Kennziffer Bruttoprodukt abzuschaffen, sondern darin, sie durch andere zu ergänzen. Die Kennziffer Bruttoprodukt und die auf ihrer Grundlage aufgestellten Verflechtungsbilanzen zwischen den Zweigen widerspiegeln insbesondere nicht die Wechselwirkung und den wechselseitigen Ersatz der naturalwertmäßigen Elemente des Produktes. Diese Wechselwirkung kann nur in einer Bilanz der erweiterten Reproduktion widergespiegelt werden.

Die angeführte zwischenzweigliche Bilanz enthält nicht die notwendigen Werte, die es gestatten, Gleichungen aufzustellen, die die Bedingungen einer bilanzierten erweiterten Reproduktion ausdrücken. Deshalb darf man die zwischenzweigliche Bilanz und das Modell der erweiterten Reproduktion nicht identifizieren. Eine zwischenzweigliche Bilanz widerspiegelt auch die Klassifikation der Elemente des Produktes nach der sachlichen und der wertmäßigen Zusammensetzung nicht, die einem Modell der erweiterten Reproduktion zugrunde liegt.

Außerdem wird die Größe der materiellen Aufwendungen in der zwischenzweiglichen Bilanz durch eine Methode bestimmt, die der Bestimmung des wertmäßigen Umfanges der Bruttoproduktion zugrunde liegt. In diesem Falle gelangt auch der neugeschaffene Wert in die materiellen Aufwendungen jedes Produktes. Und das widerspricht dem Modell der erweiterten Reproduktion von Marx.

Das Modell der erweiterten Reproduktion hat selbständige Bedeutung in der Praxis der volkswirtschaftlichen Planung.

Es ersetzt die zwischenzweiglichen Bilanzen nicht, sondern ist im Gegenteil ihre weitere Entwicklung, eine qualitativ neue Form der planmäßigen Organisation des Prozesses der gesellschaftlichen Reproduktion. Die Kennziffer Bruttoprodukt kann dafür jedoch nur begrenzte Bedeutung haben. Hier sind andere Kennziffern notwendig, vor allem aber solche, die die tiefen Prozesse der Wechselwirkung zwischen den natural-wertmäßigen Elementen des Produktes zum Ausdruck bringen.

Insbesondere hat die Bestimmung des realen Umfangs der einzelnen strukturellen Wertelemente des Produkts entscheidende Bedeutung, vor allem der Umfang des Ersatzfonds, unter Ausschaltung der wiederholten Berechnung, wodurch es möglich wäre, den Umfang des übertragenen und des neugeschaffenen Wertes so zu bestimmen, wie dieser objektiv im Verlauf der Reproduktion gebildet wird. Vielleicht kann aber die Kennziffer Endprodukt dazu dienen? Um auf diese Frage zu antworten, ist es notwendig, sich mit dem Mechanismus zur Bildung des Umfangs verschiedener Wertelemente des Produkts auf der Grundlage einer Methode zu befassen, die von den Anhängern der Kennziffer Endprodukt vorgeschlagen wird.[33]

Der Bildungsmechanismus des Wertumfangs des gesellschaftlichen Produkts, insbesondere des Umfangs des Ersatzfonds, ist auf der Grundlage dieser Kennziffer sehr einfach. Als in das Jahresprodukt übertragener Wert wird der Wert des jährlichen Verschleißes von Arbeitsmitteln sowie der Wert der zu Beginn des Jahres notwendigen Arbeitsgegenstände gerechnet; alle übrigen Wertteile des Produktes werden zum Neuwert gerechnet. Daher kann man unter Benutzung der Werte des Schemas 1 folgende Struktur und folgenden Wertumfang des jährlichen Endproduktes erhalten:

$$50\,c + 500\,(v + m) = 550.$$

[33] Es muß unterstrichen werden, daß die Bedeutung des Terminus „Endprodukt", der gegenwärtig in der Literatur verwendet wird, nicht dem Inhalt entspricht, den Marx in diesen Begriff gelegt hat. Für Marx waren die Konsumtionsmittel das Endprodukt. Davon zeugen mit großer Bestimmtheit die Ausführungen in den „Theorien über den Mehrwert" (Siehe K. Marx, Theorien über den Mehrwert, Erster Teil, in: Marx/Engels, Werke, Bd. 26, 1, S. 113f.).

Anders ausgedrückt, besteht der Wertumfang des Produktes aus dem übertragenen Wert, der gleich ist dem Wert der benötigten Produktionsmittel (Arbeitsmittel und Arbeitsgegenstände), die zu Beginn des Jahres vorhanden waren, plus neu durch die jährliche Arbeit geschaffenen Wert.

Auf diese Weise wird der Wert der Arbeitsgegenstände, die zu Beginn des Jahres vorhanden waren, in den übertragenen Wert einbezogen, während der Wert der Arbeitsgegenstände, die in der jährlichen Produktion benötigt, aber im Laufe des Jahres hergestellt werden, in den Neuwert eingeht. Der in das jährliche Endprodukt übertragene Wert wird bei einfacher Reproduktion vornehmlich in Arbeitsmitteln und der Neuwert in Konsumgütern materialisiert.

Tatsächlich materialisieren sich die Endergebnisse der Jahresreproduktion der Gesellschaft hauptsächlich in Arbeitsmitteln und Gütern für den nichtproduktiven Verbrauch. Das bedeutet aber, daß der gesamte oder in jedem Falle aber der überwiegende Teil der Arbeitsgegenstände, der in der jährlichen Produktion verbraucht wird, sich zu einem Teil in Arbeitsmittel verwandelt und zu einem anderen in Gebrauchsgüter. Deshalb sind die Verfechter des Endproduktes auch der Ansicht, daß der Wert dieses Stroms von Arbeitsgegenständen nur einmal berechnet werden darf, und zwar im Wert jener Endergebnisse, für deren Herstellung sie verbraucht wurden. Wenn man die Arbeitsgegenstände als selbständiges Element berechnet, ergibt sich eine wiederholte Berechnung.

In welchem Umfang ist diese These richtig? Was bedeutet die wiederholte Berechnung in Wirklichkeit?

Es unterliegt keinem Zweifel, daß ein Teil der Arbeitsgegenstände sich letzten Endes in Arbeitsmittel verwandelt, während ein anderer als Konsumgüter erscheint. Gleichzeitig aber nehmen an der Produktion von Arbeitsmitteln die gleichen sachlichen und persönlichen Faktoren teil, die auch die Elemente des jährlichen Endproduktes erzeugen. Der jährliche Produktionsprozeß vollzieht sich in allen Gliedern gleichzeitig. Dabei erfolgt der Produktionsprozeß sowohl gleichzeitig als auch in einer bestimmten Aufeinanderfolge; das eine existiert nicht ohne das andere.

Kann man in diesem Zusammenhang die Behauptung als unbedingt richtig ansehen, daß ein und dieselben Elemente des Produktes wiederholt berücksichtigt werden, wenn man die Arbeitsgegenstände als selbständiges Element des Jahresproduktes betrachtet? Unserer Ansicht nach ist es unmöglich, auf diese Frage kategorisch zu antworten. Man muß zunächst untersuchen, was wiederholte Berechnung ist, was in Wirklichkeit wiederholt berechnet werden kann.

Vor allem die Arbeitsgegenstände, die unter der Sicht ihres Gebrauchswertes das Ergebnis des konkreten Charakters der Arbeit im laufenden Jahr darstellen, enthalten, wie auch alle anderen Produkte, sowohl übertragenen als auch neugeschaffenen Wert. Dabei stellt der übertragene Wert den Wert des Vorrates an Arbeitsgegenständen und die Abnutzung des Hauptteils der Produktionsfonds dar, die zu Beginn des Jahres vorhanden waren. Spricht man aber von der wiederholten Berechnung, dann darf man nicht nur von den Arbeitsgegenständen allgemein sprechen, die durch die konkrete Arbeit im laufenden Jahr geschaffen wurden, sondern muß von den verschiedenen Teilen ihres Wertes sprechen.

Nehmen wir an, in der Metallwarenproduktion werden Arbeitsgegenstände aus dem Vorrat des vergangenen Jahres verwandt. Das bedeutet, daß ein Teil des Wertes des Produktes dieser Produktion wirklich übertragener Wert ist, aufbewahrte vergangene Arbeit. Die Metallwaren gelangen in einen Betrieb, der Werkzeugmaschinen herstellt, und werden für die Herstellung von Werkzeugmaschinen verwendet. Aus dem Werkzeugmaschinen herstellenden Betrieb gehen umgekehrt Metallspäne in den Metallwaren-Betrieb, deren Wert dem übertragenen Wert der Metallerzeugnisse zur Herstellung der Werkzeugmaschinen gleich ist. Anders gesagt, der übertragene Wert der Metallerzeugnisse wird durch das Produkt einer anderen Produktion ersetzt, das ebenfalls übertragenen Wert darstellt. Wie muß man in diesem Falle den Wert der Metallwaren berechnen? Kann man die selbständige Berechnung von Metallerzeugnissen und Spänen, aus denen sie gefertigt werden, als wiederholte Berechnung ansehen? Unserer Meinung nach erfolgt in diesem Falle ein gegenseitiger Ersatz von Elementen übertragenen Wertes. Dabei erfüllt jedes Produkt eine völlig reale Funktion im Reproduktionsprozeß.

Ein anderes Beispiel. Eine bestimmte Menge Stoff, dessen Wert dem Wert der Lebensmittel der Arbeiter gleich ist, die ihn herstellen, gelangt in eine Textilfabrik. Aus dem Stoff werden Fertigerzeugnisse hergestellt, die dem Wert dieser Lebensmittel entsprechen. Kann man behaupten, daß die selbständige Berechnung dieser Gebrauchswerte eine wiederholte Berechnung darstellt? Das darf man nicht. Hier wie auch im ersten Falle geht ein wechselseitiger Austausch vonstatten: Jedes Produkt, das an dieser Operation teilnimmt, erfüllt eine völlig reale Funktion im Reproduktionsprozeß, die sowohl durch seinen Gebrauchswert als auch durch die in ihm vergegenständlichte Arbeit vorausbestimmt ist.

Anders liegen die Dinge, wenn z. B. ein Teil der Kohle, des Erzes, des Roheisens, des Stahls, der Walzwerkerzeugnisse und anderer Zwischenprodukte, in denen neugeschaffener Wert verkörpert ist, als ein Teil der materiellen Aufwendungen bei den Produktionsmitteln berechnet wird, für deren Herstellung sie verbraucht werden. Dabei geht kein gegenseitiger Ersatz vonstatten, weil man durch Produktionsmittel keinen Neuwert ersetzen kann, der in Form von Produktionsmitteln existiert. Dieser Teil der Produktionsmittel wird nur durch Gebrauchsgüter ersetzt. Deswegen ist die Berücksichtigung dieses Teils an Produktionsmitteln im übertragenen Wert der Betriebe und Zweige, die Produktionsmittel herstellen, wirklich eine wiederholte Berechnung, weil in diesem Falle eine fiktive und nicht eine reale volkswirtschaftliche Größe berücksichtigt wird.

Die Ignorierung der genannten Momente ist die Achillesferse der Kennziffer Endprodukt. Die Bestimmung des Wertumfangs des Produktes auf der Grundlage dieser Kennziffer verursacht unausweichlich eine Senkung des Ersatzfonds und damit auch eine Senkung des Umfangs des gesellschaftlichen Produktes insgesamt. Außerdem würde die Berechnung des Umfangs des Produktes auf dieser Grundlage dazu führen, daß ein bedeutender Teil des gegenseitigen Austauschs von Teilen des konstanten Teils der Produktionsfonds gegen deren konstanten Teil aus der Analyse ausgeschlossen würde.

Aus dem Gesagten folgt jedoch durchaus nicht die Unbrauchbarkeit dieser Kennziffer. Deswegen gehen die Ökonomen fehl, die die Kategorie Endprodukt überhaupt verneinen. Die Kennziffer Endprodukt drückt wie die Kennziffer Bruttoprodukt bestimmte objektive Produktionsbeziehungen zwischen sachlichen und wertmäßigen Elementen aus, die sich im Prozeß der Reproduktion ergeben. Sie macht es möglich, die wiederholte Berechnung des Wertes von Produktionsmitteln innerhalb der Abteilung I auszuschließen, wodurch sich eine Gegenüberstellungsmöglichkeit der Produktion der Abteilungen I und II ergibt.

Die Kennziffer Endprodukt hat wesentliche Bedeutung auch für die Praxis der Volkswirtschaftsplanung, weil sie das Endresultat der Jahresproduktion zum Ausdruck bringt. Bei Anerkennung ihrer Vorzüge darf man ihre Rolle jedoch nicht im erweiterten Sinne behandeln. Jedenfalls ist die Kennziffer Endprodukt kaum geeignet, den wirklichen Umfang des Ersatzfonds und folglich den Wertumfang des gesamten gesellschaftlichen Produkts richtig widerzuspiegeln.

Der Wertumfang des Produktes im Durchschnitt der beiden Abteilungen der gesellschaftlichen Produktion

Nach der Erklärung des Bildungsmechanismus für den Ersatzfonds in Abteilung I und damit auch des Wertumfangs des gesellschaftlichen Produktes auf der Grundlage des Brutto- und des Endproduktes betrachten wir nunmehr den Inhalt all dieser Kategorien dem Wesen nach.

Ausgangsvoraussetzung für die Analyse ist die Unzulässigkeit einer Vermischung des übertragenen und des neugeschaffenen Wertes im Produkt der Abteilung I innerhalb der Zeitperiode, die als objektiver Maßstab für den materiellen Produktionsprozeß genommen wird. Unserer Meinung nach muß als solcher Maßstab das Jahr verwendet werden, weil innerhalb des Jahres der hauptsächliche Austausch zwischen Abteilung I und Abteilung II vor sich geht, der prinzipielle Bedeutung für das Verständnis der Gesetzmäßigkeiten der gesellschaftlichen Reproduktion hat. Wir gehen von diesem Maßstab aus. Weil es sich jedoch um den Bildungsmechanismus des Wertumfangs für den Ersatzfonds der Abteilung I und für das Produkt als Ganzes handelt, ändert sich im Prinzip nichts, wenn man irgendeine andere Zeitspanne vorschlägt.

Für das Verständnis des Formierungsprozesses des Ersatzfonds in der Abteilung I hat eine bestimmte Vorstellung von der Natur des in ihm verkörperten Wertes, d. h. vom Charakter der Arbeit, die im Wert dieses Fonds fixiert ist, prinzipielle Bedeutung. Daß der Wert des Ersatzfonds nicht das Ergebnis neu aufgewandter Arbeit sein kann, ruft keinen Widerspruch hervor. Der Begriff vergangene Arbeit kann inhaltlich jedoch verschieden bestimmt werden.

Jedes Produkt der Produktion, unabhängig von seiner materiellen Form, ist ein Bruchteil des gesellschaftlichen Gesamtproduktes, ein versachlichtes Ergebnis der Arbeit. Weil von bereits existierendem Gebrauchswert des Produktes die Rede ist, ist die dafür aufgewandte Arbeit vergangene Arbeit. Von diesem Gesichtspunkt aus sind sowohl die Produkte, die Produktionsmittel sind, als auch die Produkte, die Konsumtionsmittel sind, Produkte vergangener Arbeit. Um welche Arbeit geht es jedoch im vorliegenden Falle?

Weil alle Gebrauchswerte immer Ergebnisse der Arbeit sind, ist die Arbeit, die in ihnen ihre Verkörperung gefunden hat, auch vergangene Arbeit. Daraus folgt: Wenn vom Gebrauchswert des Produktes die Rede ist, tritt dieser immer als Ergebnis vergangener Arbeit, als konkrete Arbeit betrachtet, in Erscheinung. Unter diesem Gesichtspunkt ist die Behauptung richtig, daß vergangene Arbeit solche Arbeit ist, die zur Schaffung von Produktionsmitteln außerhalb des gegebenen Produktionsgliedes verausgabt wurde. Das ist jedoch nicht nur hinsichtlich von Produktionsmitteln richtig, sondern auch bezüglich von Konsumgütern.

Wenn ein bestimmtes Ergebnis der Arbeit vorliegt, d. h. ein bestimmter Gebrauchswert, dann ist dieser natürlich das Produkt vergangener Arbeit. Der Terminus „vergangen" charakterisiert hier nur den nützlichen Charakter der vergegenständlichten Arbeit. Das, was im Hinblick auf den einzelnen Gebrauchswert richtig ist, ist auch bezüglich des gesamten gesellschaftlichen Produktes richtig. Als nützliches Ergebnis der Gesamtarbeit der Gesellschaft, als Gesamtheit verschiedenartiger Gebrauchswerte, gehört es zum Prozeß der vergangenen Arbeit, ist es das Produkt vergangener Arbeit.

Anders liegen die Dinge, wenn es sich um den Wert des Produktes der Arbeit handelt. Sowohl im einzelnen Produkt als auch im gesellschaftlichen Gesamtprodukt gibt es in der Zusammensetzung des Wertes wirklich einen Teil, der schon vor jenem nützlichen Arbeitsprozeß vorhanden war, in dessen Ergebnis das Produkt entstand. Dieser Wert existierte in den Produktionsmitteln, die im Prozeß der Schaffung des Produktes gebraucht wurden. Er ist wirklich Verkörperung vergangener Arbeit. Was die übrigen Wertelemente betrifft, die im Produkt enthalten sind, kann man, auf sie bezogen, den Terminus „vergangene Arbeit" schon nicht anwenden. Sie sind das Ergebnis des laufenden Arbeitsprozesses, d. h. jener Arbeitsaufwendungen, die dem Entstehen des Produktes unmittelbar vorausgingen.

Das ist nicht nur in bezug auf das einzelne Produkt richtig, sondern auch in bezug auf das gesellschaftliche Gesamtprodukt. Um ein Produkt zu schaffen, muß schon vorher eine bestimmte Menge vergangener Arbeit in Gestalt von Produktionsmitteln vorgeschossen werden. Der Wert der letzteren erscheint im Jahresprodukt als übertragener Wert. Ausgehend davon, müssen auch die Fragen nach dem übertragenen Wert innerhalb der Abteilung I gelöst werden.

Eine der wesentlichen Besonderheiten des konstanten Wertteils im Produkt der Abteilung I besteht darin, daß dieser die Abteilung I nicht verläßt. Dadurch unterscheidet er sich von dem neugeschaffenen Wert der Abteilung I und vom konstanten Wertteil des Produktes von Abteilung II. Während der konstante Wertteil des Produktes von Abteilung I unverzüglich seine Funktion in eben seiner eigenen Naturalform erfüllen kann, können dies der neugeschaffene Wert von Abteilung I und der konstante Wertteil von Abteilung II nicht. Und gerade deshalb, weil der konstante Wertteil des Produktes von Abteilung I in einer naturalen Form existiert, die es ihm gestattet, die seiner Wertnatur entsprechende Funktion im Reproduktionsprozeß zu erfüllen, kann er nicht die Form von Einkommen annehmen, und zwar weder dem Wert nach noch in Naturalform. Das heißt aber auf der anderen Seite, daß, wenn man die Sache vom gesellschaftlichen Standpunkt aus betrachtet, kein Teil des Produktes von Abteilung I oder Abteilung II, der dem Wert nach oder in Naturalform als Einkommen erscheinen kann, weder wertmäßiges noch materielles Element des konstanten Wertteils von Abteilung I darstellen kann. Das kann Erstaunen hervorrufen, besteht doch jedes Produkt, das in all diese Gruppen von Produkten eingeht, die die Funktion von Ersatzfonds in Abteilung I erfüllen, seinem Wert nach aus $c + v + m$. Dies widerspricht jedoch nicht der Tatsache, daß ein bestimmter Teil des gesellschaftlichen Gesamtproduktes gesellschaftliches c darstellt, während die übrigen Teile gesellschaftliches v und m sind.

Der Umstand, daß die vergangene Arbeit sich im Produkt der Abteilung I nur im konstanten Wertteil niederschlägt, bedeutet, daß er niemals diese Abteilung I verlassen kann, wobei er unabdingbare Bedingung für den Produktionsprozeß bleibt. Das ist nicht nur richtig für die Abteilung I als Ganzes, sondern auch für jedes Zwischenstadium bei der Bewegung der Arbeitsgegenstände innerhalb der Abteilung I. Diese Charakteristik des Ersatzfonds der Abteilung I bestimmt auch das spezifische Verfahren seiner Formierung und die Besonderheiten des Ersatzes dieses Teils des Produktes. Sie bestehen darin, daß der Ersatz des konstanten Wertteils sich durch gegenseitigen Ersatz entsprechender Elemente der Produktion vollzieht, in denen übertragener Wert enthalten ist.

Das bedeutet, daß sich zwischen den einzelnen Sphären der Produktion, die Produktionsmittel herstellen, ein gegenseitiger Austausch vollzieht, dessen Inhalt nach der Terminologie von Marx Austausch von konstantem Kapital gegen konstantes Kapital ist. Wenn auch das Produkt der Produktion einer Sphäre in eine andere mit allen seinen Wertelementen eingeht, was das Verständnis des wirklichen Inhalts dieses Austauschs kompliziert, so verändert sich das innere Wesen des Prozesses dadurch nicht.

Um den Mechanismus der Formierung des Ersatzfonds innerhalb der Abteilung I darzustellen, benutzen wir das Schema 1 mit einigen Veränderungen. Wir unterstellen, daß die ersten drei Stadien die Abteilung I bilden, während das

Schema 2[34]

Aufeinanderfolgende Produktionsstadien	übertragener Wert			Neuwert	Wert des Produktes
	Rohstoffe und Material	Amortisationen	gesamt		
Abteilung I					
erstes Stadium	10	10	20	80	100
zweites Stadium		10	10	100	110
drittes Stadium		10	10	100	110
Summe in Abteilung I	10	30	40	280	320
Summe in Abteilung II		10	10	220	230
Summe in den Abteilungen I und II			50	500	550

[34] Das Schema illustriert nur den Mechanismus, der zur Bildung der Größe des Ersatzfonds von Abteilung I führt. Das Schema widerspiegelt nicht die Wechselbeziehungen zwischen Abteilung I und II.

vierte Stadium die Abteilung II darstellt. Das ist dadurch gerechtfertigt, daß die Produktion von Produktionsmitteln letzten Endes der Produktion von Konsumtionsmitteln dient. Wenn wir deshalb unterstellen, daß in den ersten drei Stadien Produktionsmittel hergestellt werden, so kann das vierte Stadium nichts anderes sein als die Produktion von Konsumtionsmitteln. In diesem Falle nimmt das Schema 1 folgende Form an (vgl. Schema 2 auf S. 272):

Wie erkennbar, bleibt das erste Stadium ohne Veränderung. Die Veränderungen beginnen mit dem zweiten Stadium. Der Wert des Produktes des ersten Stadiums mit 100 Einheiten kann nicht vollständig als Wert der Produktionsmittel in das zweite Stadium eintreten, weil der Wert der Produktionsmittel, die im ersten Stadium zu Beginn des Jahres vorhanden waren, bis zur Erneuerung des Produktionsprozesses im ersten Stadium verbleiben muß. Folglich kann nur der neugeschaffene Wert in das zweite Stadium übergehen. Wenn der Wert des gesamten Produktes des ersten Stadiums sich in Geldform realisiert, muß ein Teil des Geldes, der Geldäquivalent des Wertes jener Produktionsmittel darstellt, die in diesem Stadium zu Beginn des Jahres vorhanden waren, zur Anschaffung von Produktionsmitteln verwendet werden. Das bedeutet, daß der Wert, der dem Wert jener Produktionsmittel im ersten Stadium gleich ist, die zu Beginn des Jahres vorhanden waren, das erste Stadium sowie die Abteilung I insgesamt nicht verlassen kann. Was die 80 Einheiten angeht, die in das zweite Stadium übergehen, so bleiben sie (wenn sie auch vom Standpunkt dieses Stadiums aus materielle Aufwendungen sind und daher auch ein Element übertragenen Wertes im Produkt), vom Standpunkt der gesellschaftlichen Reproduktion als Ganzes aus, das, was sie waren, als sie das vorangegangene Stadium verließen, nämlich neugeschaffener Wert.

Dieser Wert kann nicht gegen den Wert von Produktionsmitteln anderer Stadien der Abteilung I ausgetauscht werden. Er ist zum Tausch mit Abteilung II vorherbestimmt. In dieser Beziehung wird ein anderes Wertelement, das in das Produkt des zweiten Stadiums (10 Einheiten) übertragen wurde und gleich ist dem Verschleiß der Arbeitsmittel, von Anfang an dadurch von den 80 Einheiten unterschieden, daß es erstens in Form von Produktionsmitteln bereits vor Beginn des laufenden Produktionsprozesses existiert und daß es zweitens nicht einfach auf den Wert des Produktes des zweiten Stadiums übertragen wird, sondern darin entweder in Naturalform erhalten bleibt oder gegen Elemente des übertragenen Wertes anderer Stadien von Abteilung I ausgetauscht wird. Sowohl für das zweite Stadium wie auch für die gesamte gesellschaftliche Reproduktion sind diese 10 Einheiten übertragener und nicht neugeschaffener Wert.

Folglich beträgt der wirklich in diesem zweiten Stadium geschaffene Wert des Produktes, wenn man den Prozeß im gesellschaftlichen Durchschnitt betrachtet, 110 Einheiten (10 übertragener und 100 Einheiten neugeschaffener Wert), obgleich der Wert des zweiten Stadiums 190 Einheiten beträgt. Bei der Bewegung des Produktes vom zweiten Stadium ins dritte gehen in den Wert des Produktes des dritten Stadiums als Wert an Produktionsmitteln, die man im zweiten Stadium erhielt, 180 Einheiten ein (190 Einheiten Wert des Produktes, die im zweiten Stadium geschaffen wurden, mit Ausnahme von 10 Einheiten des Wertes von Produktionsmitteln, die zu Beginn des Jahres vorhanden waren). Obwohl der Wert des Produktes, das im dritten Stadium geschaffen wurde, 290 beträgt, ist seinerseits der Wert des hier wirklich geschaffenen Produktes, das vom Standpunkt der gesamten Gesellschaft aus Bestandteil des Wertes des gesellschaftlichen Gesamtproduktes bildet, gleich 110 (10 Einheiten sind Wert, der von Arbeitsmitteln übertragen wurde, die zu Beginn der Produktion vorhanden waren, und 100 Einheiten sind neugeschaffener Wert).

Folglich ist der Wert des Produktes, das in Abteilung I geschaffen wurde, 320 Einheiten, darunter 40 Einheiten Wert der benötigten Produktionsmittel, die zu Beginn des Jahres vorhanden waren, und 280 Einheiten neugeschaffener Wert, der gegen einen Teil des Produktes von Abteilung II ausgetauscht werden muß. Die ökonomische Rolle dieser zwei Wertteile des Produktes der Abteilung I ist verschieden. 40 Werteinheiten, die Produktionsmittel darstellen, die zu Beginn des Jahres in Abteilung I vorhanden waren, sind der konstante Wertteil des Produktes dieser Abteilung. Dieser Wertteil des Produktes verläßt die Abteilung I nie und verbleibt als Produktionsmittel in dem Stadium, aus dem er als Produkt hervorgegangen ist, oder wird gegen Produkte getauscht, in denen sich übertragener Wert anderer Stadien verkörpert. Dabei wird er nie gegen Einkommen ausgetauscht. Im Durchschnitt der beiden Abteilungen der gesellschaftlichen Produktion, die das gesamte gesellschaftliche Produkt umfassen, tritt dieser Teil des Wertes immer als Wert von benötigten Produktionsmitteln auf. Der andere Teil des Wertes der Abteilung I (280), der neugeschaffener Wert ist, existiert zwar auch in Form von Produktionsmitteln, nimmt aber die Form von Einkommen für alle Stadien dieser Abteilung an und wird im Endergebnis I gegen die Naturalform von Konsumtionsmitteln eingetauscht. So sieht der Mechanismus der Wertbildung des Ersatzfonds innerhalb des Wertproduktes der Abteilung I in allgemeiner Form aus.

Es entsteht jedoch eine Frage: Wird der Wertumfang, der auf das Produkt übertragen wird, durch den Umfang des Wertes der Produktionsmittel, die im Verlauf des Jahres benötigt werden, aber bereits vorher produziert worden sind, abgedeckt, oder anders gesagt, kann man damit rechnen, daß alle Arbeitsgegenstände, die im gegebenen Jahr geschaffen und verbraucht wurden, neugeschaffenen Wert darstellen?

Wenn man von der Konzeption Endprodukt ausgeht, muß man auf diese Fragen positiv antworten. In Wirklichkeit liegen die Dinge jedoch komplizierter. Es gibt nicht genug sachliche Produktionselemente, die Träger vergangener, bereits vergegenständlichter Arbeit sind und die in diesem laufenden Prozeß benötigt werden, um einen kontinuierlichen Produktionsprozeß z. B. über das ganze Jahr zu gewährleisten. Daher wird im jährlichen Produktionsprozeß ein bedeutender Teil solcher Arbeitsgegenstände benötigt, die Produkt der Arbeit sind, die gerade in der laufenden Periode verausgabt wurde. Was muß man in den übertragenen Wert einbeziehen? Der Wert jener Produktionsmittel, die die Gesellschaft von der vorangegangenen Periode erhält, schlägt im. Verlauf des Jahres nicht nur einmal, sondern mehrere Male um. Das bedeutet aber, daß der Umfang des auf das Jahresprodukt übertragenen Wertes nicht nur vom Umfang des Wertes der Produktionsmittel abhängt, die aus dem vergangenen Zyklus übernommen wurden, sondern auch von der Häufigkeit des Umschlags dieses Wertes im jährlichen Reproduktionsprozeß.

Folglich ist der auf das Jahresprodukt übertragene Wert der Wert der Produktionsmittel, die durch die Arbeit vor der laufenden Jahresproduktion geschaffen wurden und die wiederholt im Verlauf des gegebenen Jahres umschlagen. Dabei erfolgt der Wertumschlag dieser Produktionsmittel durch den produktiven Konsum solcher Arbeitsgegenstände, die Produkte der Arbeit des laufenden Jahres sind. Der gegebene Gebrauchswert kann nur einmal verbraucht werden. Anders steht es mit dem Wert, sofern es sich um die produktive Konsumtion handelt. Die Produktionsmittel, die die Gesellschaft von der vorangegangenen Periode erhalten hat, insbesondere die Arbeitsgegenstände, werden als Gebrauchswerte sofort verbraucht, aber der in ihnen enthaltene Wert wird auf andere Gebrauchswerte übertragen, die bereits Produkte der Arbeit des laufenden Jahres sind. Diese sind zwar als Gebrauchswerte im laufenden Jahr produziert worden, sind dessenungeachtet aber Träger von altem Wert und müssen als dessen Bestandteil berücksichtigt werden. Daraus folgt, daß ein beträchtlicher Teil der Arbeitsgegenstände, die durch die Arbeit des laufenden Jahres geschaffen wurden, nicht Wertelement des Nettoproduktes werden kann, das durch die Arbeit des gegebenen Jahres geschaffen wurde.

Aus dem Gesagten wird deutlich, daß man bei der Betrachtung des Wertbildungsmechanismus des Produktes und besonders des Ersatzfonds folgendes berücksichtigen muß: erstens das Vorhandensein von Produktionsmitteln in allen Stadien der Abteilung I und II zu Beginn der Periode, die als Maßstab für die gesellschaftliche Produktion angenommen wird. Zweitens muß man unbedingt berücksichtigen, daß der Wert der Produktionsmittel, die dem produktiven Verbrauch zufließen, aber in der vorangegangenen Periode geschaffen wurden, nicht nur einen, sondern mehrere Umschläge vollzieht.

Wir stellen uns vor, daß die praktische Realisierung der dargestellten Thesen, die den objektiven Mechanismus der Formierung des Ersatzfonds und den Wertumfang des gesellschaftlichen Produktes als Ganzes kennzeichnen, als wichtiges Mittel zur weiteren Vervollkommnung der Volkswirtschaftsplanung dienen könnte. Die Kennziffer wertmäßiger Umfang des gesellschaftlichen Produkts, die von der häufigen Mehrfachzählung gleicher Elemente befreit wurde, ist eine zuverlässige Grundlage für die Messung der Dynamik des physischen Umfangs des Produkts, für die Bestimmung der Zweigstruktur und der Dynamik der Produktivität der gesellschaftlichen Arbeit sowie anderer wichtiger Plankennziffern. Die Aufgabe besteht darin, Methoden zur Berechnung der Produktion zu finden, die dem objektiven Mechanismus ihrer Wertbildung entsprechen, und zwar besonders innerhalb der Abteilung I. Einige Ökonomen meinen, daß die Ausarbeitung einer zusammengefaßten Verflechtungsbilanz der insgesamt erforderlichen materiellen Aufwendungen eine der möglichen Richtungen zur Vermeidung einer wiederholten Wertberechnung der zur Bruttoproduktion benötigten Produktionsmittel ist. Man glaubt mit Hilfe dieser Bilanz den Umfang der Ausgangsproduktion bestimmen zu können, die zur Herstellung des Endbedarfs erforderlich ist. Dies würde es ermöglichen, den Koeffizienten der Mehrfachberechnung festzustellen, mit dessen Hilfe man den realen Wertumfang an materiellen Aufwendungen innerhalb des gesellschaftlichen Produkts bestimmen könnte. Die Realisierung dieser Vorschläge ist jedoch mit großen Schwierigkeiten verbunden. Es geht aber nicht nur darum. Wenn wir wüßten, wievielmal der Wert der Kohle oder des Erzes bei der Erfüllung eines bestimmten Produktionsprogramms im Maschinenbau mehrfach berechnet wird, und wenn wir bei der Bestimmung des Umfangs an materiellen Aufwendungen die wiederholte Berechnung des Wertes dieser Elemente in allen Zwischenstadien ihrer Bewegung ausschließen würden, so wäre das Ergebnis nichts anderes als die Kennziffer Endprodukt. Wie bereits festgestellt, geht es um die Notwendigkeit, aus dem Wert des Jahresprodukts nicht den Wert des gesamten Zwischenverbrauchs auszuschalten, sondern nur den Teil davon, der wirklich eine fiktive Größe ist. Diese letztere ist aber dargestellt durch den neugeschaffenen Wert an Produktionsmitteln, die in Abteilung I verwendet werden. Folglich muß man aus dem Umfang der jährlichen materiellen Aufwendungen der Abteilung I den hier berücksichtigten Wert des Nettoproduktes dieser Abteilung ausschalten. Diese Aufgabe auf der Grundlage der Kennziffer Endprodukt zu lösen ist kaum möglich.

Wir stellen uns vor, daß die reale Größe der jährlichen materiellen Aufwendungen in Abteilung I auf der Grundlage ihrer speziellen Berechnung in jedem Primärglied der gesellschaftlichen Produktion erhalten werden könnte. Der Hauptinhalt dieser Größe wäre die Ausgliederung der Elemente des neugeschaffenen Wertes, insbesondere des Arbeitslohnes und des Gewinns, aus dem Preis der gekauften Erzeugnisse. Eine solche Berechnung würde die Möglichkeit geben, den Umfang des übertragenen Wertes in Abteilung I zu bestimmen. Die Bestimmung des realen Umfangs an materiellen Aufwendungen hätte große Bedeutung für die Analyse der Dynamik des Ersatzfonds und des Nationaleinkommens innerhalb der gesellschaftlichen Gesamtproduktion.

Es muß bemerkt werden, daß viele Ökonomen danach streben, dieses Problem in Analogie zur Bewegung des Volumens materieller Aufwendungen und der Nettoproduktion im Wert des Produktes eines einzelnen Betriebes zu lösen. Sie unterstellen, daß der Ersatzfonds innerhalb des gesellschaftlichen Produktes dem Wert nach wächst, während die Nettoproduktion fällt. Gerade eine solche Tendenz zeigt jedoch die Dynamik der verschiedenen Wertelemente des Produkts einzelner Betriebe, die isoliert betrachtet werden. In einem einzelnen Betrieb drückt sich die Steigerung der Arbeitsproduktivität tatsächlich darin aus, daß der Anteil vergangener Arbeit wächst, weil der gleiche Anteil lebendiger Arbeit eine größere Masse von Produktionsmitteln in Bewegung setzt, die für ihn vergangene Arbeit sind. Das aber, was für den Betrieb vergangene Arbeit ist, kann für die gesellschaftliche Gesamtproduktion gerade Produkt der laufenden Arbeit sein. Karl Marx schrieb: „... was als konstantes Kapital in einer Produktionssphäre erscheint, als unmittelbares Produkt der Arbeit innerhalb einer anderen erscheint, während *derselben* Produktionsperiode von einem Jahr, daß also ein großer Teil des jährlich ausgelegten Kapitals, der als konstantes Kapital vom Standpunkt des einzelnen Kapitalisten oder der Produktionssphäre *erscheint*, sich in *variables* Kapital vom Standpunkt der Gesellschaft oder der Kapitalistenklasse auflöst."[35]

Der steigende Anteil materieller Aufwendungen am Wert des gesellschaftlichen Produkts und der sinkende Anteil der Nettoproduktion wird gewöhnlich mit Hinweisen auf das Wachstum der organischen Zusammensetzung der Produktionsfonds begründet, was eine Gesetzmäßigkeit unter den Bedingungen des technischen Fortschritts darstellt. Dabei wird jedoch nicht beachtet, daß das Verhältnis $\frac{c}{v+m}$ innerhalb des gesellschaftlichen Produkts nicht der unmittelbare Ausdruck und die Folge des Verhältnisses $\frac{c}{v}$ innerhalb des Produktionsfonds ist. Das c in den Fonds und das c im Produkt sind völlig verschiedene Größen. Das c in den Fonds drückt die Wertgröße aus, und zwar erstens der angewandten Grundfonds und zweitens der Vorräte an Arbeitsgegenständen. Was die Bedeutung von c im Produkt angeht, so drückt es die Größe der Amortisation aus, d. h. der faktisch verbrauchten Grundfonds plus der Wertgröße, die den ganzen jährlichen Umlauf an Arbeitsgegenständen kennzeichnet. Sofern von der organischen Zusammensetzung der Fonds die Rede

35 K. Marx, Theorien über den Mehrwert, Zwiter Teil, in: Marx/Engels, Werke, Bd. 26, 2, S. 416.

ist, muß man das Verhältnis von c in den Fonds zur allgemeinen Größe des Arbeitslohns nehmen. Dieses Verhältnis drückt das Niveau der Produktivkräfte aus, den Stand des technischen Fortschritts. Wenn man jedoch die Größe c im Produkt im Verhältnis zum Arbeitslohn nimmt, dann charakterisiert dies nicht die organische Zusammensetzung der Fonds, sondern eher die Zusammensetzung der Produktion. Hat man aber den verschiedenen Inhalt von c in den Fonds und im Produkt im Auge, so kann man sagen, daß die Zusammensetzung der Fonds bei beiden eine völlig unterschiedliche Tendenz im Verhältnis $\frac{c}{v}$ zeigt.

Bei der Bestimmung des Verhältnisses zwischen vergangener und lebendiger Arbeit in der Zusammensetzung des Produktes muß man auch einen anderen Umstand beachten. Wenn man vom Verhältnis $\frac{c}{v}$ spricht, dann versteht man unter v die Arbeitskraft. v drückt jedoch nicht den gesamten neugeschaffenen Wert aus. Dieser wird durch die Größen $v + m$ bestimmt. Das Wachstum der gesellschaftlichen Produktivität der Arbeit findet gerade darin seinen Ausdruck, daß der spezifische Anteil von v fällt, während der spezifische Anteil von m sich vergrößert. Daher darf man das Verhältnis $\frac{c}{v+m}$ nie in eine direkte Abhängigkeit zum Verhältnis von $\frac{c}{v}$ bringen.[36]

Das alles hat große Bedeutung bei der Bestimmung der wirklichen Dynamik des Ersatzfonds und des neugeschaffenen Werts. Eine wissenschaftlich begründete Lösung dieses Problems, die unmittelbar praktische Bedeutung hat, muß auf der Grundlage solcher Kennziffern erfolgen, die von einer wiederholten Berechnung der gleichen Elemente befreit sind.

[36] Diese Frage ist genauer in der Arbeit von Ja. B. Kvaša, Jzmerenie proizvoditel'nosti truda s učetom za trat prošlogo goda, in: Učenye zapiski po statistike, Bd. III, Moskau 1957, beleuchtet; ferner in der Arbeit Političeskaja ekonomija sovremennogo monopolističeskogo kapitalizma, Bd. I, Moskau 1970, S. 296f.

KAPITEL 8

Gesetzmäßigkeiten bei der Realisierung des Teils des Produktes, der dem Wert der materiellen Aufwendungen entspricht

Im Prozeß der Bewegung des gesellschaftlichen Produktes erfolgt ein ständiger Ersatz der verbrauchten Teile des Reproduktionsfonds in natura und dem Wert nach, erfolgt eine Verwandlung eines Teils des Mehrproduktes in seine ergänzenden Elemente, vollzieht sich die individuelle Konsumtion eines Teils des gesellschaftlichen Produkts. Die Gesamtheit all dieser Prozesse bildet den Inhalt der Realisierung des gesellschaftlichen Produktes. Die inneren Gesetzmäßigkeiten des Realisierungsprozesses wurden zuerst durch Marx in Anwendung auf die Bedingungen der kapitalistischen Reproduktion aufgedeckt. Der grundlegende Inhalt der Theorie der Realisierung ist nicht nur auf die sozialistische Reproduktion in vollem Umfang anwendbar, sondern hat für sie auch unmittelbare praktische Bedeutung. Die Leitung des gesellschaftlichen Reproduktionsprozesses ist im Sozialismus undenkbar ohne die bewußte Verwirklichung innerer Gesetzmäßigkeiten der Bewegung des Produktes und seiner einzelnen materiellen und wertmäßigen Teile.

Im vorliegenden Kapitel erheben wir natürlich nicht Anspruch auf eine erschöpfende Beleuchtung der Realisierung in der sozialistischen Gesellschaft, weil dieses Problem außerordentlich umfassend ist. Wir verweilen nur bei einigen seiner Aspekte.

Das normale Funktionieren des Reproduktionsprozesses des gesellschaftlichen Produkts unterstellt einen systematischen gegenseitigen Ersatz seiner Elemente dem Wert nach sowie in natura. Unter den Bedingungen der erweiterten Reproduktion vollzieht sich jedoch nicht nur der Ersatz der verbrauchten

Elemente des Reproduktionsfonds vergangener Zyklen, sondern auch die Verwandlung eines Teils des Mehrprodukts in einen zusätzlichen Reproduktionsfonds. Die bestimmende Bedingung, die die Möglichkeit einer systematischen Akkumulation gewährleistet, ist ein solches Verhältnis der naturalwertmäßigen Elemente des Produktes, bei dem

$$I(v + m) > II\,c\,.$$

Es ist offensichtlich, daß der Teil des gesellschaftlichen Produkts, der die sachliche Voraussetzung für die Akkumulation bildet, um so größer ist, je bedeutender dieser Unterschied wird. Doch die genannte Ungleichung ist nur der allgemeinste Ausdruck für die Bedingung der Akkumulation. Sie charakterisiert an sich noch nicht die gegenseitigen Abhängigkeiten, die sich zwischen den Elementen des Produkts ergeben und die den normalen Ablauf der erweiterten Reproduktion ermöglichen. Deshalb gerade ist es unserer Meinung nach nicht genau genug zu sagen, daß die genannte Ungleichung die Bedingung für die Realisierung bei erweiterter Reproduktion des Produkts darstellt. Die Realisierung ist der Prozeß des gegenseitigen Ersatzes. Das bedeutet, daß jedem Element des Produktes ein bestimmter Teil entsprechen muß, der dieses Element dem Wert nach und in natura ersetzt. Daher müssen die Realisierungsbedingungen immer durch bestimmte Gleichungen gekennzeichnet sein.

Der normale Akkumulationsprozeß kann nur in dem Fall vonstatten gehen, wenn folgende 3 Gleichungen, die die gegenseitigen Beziehungen der natural- und wertmäßigen Elemente des Produktes kennzeichnen, erfüllt sind.[37] Erstens:

$$(c_1 + c_2)^{t_1} = (c_1 + v_1 + m_1)^{t_0},$$

d. h. die Summe des übertragenen Wertes im Produkt der folgenden Periode muß gleich sein der Wertgröße des Produktes der Abteilung I der vorangegangenen Periode. Zweitens:

$$(v_1 + v_2)^{t_1} + (rm_1 + rm_2)^{t_0} = (c_2 + v_2 + m_2)^{t_0},$$

[37] Große Verdienste hat bei der Ausarbeitung von Bilanzierungsproblemen bei einfacher und erweiterter Reproduktion V. S. Nemčinov (siehe V. S. Nemčinov, O sootnošenijach rasširennogo vosproizvodstva, in: Voprosy ekonomiki, Nr. 10/1958; siehe auch dessen Arbeit Ekonomiko-matematičeskie metody i modeli, Moskau 1965.).

d. h. die Summe der Fonds an Lebensmitteln der Werktätigen beider Abteilungen in der folgenden Periode plus die Summe des verbrauchten Mehrproduktes beider Abteilungen in der vorausgegangenen Periode muß gleich sein dem Wert des Produkts der Abteilung II in der vorangegangenen Periode. Drittens:

$$c_2^{t_i} = v_1^{t_1} + rm_1^{t_0},$$

d. h. der übertragene Wert im Produkt der Abteilung II in der folgenden Periode ist gleich dem Fonds der Lebensmittel der Produzenten, die in der Abteilung I in der folgenden Periode beschäftigt sind, plus dem Wert des verbrauchten Teils des Mehrproduktes der Abteilung I in der vorangegangenen Periode. Die Gleichungen, die die Realisierungsbedingungen bei erweiterter Reproduktion fixieren, spiegeln diese sehr abstrakt wider. In Wirklichkeit realisieren sie sich durch die Vermittlung vielfältiger und oft gegensätzlicher Umstände. Die angeführten Gleichungen erfassen den Prozeß der Reproduktion vor allem nur in einem weitestgehend verallgemeinerten Ausdruck – im Durchschnitt der beiden Abteilungen der gesellschaftlichen Produktion. In Wirklichkeit besteht die Produktion aus verschiedenen Klassen, Gruppen, Untergruppen usw., zwischen denen sich in höchstem Maße komplizierte und vielgestaltige Beziehungen ergeben. Natürlich muß die weitere Konkretisierung der Realisierungsbedingungen in Richtung auf eine Annäherung an die unmittelbare Wirklichkeit, in Richtung auf eine Differenzierung der Produktion nach Klassen, Gruppen, Untergruppen, Zweigen vonstatten gehen, weil die Produktion all dieser Klassen, Gruppen usw. als Bestandteil des gesellschaftlichen Gesamtproduktes in Erscheinung tritt und als dessen jeweils bestimmter Teil realisiert wird, der entweder als Produktionsmittel dient, die die verbrauchten Elemente der Produktionsmittel ersetzen, oder als Bedingung für den Ersatz der Arbeitskraft usw. Diese Aufgabe kann durch Schaffung eines ökonomischen Modells der erweiterten sozialistischen Reproduktion gelöst werden. Gegenwärtig befinden wir uns erst im Anfangsstadium seiner Verwirklichung.

Wenn auch die angeführten Gleichungen die Realisierungsbedingungen bei erweiterter Reproduktion nur als die Teilung des Produktes in zwei Abteilungen der gesellschaftlichen Produktion erfassen, betrachten wir sie doch genauer, weil der Bewegungsmechanismus der einzelnen Elemente und der Charakter ihrer Beziehungen sehr kompliziert sind.

Vor allem untersuchen wir die spezifische Bewegungsform bei der Realisierung jenes Teils des gesellschaftlichen Produktes, der den übertragenen Wert der Abteilung I zum Ausdruck bringt. Im vorangegangenen Kapitel betrachteten wir den Prozeß der Formierung des Ersatzfonds innerhalb der Abteilung I bereits in allgemeiner Form. Dabei gingen wir davon aus, daß eine Vermischung des übertragenen und des neugeschaffenen Wertes nicht zulässig ist. Der Charakter der Bewegung dieses Teils des Produkts der Abteilung I, der den übertragenen Wert widerspiegelt, erschöpft sich darin jedoch nicht.

Geht man von der These aus, daß der neugeschaffene Wert der Abteilung I kein Element sein kann, das übertragenen Wert in dieser Abteilung ersetzt, und operiert nur mit übertragenem Wert, dann bleibt zu klären, in welchem Umfange übertragener Wert des einen Produktes ein Element von übertragenem Wert des anderen Produktes bildet, bei dessen Produktion das erste Produkt unmittelbar verbraucht wird.

Vor allem muß man beachten, daß sich die Bildung verschiedener Elemente von übertragenem Wert im allgemeinen Umfang des übertragenen Wertes beim gegebenen Produkt in Übereinstimmung mit dem faktischen Verbrauch anderer Produkte vollzieht.

Schema 3

	1	2	3	4	Summe
Kohle	10	30	40	15	95
Metall	30	12	15	18	75
Elektroenergie	20	15	10	25	70
Maschinen	15	18	25	40	98
Summe	75	75	90	98	338

Unterstellen wir, daß die Elektroenergie ein Element des übertragenen Wertes der Kohle im Umfang von 20 Einheiten bildet, während die Kohle ein Element des übertragenen Werts der Elektroenergie im Umfang von 40 Einheiten darstellt. In diesem Falle werden die mengenmäßigen Verhältnisse der Elemente des übertragenen Wertes gestört. Die Kohle geht als Element des übertragenen Wertes im Umfang von 95 Einheiten in andere Produkte ein, während der gesamte Umfang ihres Wertes 75 beträgt. Im Gegensatz dazu geht die Elektroenergie als Element des übertragenen Wertes in andere Produkte zu 70 Einheiten ein, während der Umfang ihres übertragenen Wertes selbst 90 beträgt. Das ergibt sich deshalb, weil wir bei der Formierung des übertragenen Wertes der Elektroenergie vom Prinzip des faktischen Verbrauchs der Produktion anderer Zweige (die bei der Herstellung von Elektroenergie benutzt wurden) ausgegangen sind; bei anderen Produkten gingen wir jedoch von der Unterstellung aus, daß der Wert des gegebenen Produktes in den übertragenen Wert des anderen Produkts in dem Umfange eingeht, in dem dieses Produkt übertragenen Wert des ersten bildet. Wenn man jedoch von dem Prinzip der Formierung der Elemente des übertragenen Wertes auf der Grundlage des faktischen Verbrauchs der Produktion ausgeht, so ergibt sich keine Störung der mengenmäßigen Verhältnisse zwischen den Elementen des übertragenen Wertes. Das bedeutet, daß jedes Element des übertragenen Wertes vollständig im gegebenen Produkt ersetzt wird und keine Rückstände oder Defizite auftreten. Wenn die Kohle in den übertragenen Wert der Elektroenergie in Höhe von 40 Einheiten eingeht und die Elektroenergie in den übertragenen Wert der Kohle im Umfang von 20 Einheiten, dann werden die übrigen 20 Einheiten des Wertes der Kohle durch den Wert des Metalls oder der Maschinen ersetzt, die bei der Gewinnung der Kohle faktisch verbraucht werden. Infolgedessen ist der Gesamtumfang des übertragenen Wertes bei der Kohle gleich der Summe all jener Elemente des übertragenen Wertes in anderen Produkten, deren Produktion mit dem Verbrauch von Kohle verbunden war. Wenn auf der einen Seite der Wert der Kohle in den übertragenen Wert der Elektroenergie in größerer Proportion einging als der Wert der Elektroenergie in den Wert der Kohle, dann geht auf der anderen Seite die Elektroenergie in größeren Proportionen in den übertragenen Wert des Metalls und der Maschinen ein als der Wert der letzteren in den Wert der Elektroenergie. Daher wird die Äquivalenz nicht zwischen den Elementen jeweils miteinander verbundener Produktionszweige hergestellt, sondern nur im Verhältnis des Gesamtumfangs des übertragenen Werts in der Produktion aller Zweige der Abteilung I.

Solche Verhältnisse treten auf, wenn die Ergebnisse der Produktion verschiedener Zweige, die durch unmittelbare Beziehungen miteinander verbunden sind, als Endprodukte füreinander in Erscheinung treten. Anders liegen die Dinge, wenn zwischen den verschiedenen Sphären der Produktion der Abteilung I nicht gegenseitige, sondern einseitige Produktionsbeziehungen bestehen, wenn das gegebene Produkt der Produktion nicht als Endprodukt für andere Sphären der Produktion in Erscheinung treten kann, deren Erzeugnisse wiederum bei seiner Produktion benötigt werden. Eisenerz ist z. B. nur für die Metallproduktion Rohstoff. Daher kann es nicht in seiner eigenen Naturalform alle die Produktionsmittel ersetzen, deren Wert in seinen übertragenen Wert eingeht. Dessenungeachtet sind gerade die Bestandteile des übertragenen Wertes des Erzes Quelle für den Ersatz des Wertes jener Produktionsmittel, die den übertragenen Wert des Erzes gebildet haben. Auf welche Weise jedoch?

Weil der Gebrauchswert des Erzes nicht unmittelbar in der Produktion z. B. von Elektroenergie genutzt werden kann, wird der Wert jenes Teils der Elektroenergie, der in den übertragenen Wert des Erzes eingegangen ist, nur vermittels der Tatsache ersetzt, daß es in die Produktion von Elektroenergie nicht in Form von Erz, sondern in Form anderer Produkte eingeht, die als Produktionsmittel zur Produktion von Elektroenergie dienen können. Ein Teil des Erzes, dessen Wert dem Teil der Elektroenergie gleich ist, der als Element in den übertragenen Wert des Erzes eingegangen ist, tritt in die Produktion von Elektroenergie in einer solchen Naturalform ein, die für die Nutzung von Produktionsmitteln in dieser Produktion geeignet ist. Darin besteht gerade die Spezifik des Ersatzprozesses für den übertragenen Wert unter Bedingungen, in denen einseitige Beziehungen zwischen den einzelnen Produktionssphären vorliegen. In allen Fällen, in denen die Naturalform des Produktes nicht als Produktionsmittel in andere Sphären der Produktion eingehen kann, erfolgt der Ersatz durch Bewegung des Gebrauchswertes, der von einem solchen Produktionszweig hergestellt wurde, dessen Produkt das Endprodukt für diese Produktionssphären ist. Wenn man das Problem von seiten des Austauschs der Elemente des übertragenen Wertes betrachtet, erfüllt das Produkt eine Doppelfunktion: Es ist der materielle Träger all jener Teile seines übertragenen Wertes, in denen der Wert verschiedener Elemente, die bei seiner Produktion unmittelbar benötigt wurden, enthalten ist; außerdem tritt es als materieller Träger der Elemente des übertragenen Wertes jenes Produktes in Erscheinung, das seiner Naturalform nach nicht als Produktionsmittel für andere Sphären dienen kann.

So sieht in allgemeinster Form der Mechanismus des Ersatzes für den konstanten Teil der Fonds in Abteilung I aus.

Jener Teil des Produkts der Abteilung I, in dem übertragener Wert verkörpert ist, wurde bisher nur im nichtaufgegliederten Zustand betrachtet. In Wirklichkeit ist dieser Teil nicht einheitlich, weil er aus Arbeitsmitteln und Arbeitsgegenständen besteht. Das muß die Spezifik der Realisierung jenes Teils des Produktes bestimmen, der als Äquivalent des Werts der verbrauchten Produktionsgrundfonds in Erscheinung tritt. Wie spiegeln sich die verschiedenen Verhältnisse zwischen dem Wert angewandter und verbrauchter Fonds unter den Bedingungen der Realisierung wider? Um das Wesen der Frage zu klären, betrachten wir zwei Varianten der Verhältnisse zwischen angewandten und verbrauchten Grundfonds: Die Grundfonds werden einmal gleichmäßig und einmal ungleichmäßig durch einen entsprechenden Teil des gesellschaftlichen Produktes ersetzt.

Unterstellen wir, daß die vorgeschossenen Produktionsfonds in der Abteilung I 9000 Einheiten betragen, von denen 6000 Arbeitsmittel sind und 3000 Arbeitsgegenstände. Wenn man unterstellt, daß die organische Zusammensetzung der Fonds 6 : 1 beträgt, dann beträgt der Fonds der Existenzmittel 1500 Einheiten. Bei 10jähriger Nutzung der Grundfonds erscheint $^1/_{10}$ des Wertes der genutzten Grundfonds (600) im jährlichen Produkt. Wenn man weiter unterstellt, daß die Elemente der Umlauffonds im Verlauf des Jahres einen Umschlag vollziehen, dann hat die Zusammensetzung des Produkts der Abteilung I folgendes Aussehen:

I $600\,c_1 + 3000\,c_2 + 1500\,v + 1500\,m = 6600$.

In der Abteilung II betragen die vorgeschossenen Fonds 5700 Einheiten, von denen 3000 Einheiten Produktionsgrundfonds und 2700 Einheiten Umlauffonds sind. Bei einer organischen Zusammensetzung der Fonds der Abteilung II von 4 : 1 betragen die Existenzmittel 1425 Einheiten. Unterstellt man weiter, daß der Umschlag der Produktionsfonds in der Abteilung II in gleicher Weise erfolgt wie in Abteilung I und daß die Norm für das Mehrprodukt in der Abteilung II 100% beträgt, so erhalten wir folgende Zusammensetzung des jährlichen Produkts in der Abteilung II:

II $300\,c_1 + 2700\,c_2 + 1425\,v + 1425\,m = 5850$.

Das gesellschaftliche Gesamtprodukt hat folgende Zusammensetzung:

I $600\,c_1 + 3000\,c_2 + 1500\,v + 1500\,m = 6600$;

II $300\,c_1 + 2700\,c_2 + 1425\,v + 1425\,m = 5850$.

Unter diesen Bedingungen erscheint im Produkt eines jeden Jahres ein Teil des Wertes der angewandten Grundfonds sowohl in Abteilung I wie auch in Abteilung II. Lassen wir den Ersatzprozeß der in Abteilung I verbrauchten Elemente der Grundfonds beiseite, so können wir sehen, wie sich die gegenseitigen Beziehungen zwischen den Abteilungen I und II ergeben.

Obgleich im Wert der Konsumtionsmittel jährlich ein Wertteil der funktionierenden Arbeitsmittel infolge Abnutzung erscheint, entsteht jedoch trotzdem keine Notwendigkeit, sie vor ihrem vollständigen Verschleiß in Naturalform zu ersetzen. Das bedeutet jedoch nicht, daß dieser Wertteil des Produktes der Abteilung II, der dem Wert des Verschleißes der funktionierenden Arbeitsmittel entspricht, nicht realisiert zu werden braucht. Um die Mittel für den Ersatz der in Abteilung II verbrauchten Elemente der Grundfonds in natura zur Verfügung zu haben, muß diese Abteilung zum Zeitpunkt des vollständigen Verschleißes dieser Elemente über das Geld verfügen, das dem vollen Wert der verbrauchten Grundfonds entspricht. Folglich muß während der gesamten Zeit, in der die Elemente der Grundfonds in vollem Umfang funktionieren, sie ihren Wert jedoch nur teilweise (bis zum völligen Verschleiß) auf die Produktion übertragen, deren Wert durch Geld ersetzt werden. Im Zusammenhang damit muß ein Wertteil des Produkts der Abteilung II, der dem Wert der Abnutzung entspricht, jährlich in Geldform verwandelt werden. Das bedeutet aber, daß die Abteilung II in bezug auf diesen Teil des Wertes ihres Produktes nur als Verkäufer auftreten kann. Das führt dazu, daß das Äquivalent des Wertes, das dem genannten Teil des Produkts der Abteilung II entspricht, in Abteilung I in der materiellen Form von Produktionsmitteln für Abteilung II zwar vorhanden ist, aber nicht realisiert werden kann.

Auf diese Weise bildet sich ein Überschuß an Produktionsmitteln, die im Verlaufe einer bestimmten Zeit nicht funktionieren können. Daraus folgt, daß sogar unter den Bedingungen der einfachen Reproduktion Schwierigkeiten bei der Realisierung eines bestimmten Teils des gesellschaftlichen Produkts auftreten können. Das ist jedoch nur die abstrakte Möglichkeit zum Auftreten eines Überschusses von Produkt unter den Bedingungen eines unveränderten Maßstabes seiner Reproduktion. Bei gleichmäßiger Reproduktion der Grundfondselemente, d. h. bei unveränderten Verhältnissen zwischen dem Wert der angewandten Grundfonds und dem Wert der verbrauchten Grundfonds, kann ein solcher Überschuß nicht auftreten.[38]

Die Sache ist die, daß sich in der Abteilung II Betriebe befinden, deren Grundfonds sich in verschiedenen Stadien des Verschleißes befinden. Daher ist innerhalb der Abteilung II in jedem gegebenen Moment ein Teil der Betriebe genötigt, die in den vorangegangenen Perioden vernutzten Grundfonds vollständig in natura zu ersetzen. Diese Gruppe von Betrieben verbraucht auch jenen Teil des Produktes der Abteilung I, der in materieller Form von Arbeitsmitteln, die für das Funktionieren in der Abteilung II vorgesehen sind, vorliegt. Daher kann dieser Teil des Produkts der Abteilung I vollständig realisiert werden. Die reale Möglichkeit zu seiner Realisierung besteht jedoch nur unter einer Bedingung: Der Wert jenes Teils der Grundfonds in Abteilung II, der jährlich in natura ersetzt werden muß, muß dem Wert der Abnutzung jener Grundfonds gleich sein, die weiterhin funktionieren und deshalb nicht in natura ersetzt zu werden brauchen. Das bedeutet, daß innerhalb der Abteilung I ein bestimmtes Verhältnis bei der Verteilung der Arbeit und der Produktionsmittel zwischen jenen Zweigen eingehalten werden muß, die Arbeitsmittel für Abteilung II herstellen, sowie den Zweigen, die Arbeitsgegenstände produzieren, weil der Umfang der Nachfrage nach letzteren durch den vollen Wert aller in der Abteilung II verbrauchten Arbeitsgegenstände bestimmt wird. Diese Proportion ist eine notwendige Bedingung der Realisierung unter den Bedingungen der einfachen Reproduktion. Weil die letztere aber ein inneres Moment der Reproduktion in erweitertem Maßstab darstellt, ist auch für die erweiterte Reproduktion die Einhaltung dieser Bedingung notwendig.

Bei erweiterter Reproduktion werden auf der einen Seite die Bedingungen geschaffen, die die Möglichkeit zum Auftreten von Überproduktion abschwächen, auf der anderen Seite aber beginnen hier Faktoren zu wirken, die die Möglichkeit zum Auftreten von Überproduktion verstärken. Dazu

[38] Die Bildung eines Überschusses oder eines Defizits bei einem Teil des Produkts wird von Marx im Zweiten Band des „Kapitals" behandelt (siehe Marx/Engels, Werke, Bd. 24, S. 431–435).

gehören vor allem die Unterschiede in der Arbeitsproduktivität zwischen den Abteilungen I und II.

Der in Abteilung II akkumulierte Teil des Mehrproduktes, der für die Vermehrung der hier funktionierenden Arbeitsmittel aufgewandt wird, ist in den Wert des jährlichen Produktes der Abteilung II nur im Maße des jährlichen Verschleißes der investierten Arbeitsmittel einbezogen. Deshalb ist es zur Gewährleistung einer Bilanzierung bei erweiterter Reproduktion notwendig, daß die Umlaufmittelfonds der Abteilung II zusammen mit dem auf das Produkt übertragenen Teil des Verschleißwertes so rasch umschlagen, daß die gesamte Wertsumme $c_2^{t'}$ eine Größe erreichen könnte, die dem gesamten $mS_2^{t_1}$[39] gleich ist, ungeachtet dessen, daß dieser Teil der Produktionsfonds im Laufe der jährlichen Produktion nur teilweise benötigt wird.

Das verlangt aber auf der anderen Seite eine bestimmte Elastizität im Verhältnis zwischen den Arbeitsgegenständen und den Arbeitsmitteln innerhalb $v_1^{t'}$, weil dieses die Hauptquelle des Ersatzes $c_2^{t'}$ in natura ist, was deshalb notwendig ist, weil das Niveau der Arbeitsproduktivität in Abteilung I in der Regel höher liegt als in Abteilung II. Das höhere Niveau der Arbeitsproduktivität in Abteilung I und insbesondere in den Zweigen, die Arbeitsmittel für die Abteilung II herstellen, bedeutet, daß in Abteilung I auf eine Einheit Arbeitsaufwand ein größerer Teil des Produkts entfällt, der in Gestalt von Arbeitsmitteln vorliegt, die für das Funktionieren in Abteilung II vorgesehen sind. Außerdem zieht sich die Periode, in der der vollständige Verschleiß investierter Arbeitsmittel erfolgt, in Abteilung II infolge der geringeren Arbeitsproduktivität etwas in die Länge.

Das macht es erforderlich, daß die Zweige der Abteilung I, die Arbeitsmittel für die Abteilung II herstellen, in dem Maße, wie sie ihre Arbeitsproduktivität steigern, das Produktionsvolumen entsprechend den wirklichen Erfordernissen seitens der Abteilung II regulieren. Je größer der Unterschied im Niveau der Arbeitsproduktivität in den Zweigen der Abteilung I, die Arbeitswerkzeuge für die Produktion von Ge-

[39] mS_2 ist der Teil des Mehrprodukts, der sich in zusätzliche Arbeitsmittel verwandelte.

brauchsgütern herstellen, und dem Niveau der Arbeitsproduktivität in Abteilung II, um so geringer können relativ gesehen die Aufwendungen an Arbeit und Produktionsmitteln in den Zweigen sein, die die Abteilung II mit Arbeitsmitteln versorgen. Unter diesen Bedingungen werden objektiv zusätzliche Forderungen an jene Zweige der Abteilung I gestellt, die Rohstoffe und Halbfabrikate für die Abteilung II herstellen. Das ist dadurch begründet, daß im Produkt der Abteilung II sich der spezifische Anteil des Wertes des Verschleißes verringert, während der spezifische Anteil der Umlaufmittel an Produktionsfonds wächst, die hier benötigt werden. Wenn jedoch die Unterschiede im Niveau der Arbeitsproduktivität zwischen den Abteilungen I und II sich verringern, dann ergibt sich eine andere Gesetzmäßigkeit, nämlich das Anwachsen des spezifischen Anteils des Wertes für die Abnutzung im Produkt der Abteilung II und die relative Verminderung jenes Teils ihrer Produktion, in dem der Wert von Elementen der Umlaufmittelfonds enthalten ist.

Eine wesentliche Form der planmäßigen Kontrolle über den Produktionsprozeß in der sozialistischen Wirtschaft sind die Reserven. Das Vorhandensein von Reserven ergibt sich aus der Notwendigkeit zur Regulierung des Reproduktionsprozesses; es ist durch die sich verändernden Beziehungen im Reproduktionsprozeß der Grund- und Umlaufmittelfonds begründet. Das bedeutet vor allem die Herstellung richtiger Proportionen zwischen dem Amortisationsfonds (und folglich den Normen für die Amortisation) und dem Reservefonds.

In der ökonomischen Literatur wird der Frage nach den Amortisationsnormen große Aufmerksamkeit geschenkt. Die Untersuchungen des Problems der Amortisation vollziehen sich jedoch unabhängig von den Proportionen zwischen den beiden Abteilungen der gesellschaftlichen Produktion, unabhängig von den Beziehungen zwischen dem Ersatzfonds und dem Reservefonds für den Ersatz. In der Praxis wird der Reservefonds mit ungefähr 6 Prozent des Nationaleinkommens festgelegt. Wenn man von den Möglichkeiten zur Bildung einer Überproduktion oder eines Defizits ausgeht, dann wäre es möglicherweise richtig, an die Bestimmung des Reservefonds differenzierter heranzugehen und die von Jahr zu Jahr wechselnden Notwendigkeiten zu berücksichtigen. Folglich muß man bei der Bestimmung des Umfangs eines Reservefonds in der Planungspraxis die Ungleichmäßigkeit der Reproduktion der Grundfonds und die dadurch bedingten Unterschiede im Verhältnis der Fonds für den Ersatz und für die Reserven, die dazu notwendig sind, berücksichtigen.

Verfolgen wir die Abhängigkeit zwischen dem Ersatzfonds für die Grundfonds und den Reserven für den Ersatz unter den Bedingungen einer ungleichmäßigen Reproduktion der Grundfonds. Um die Frage nicht zu komplizieren, wenden wir uns den Schemata der einfachen Produktion zu.

Das gesellschaftliche Produkt soll folgende Zusammensetzung haben:

I 4000 c + 1000 v + 1000 m = 6000

II 1900 c + 500 v + 500 m = 2900.

Unterstellen wir, daß 5 Prozent des neugeschaffenen Wertes jeder Abteilung dem Reservefonds zugeführt werden. In diesem Falle wird der Wert in der Abteilung I 100 Einheiten und in der Abteilung II 50 Einheiten betragen. Unterstellen wir, daß die in der Abteilung I angewandten Grundfonds 4000 Einheiten betragen und deren Funktionsdauer 10 Jahre beträgt, so daß sich im Produkt dieser Abteilung jährlich $^1/_{10}$ ihres Wertes niederschlagen. Dabei werden innerhalb der Abteilung I jährlich $^1/_{10}$ der Grundfonds unbrauchbar. Dieser Anteil muß in natura durch einen entsprechenden Anteil des Produkts dieser Abteilung ersetzt werden. In der Abteilung II betragen die genutzten Grundfonds 1900 Einheiten. Darunter sind 400 Einheiten, die bereits 5 Jahre im Einsatz sind. Deshalb müssen diese nach 5 Jahren in natura ersetzt werden. Der übrige Teil der Grundfonds dieser Abteilung in Höhe von 1500 Einheiten wird erst nach 10jähriger Einsatzdauer in natura ersetzt. Wie erfolgt bei diesen Unterstellungen die Bewegung des Reservefonds in beiden Abteilungen?

Erstes Jahr:

I 400 c_1 + 3600 c_2 + 1000 v + 1000 m = 6000;

Reserve: 100 + 190

II 190 c_1 + 1710 c_2 + 500 v + 500 m = 2900;

Reserve: 50 + 190

Weil in der Abteilung I jährlich $^1/_{10}$ der eingesetzten Grundfonds unbrauchbar werden, die in natura zu ersetzen sind, muß ein Teil ihres Produkts (= 400 Einheiten) jährlich für den Ersatzfonds bereitgestellt werden. Der andere Teil des Produkts der Abteilung I in Höhe von 3600 c wird für den Ersatz der Umlaufmittelfonds der Abteilung I verwendet.

Ein Teil von I(v + m) = 2000 wird dem Reservefonds zugeteilt. Dieser Teil beträgt 100 Einheiten. Folglich ist die Größe des neugeschaffenen Wertes dieser Abteilung, die für den Austausch mit der Abteilung II verwendet werden kann, 1900. Kann diese jedoch voll für den

Austausch mit Abteilung II verwendet werden? Um auf diese Frage zu antworten, wenden wir uns der Zusammensetzung des Produktes der Abteilung II zu. Ein Teil des Wertes ihrer Produktion, der dem Verschleiß der Grundfonds (190) gleich ist, kann nicht für den Austausch mit der Abteilung I verwendet werden, weil die Grundfonds der Abteilung II im Verlauf der ersten fünf Jahre nicht in natura ersetzt zu werden brauchen. Dieser Teil geht in den Reservefonds. Das bedeutet aber, daß auch sein Äquivalent in der Abteilung I in den Reservefonds geht. Infolgedessen wächst der Reservefonds der Abteilung I von 100 Einheiten sogleich auf 190 Einheiten. Um die gleiche Größe vermehrt sich auch der Reservefonds der Abteilung II. Damit wächst der Umfang des Reservefonds der Abteilung I sofort von 5 auf 14,5 Prozent der Wertgröße des Nettoproduktes, in der Abteilung II aber von 5 auf 24 Prozent. Diese Lage bleibt für den Verlauf der folgenden vier Jahre erhalten.

Schema 4`

Jahre		c_1	c_2	v	m	gesellschaftliches Produkt	Reserven
zweites Jahr	I	400	+ 3600	+ 1000	+ 1000	= 6000	100 + 380
	II	190	+ 1710	+ 500	+ 500	= 2900	50 + 380
drittes Jahr	I	300	+ 3600	+ 1000	+ 1000	= 6000	100 + 570
	II	190	+ 1710	+ 500	+ 500	= 2900	50 + 570
viertes Jahr	I	400	+ 3600	+ 1000	+ 1000	= 6000	100 + 760
	II	190	+ 1710	+ 500	+ 500	= 2900	50 + 760
fünftes Jahr	I	400	+ 3600	+ 1000	+ 1000	= 6000	100 + 950
	II	190	+ 1710	+ 500	+ 500	= 2900	50 + 950

Beginnend mit dem sechsten Jahr, verändert sich die Lage schon. Weil in der Abteilung II 400 von 1900 Einheiten der Grundfonds unbrauchbar werden, ergibt sich die Notwendigkeit, sie in natura aus dem Reservefonds zu ersetzen, der in Abteilung I gebildet worden war. In diesem Falle verringert sich der Umfang der Reserven in Abteilung I auf 400 Einheiten. Gleichzeitig gehen vom Produkt der Abteilung II im sechsten Jahr wiederum 190 Einheiten in die Reserve. Deshalb verringert sich die Reserve in der Abteilung I nicht um 400, sondern um 400 — 190 = 210 Einheiten und beträgt 100 + 740. In den folgenden fünf Jahren wird die Dynamik des Reservefonds, wie in Schema 5 dargestellt, aussehen:
Beginnend mit dem elften Jahr, fallen in der Abteilung II 1500 Einheiten Grundfonds völlig aus, die in Naturalform ersetzt werden müssen, und der Umfang der Reserven in der Abteilung I verringert sich um 1500 Einheiten. Weil aber im gleichen Jahr aus dem Produkt der Abteilung II wiederum 190 Einheiten in die Reserve gehen, verringert sich auch der

Reservefonds der Abteilung I um 1500 — 190 = 1310 Einheiten und beträgt 100 + 190, d. h., er nähert sich dem ersten Jahr der 10jährigen Produktionsperiode.

Schema 5

Jahre		c_1	c_2	v	m	gesellschaftliches Produkt	Reserven
siebentes Jahr	I	400	+ 3600	+ 1000	+ 1000	= 6000	100 + 930
	II	190	+ 1710	+ 500	+ 500	= 2900	50 + 1040
achtes Jahr	I	400	+ 3600	+ 1000	+ 1000	= 6000	100 + 1020
	II	190	+ 1710	+ 500	+ 500	= 2900	50 + 1230
neuntes Jahr	I	400	+ 3600	+ 1000	+ 1000	= 6000	100 + 1310
	II	190	+ 1710	+ 500	+ 500	= 2900	50 + 1420
zehntes Jahr	I	400	+ 3600	+ 1000	+ 1000	= 6000	100 + 1500
	II	190	+ 1710	+ 500	+ 500	= 2900	50 + 1610

Auf diese Weise existiert sogar unter den Bedingungen eines unveränderten Umfanges der Reproduktion die objektive Notwendigkeit, eine streng bestimmte Abhängigkeit zwischen dem Ersatzfonds und den Reserven für den Ersatz zu gewährleisten. Diese Notwendigkeit ist durch das Verhältnis zwischen dem Umfang der funktionierenden Grundfonds und dem Umfang ihrer Aussonderung gegeben. In Abhängigkeit von der Veränderung dieser Verhältnisse verändert sich auch der Umfang des Reservefonds für den Ersatz. Folglich verfügen sowohl der Umfang als auch der spezifische Anteil der Reservefonds über eine bestimmte Elastizität, die den Anforderungen der Reproduktion der Grundfonds entspricht. Diese Prozesse müssen sich unter den Bedingungen der erweiterten Reproduktion durch eine weitaus höhere Elastizität auszeichnen, weil das Verhältnis der angewandten und der verbrauchten Gundfonds unvergleichlich dynamischer ist. Das Problem der planmäßigen Bildung und Regelung der Reserven für den Ersatz hat hier besonders große praktische Bedeutung.

Personenregister

Kolibri 360 GmbH
Ferdinand-Jühlke-Straße 7
99095 Erfurt, Deutschland
produktsicherheit@kolibri360.de